석학
人文
강좌
47

사회 속의 과학기술

석학人文강좌 47

사회 속의 과학기술

초판 1쇄 인쇄 2016년 3월 17일
초판 1쇄 발행 2016년 3월 25일
지은이 윤정로
펴낸이 이방원
편 집 윤원진·김명희·이윤석·안효희·강윤경·김민균
디자인 박선옥·손경화
마케팅 최성수
펴낸곳 세창출판사
출판신고 1990년 10월 8일 제300-1990-63호
주소 03735 서울시 서대문구 경기대로 88 냉천빌딩 4층
전화 723-8660
팩스 720-4579
이메일 sc1992@empal.com
홈페이지 http://www.sechangpub.co.kr

ISBN 978-89-8411-606-1 04300
978-89-8411-350-3(세트)

_ 책 값은 뒤표지에 있습니다.

이 도서의 국립중앙도서관 출판시도서목록(CIP)은 서지정보유통지원시스템 홈페이지(http://seoji.nl.go.kr)와 국가자료공동목록시스템(http://www.nl.go.kr/kolisnet)에서 이용하실 수 있습니다. (CIP제어번호: CIP2016006384)

석학
人文
강좌
47

사회 속의 과학기술

윤정로 지음

세창출판사

_ 머리말

이 책은 필자가 한국연구재단이 주최하는 제5기 '석학과 함께하는 인문강좌'에서 '사회 속의 과학기술'이라는 제목으로 강연한 내용을 재정리한 것이다. 이 강좌는 대중강연의 형태를 띠고 있었지만, '석학'(碩學)이라는 접두어가 붙어 있었기 때문에 필자에게 적지 않은 중압감을 주었다. 필자 나름대로 지난 20여 년간 '과학기술사회학'이라는 신(新)학문 분야를 국내에 소개하고 연구하였지만, 강좌 이름에 걸맞게 강연을 구성하는 것이 꽤나 까다로운 작업이라는 생각을 피할 수 없었다. '석학'도 부담이었지만, 어려운 과학기술에 대해 사회학자가 분석한 내용을 '대중'에게 쉽고 흥미롭게 전달해야 한다는 점이 고민거리였다.

4회에 걸쳐 진행된 필자의 강연 주제는 제1강 "사회학자, 왜 과학기술에 관심을 갖는가?", 제2강 "여성이 과학기술자가 되면?", 제3강 "과학기술은 삶의 질을 높이는가?", 제4강 "과학기술에 우리의 미래를 맡기려면?"으로 구성되었다. 책을 집필하는 과정에서 과학기술사회학 전반에 대한 소개를 염두에 두고 전체 내용을 3개의 대주제로 구분한 뒤, 각각의 대주제를 3개의 세부 주제로 구분하여 배치하는 방식으로 확대 · 보완하였다.

이렇게 재구성한 이 책의 제1부에서는 과학기술에 대한 사회학적 관점을 살펴보았다. 1장은 20세기 중엽에 과학 분야를 독자적인 사회제도로 부각시키고 사회학의 분석 대상으로 편입한 제도주의 과학사회학에 대한 소개와 학술적 가치 및 한계에 대한 논의를 다루었다. 2장에서는 1970년대부터 과학 지식의 내용과 생성 과정에 대한 사회학적 분석으로 과학에 대해 새로운 시각을 제시한 과학지식사회학의 문제의식과 다양한 유파를 소개하고 평가하였다. 3장은 1980년대 이후 성장한 구성주의 기술사회학 이론의 조류를 개괄적으로 소개하고, 자전기의 발전 과정을 주요 사례로 살펴보았다.

제2부에서는 여성의 입장에서 본 과학기술의 이론적 관점과 현실에 대한 분석을 고찰하였다. 4장은 과학기술에 대한 페미니스트 관점의 이론적 연구를 집중적으로 탐색하였다. 5장은 과학기술의 영역에서 왜, 그리고 어떻게 여성이 배제되어 왔는지에 대한 해답을 모색하는 차원에서 서구와 국내의 현실을 소개하였다. 6장은 가정 내 가사보조기술(가전제품)의 도입과 정보화가 여성의 삶에 어떠한 영향을 미쳤는가에 대해 서구와 한국의 이론 및 현실을 탐구하였다.

제3부에서는 엄청나게 빠른 속도로 발전하고 있는 현대 과학기술의 잠재적 위험을 사회적으로 어떻게 대비할 것인가에 대해 초점을 맞추었다. 7장은 질주하는 과학기술이 초래하는 현대 사회의 위험 문제에 주목하여, 울리히 벡(Ulrich Beck)이 제시한 위험사회론

의 의미를 고찰하였다. 8장에서는 첨단과학기술의 상징이 된 인간 게놈 프로젝트를 중심으로, 과학기술의 위험과 사회적 충격에 대비하기 위해 시도된 '윤리적·법적·사회적 함의'(ELSI, Ethical, Legal and Social Implications) 프로그램에 대해 논의하였다. 9장은 과학기술에 우리의 미래를 맡기려면 어떠한 실천 작업들이 필요한가에 주목하여, 과학기술 예측과 평가방식을 살펴보고 시민 참여와 과학기술 거버넌스의 현황과 전망에 대해 논의하였다.

필자는 이 책을 집필하면서 몇 가지에 역점을 두었다. 첫째, 사회과학 연구는 그것이 탄생한 사회적 맥락과 관련을 맺고 있으며, 과학기술 지식과 제도의 형성 및 작동을 사회적 맥락 속에서 이해하고자 한 것이 바로 과학기술사회학의 기본적인 문제의식이었다. 따라서 필자는 과학기술사회학의 이론과 관련 현상의 분석을 사회적 맥락과 연결하여 기술하고자 노력하였다.

둘째, 여성 필자로서 여성의 관점에서 과학기술 분야를 탐색한 작업에 비중을 두었다. 과학기술 분야는 전통적으로 남성의 전유물로 여겨져 왔고, 아직도 여성과는 거리감이 큰 영역이라는 통념이 지배적이다. 그렇다면 여성은 선천적으로 과학기술을 전공하기에 부적합한가? 아니면 다양한 사회적 요인들이 여성과 과학기술의 관계를 소원하게 만들었는가? 이러한 의문에 대해서는 이미 서구의 많은 페미니스트 연구자들이 다양한 개념과 관점을 제시해 왔다. 이 책은 이러한 이론적 탐색들을 일목요연하게 소개하고, 여성과 젠더 요인에 초점을 두고 한국 과학기술의 발자취와 현황을 분석하고자 하였다.

셋째, 필자는 현대 과학기술의 잠재적 위험과 그 대처방안에 대하여, 보다 구체적이고 실효성이 있는 대안이 무엇일까에 관심을 기울이고자 하였다. 과학기술이 암울한 미래를 가져올 것이라는 디스토피아적 예견들은 유토피아적 예견만큼이나 강력하게 제기되어 왔다. 과학기술자 개인의 책임이나 윤리의식에 호소하는 것만으로는 이런 암울한 전망을 극복하고 문제를 해결해 나갈 수 없다. 개별적인 과학기술적 해법으로도 역부족이며, 거대 담론 차원의 논의는 비전문가에게는 난해할 뿐만 아니라 현실적인 대안으로도 공허하다. 필자는 과학기술에 대한 사회적 평가와 거버넌스 이슈가 제기된 사회적 맥락을 부각하여 서술함으로써, 한국 사회에서 보다 광범위한 독자들의 이해와 관심을 환기하고자 하였다.

이 책에는 필자가 이전에 발표한 글과 불가피하게 중복된 내용이 포함되어 있음을 밝혀 둔다. 새 책의 목적에 어울리게 내용을 수정·보완하여 새로 집필하고자 하였지만, 불필요하게 내용이 길어지고 가독성을 떨어뜨리는 역효과가 날 수 있음을 고려하여 상세한 인용과 주석은 생략하였다. 영문 참고문헌 중에서 국내에 번역이 되어 있는 책은 독자들의 편의를 위하여 국역본의 서지 사항을 첨부하였다.

이 책이 출간되기까지 도움의 손길들이 많았다. 먼저, 영광스럽게도 필자를 석학인문강좌의 연사로 초청해 준 한국연구재단과 운영위원회 선생님들께 감사를 드린다. 실제 강연과 집필 과정에서는 더 많은 분들의 도움을 받았다. 강연을 진행하는 동안 매주 사회를 맡아 청중과의 교감을 도와준 장대익 교수, 종합토론에서 예리한 논평과 조언을 주신 박혜경 박사, 송성수 교수, 이상욱 교수께 감사의 마음을 전한다. 특히 이 책의 초고를 읽고 여러 가지 훌륭한 제안을 해 준 박혜경 박사께 심심한 사의를 표한다. 강연과 토론에 참여해 주신 청중 여러분들의 열의와 격려에도 깊은 경의를 전한다. 마지막으로, 촉박한 일정에도 불구하고 꼼꼼하게 원고를 다듬어 준 세창출판사 편집진의 노고에 감사드린다.

2016년 3월

윤정로

차례

차례 수정 안내

제 1 부 | 과학기술에 대한 사회학적 관점

이에 따라 본문 46쪽 '3) 실험실 연구' → '3. 실험실 연구'
51쪽 '4) 과학지식사회학의 성과와 한계'
→ '4. 과학지식사회학의 성과와 한계'로 수정됩니다.

널리 양해 부탁드리며, 읽는 데 참고하시기 바랍니다.

제 1 부

과학기술에 대한 사회학적 관점

1장 | 과학은 어떻게 제도화되는가?

1. 과학사회학의 태동

사회학자들이 과학기술 분야에 관심을 기울이게 된 것은 비교적 역사가 짧다. 사회학 분야에서 과학기술에 대해 분석한 논문으로 최초의 박사학위가 수여된 것은 1935년이었다. 미국의 하버드 대학에서 로버트 머튼(Robert K. Merton, 1910-2003)이 "17세기 영국의 과학, 기술과 사회"(Science, Technology and Society in Seventeenth Century England)라는 제목의 논문으로 사회학 박사학위를 받았고, 뉴욕의 컬럼비아 대학에서는 길필런(S. Colum Gilfillan, 1889-1987)이 "선박의 역사에 나타난 기술 발명(technic invention)의 사회적 원인과 결과"라는 긴 부제가 달린 "발명의 사회학"(The Sociology of Invention)이라는 논문으로 사회학 박사학위를 받았다.[1] 길필런은 기술의 역사에 관심을 갖고 기술사학회(Society for the History of Technology, SHOT)의 창립에 참여하면서 기술 관련 박물관 큐레이터 및 저술가로서 활동을 계속했지만, 일찍이 대학 교수로서의 활동은 중단하였다. 대조적으로 머튼은 2003년 별세할 때까지 오랜 기간을 뉴욕 컬럼비아 대학의 교수로 재직하면서, 미국 사회학계에서 일세를 풍미하는 대표적인 학자로 왕성한 연구 활동과 함께 다수의 제자를 배출하였다. 머튼은 만년에 미국사회학회 소식지에 실린 인터뷰에서 자신의 가장 의미 있는 학문적 업적으로 과학사회학 분야의 개척과 연구 성과를 꼽았으며, 1994년 '과학사회학을 창시'한 공로를 인정받아 사회학자로서는 최초로 미국의 국가과학훈장(National Medal of Science)을 수여받았다(Yan 1991: 4).

먼저 과학사회학 연구의 효시로 알려진 머튼의 박사학위 논문에 나타난 17세기를 살펴보자. 특히 17세기 후반의 영국은 소위 근대 '과학혁명'과 산업혁명의 진원지로서 과학기술이 비약적으로 발전하였다. 물리학, 천문학, 수학, 화학 등 광범위한 분야에서 우리가 익히 알고 있는 중력, 가속도, 미적분 등의 개념과 원리를 정립하고 망원경을 발명했다고 알려진 아이작 뉴턴(Issac Newton, 1642-1727)은 근대 과학의 원조이자 아이콘이다. 뉴턴은 케임브리지 대학을 졸업한 1660년대부터 연구업적을 발표하기 시작하였다. 현미경의 조명 장치를 고안해서 동식물과 화석을 연구하고 연소와 호흡에 대한 연소설, 빛에 대한 파동설을 주창한 로버트 후크(Robert Hooke, 1635-1703)는 뉴턴의 경쟁자이자 논적이었다. 공기 펌프를 이용한 실험을 통해 일정한 온도에서 공기의 압력과 부피는 반비례한다는 '보일의 법칙'을 정립하여 근대 화학의 아버지로 불리는 로버트 보일(Robert

Boyle, 1627-1691)도 17세기 영국에서 활동하였다. 76년 주기로 태양을 도는 핼리 혜성의 발견자로 알려진 에드먼드 핼리(Edmund Halley, 1656-1742)는 1682년 나타난 대혜성의 타원궤도와 주기를 밝혀냈다. 의학 분야에서는 윌리엄 하비(William Harvey, 1578-1657)가 해부학을 강의하면서, 1628년 심장 운동과 혈액 순환에 대한 불후의 명저를 출판하였다. 이 외에도 과학사에 뚜렷한 족적을 남긴 기라성 같은 과학자들의 중요한 업적들이 쏟아져 나왔고, 온도계, 습도계, 진자시계 등 수많은 과학 장비들이 발명되었으며, 광업, 항해, 직물, 군사 등 광범위한 분야의 기술이 획기적으로 발전하였다.

여기서 머튼은 '17세기 후반 영국에서 과학기술이 비약적으로 발전하게 된 이유가 무엇일까'라는 질문을 던지고, 경험적인 분석을 통해서 이 질문에 답을 찾고자 하였다. 먼저 영국의 『전국인명사전』(*Dictionary of National Biography*)에 수록된 내용을 이용해서 1601-1700년에 활동한 6,000여 명이 자신의 직업에 대해 최초로 관심을 갖게 된 증거가 나타난 시기를 5년 간격으로 조사하였다. 과학 분야에 대한 관심은 17세기 전반에 꾸준히 인기가 상승하여 1646-1650년에 정점에 이른다.[2]

그다음으로는 1665-1702년 사이에 런던왕립학회(Royal Society of London)의 기관지인 「철학회보」(*Philosophical Transactions*)에 게재된 영국 과학자들의 논문 주제를 3년 간격으로 조사하였다.[3] 분석 결과는 물리학이 생물학에 비해서 압도적인 우위를 보였다. 1680년대까지는 물리학, 화학, 천문학, 수학 분야에 대한 관심이 우위를 보이지만, 그 이후에는 생물학, 의학 분야에 대한 관심으로 방향이 전환된다는 결과도 도출되었다.

이러한 분석 결과를 바탕으로 머튼이 내린 결론은 17세기 영국의 과학기술에 대한 지속적 관심과 발전은 청교도주의(Puritanism)와 깊은 연관이 있다는 것이었다. 청교도주의와 금욕적인 개신교 일반[4]에서 나타나는 공리주의, 세속적 관심, 체계적이고 꾸준한 행동, 철저한 경험주의, 권리이자 의무로까지 간주되는 자유 검증(libre examen), 반(反)전통주의, 권위에 대한 문제제기는 본질적으로 근대 과학의 가치체계에 부합하고, 따라서 청교도주의가 근대 과학의 발전으로 귀결되었다고 한다. 이런 가치체계의 정합성을 토대로 하는 청교도주의와 과학의 결합은 이후에도 지속되었고, 19세기에도 양자의 결별이 완결되지 않았다고 한다(Merton 1970: 135-136).

머튼은 왕립학회 회원들의 종교 성향 및 미국 북동부의 뉴잉글랜드 지역과 프랑스, 독일의 자료를 이용해서 청교도주의와 개신교가 '새로운 과학의 원동력'이었음을 입증하고자 하였다.[5] 머튼의 아이디어는 '선택적 친화성'(elective affinity)이라는 개념으로 개신교와 근대 자본주의의 긴밀한 관계를 정립한 사회학의 대가 막스 베버(Max Weber, 1864-1920)의 이론과 맥을 같이하고 있다. 이 두 사회학자의 분석은 개신교나 청교도주의의 교리 자체가 아니라 "신념과 정서, 행동의 체계"로서의 종교, 즉 종교적 가치체계와 규범에 초점을 두고 있다. 청교도주의와 근대 과학의 연관성에 대한 머튼의 주장은 이후 '머튼의 명제'(Merton thesis)로 알려지고, 끊임없이 학계의 논쟁 대상이 되었다.

머튼은 종교 이외에 과학기술 발전에 영향을 미친 정치, 경제, 사회, 문화 등 다양한 요인들, 소위 과학 외부의 '사회적' 요인들의 역할을 인정하고 실증적으로 검토하였다. 머튼은 당시에 사회적으로 중요한 의미를 지녔던 광업, 교통, 군사기술 부문에 주목해서 '실용적'(practical) 필요성이 미치는 영향을 분석하였다. 예를 들면, 해상에서의 경도(經度) 측정, 지구 자기학(磁氣學), 조류학(潮流學), 조선학(造船學) 등은 당시 원거리 무역을 위한 항해의 필요성과 결부되어 있었고, 탄도학의 발전은 화약의 성능 실험과 관련이 있었다고 한다. 17세기 말 왕립학회 회의록을 분석해 보면, 실용적 요구와 직간접적으로 연관되지 않은 순수 연구는 41% 정도에 불과하였다. 머튼은 사회경제적 이해관계 이외에도 인구 밀도, 과학기술자 집단 내부의 상호작용과 의사소통, 일반적인 문화적 맥락 등 다양한 요인이 과학기술에 영향을 미칠 수 있다고 지적하면서, "17세기 영국의 문화적 토양은 과학의 발전과 전파를 위해 유별나게 비옥하였다"는 결론을 내렸다(Merton 1970: 238).

2. 과학의 규범구조

머튼은 20세기 중반부터 1960년대까지 미국은 물론 세계 사회학계를 풍미하던 구조기능주의(structural functionalism), 또는 간단하게 기능주의(functionalism)라고 불리는 이론의 대가였다. 머튼은 하버드 대학교 대학원 재학 시절 구조기능주의 이론의 창시자로 알려진 탤컷 파슨스(Talcott Parsons, 1902-1979)로부터 깊이 영향받은 제자였을 뿐만 아니라 이후 동료 사회학자로서 구조기능주의 이론의 발전에 지대한 공헌을 한 탁월한 이론가였다.[6] 파슨스는 추상의 수준이 매우 높은 일반 이론의 정립을 지향했던 반면, 머튼은 관찰 가능한 자료에 입각하여 경험적으로 검증 가능한 중범위 이론(middle-range theory)의 정립을 목표로 하였다.

구조기능주의의 관점에서는, 사회를 생물 유기체에 비유한다. 생물 유기체의 가장 좋은 예는 인간의 몸이다. 예컨대 팔, 다리 같은 우리 몸의 각 기관은 왜 있는 것인가? 생물학적인 답은, 우리 몸 전체가 원활하게 작동하기 위해서 각 기관이 필수불가결한 기능을 담당하기 때문에 존재한다는 것이다. 우리 몸에서 꼬리뼈는 왜 없어진 것일까? 우리 몸을 위해서 꼬리뼈가 수행하던 기능이 필요 없어졌기 때문에 꼬리뼈도 사라진 것이다. 구조기능주의 이론에 따르면 생물 유기체와 마찬가지로 사회 시스템도 상호 연관된 부분으로 이루어진 하나의 복잡한 유기체로 간주할 수 있다. 종교, 가족, 정치,

경제 등 각종 사회제도는 우리 몸의 각 기관에 상응하는 사회의 구성 요소로서, 전체 사회구조의 통합과 안정, 번영과 존속을 위해서 필요한 기능을 담당한다고 본다. 따라서 하나의 사회제도가 독자적으로 존립하기 위해서는 다른 사회제도와 구별되고 장기간 지속되는 독자적인 기능을 갖추어야 한다. 사회제도는 구성원들 간에 규범과 가치를 공유함으로써 사회적 통합을 이루고, 이렇게 공유된 규범과 가치는 구성원들에게 구속력을 갖게 된다.

머튼은 박사학위 논문에서 시사했듯이, 서양 근대 사회에서 과학이 하나의 독자적인 사회제도로 부상하였다고 보았다. 따라서 사회제도로서의 과학을 분석하기 위한 기초 작업으로 과학의 규범구조를 밝히고자 하였다. 머튼에 의하면, 사회제도로서 과학의 목표는 "공인된 지식의 확대"(extension of certified knowledge)이며, 지식의 판단 기준은 경험적 사실에 부합되는가와 논리적 일관성을 갖추고 있는가이다. 그에 따르면 근대 과학을 관통하는 기본 규범은 네 가지이다(Merton [1942] 1973: 267-278).

첫 번째는 공유주의(communism 또는 communalism)로, 과학 지식은 발견한 사람이 소유권이나 지적재산권을 독점하는 것이 아니라 과학자 전체 또는 인류 공동의 소유물이 된다는 것이다. 과학자들은 자신의 새로운 발견을 공개적으로 알리고, 그 대가로 그 지식을 최초로 발견했다는 사실에 대한 인정과 존경을 받을 뿐이다. 우리는 뉴턴이 발견한 가속도 공식(f=ma)이나 아인슈타인(Albert Einstein, 1879-

1955)이 발견한 질량-에너지 등가 원리의 공식(E=mc²)이라는 지식을 이용하는 데 대해 아무런 대가도 지불하지 않는다. 여타 사회제도에서는 독점적인 사유재산권을 근간으로 하는바, 이것은 과학에 나타나는 매우 특이한 현상이다. 일례로, 상품이나 예술 작품은 그것을 만들어 낸 사람들이 독점적인 소유권을 갖고 있다. 또한 이전 시대 과학의 원형으로 볼 수 있는 연금술이 대체로 비술(秘術)로 여겨졌던 사실과 대조해 보면, 지식의 공개와 공유는 모든 시대에 적용되는 것이 아니라, 근대 과학에서 새로이 출현한 현상이었음을 알 수 있다.

두 번째는 보편주의(universalism)인데, 이는 과학 지식의 진위 여부, 과학자의 능력과 업적은 누구에게나 동일하게 적용되는 객관적이고 보편적인 기준에 의해서 평가된다는 것이다. 즉 학문적·기술적 덕목만이 중요할 뿐, 인종이나 국적, 종교, 성(性), 계급 등 개인적이거나 사회적인 요인은 평가에 영향을 미치지 않는다는 것이다. 이런 규범으로 인하여, 근대 과학은 국제적인 성격을 강하게 띠게 되었다고 한다.[7]

셋째, 탈(脫)이해관계(disinterestedness)의 규범은 과학자들이 개인의 이해관계에 얽매이지 않고 진리 추구라는 목적을 위하여 불편부당하게 행동함을 의미한다. 이런 규범에 따르면 과학자들은 개인의 선호나 취향, 개인적 보상, 정치적·종교적 장벽에 구애받지 않고 과학적 지식을 추구하는 데 전념하게 된다.

넷째, 조직화된 회의주의(organized skepticism)는 모든 과학 지식이 엄격한 검증 과정을 거친다는 것이다. 과학에서는 다른 과학자뿐만 아니라 자기 자신에 의해서 제시된 지식, 그리고 이미 공인을 받은 지식에 대해서도 당연한 것으로 받아들이지 않고 끊임없이 비판적인 태도를 취할 것이 요구된다. 머튼의 표현에 의하면, "대부분의 사회제도에서는 전폭적인 믿음을 요구하지만, 과학제도는 회의주의를 덕목으로 삼고 있다". 과학에서는 특히 동료 과학자 집단에 의한 검증이 중요한데, 동료 평가(peer review)는 이런 규범이 체계화된 장치이다.

이 외에 머튼은 독창성(originality)과 겸손(humility)의 규범을 지적한 적도 있지만, 보통 이 네 가지가 대표적인 과학의 규범으로 꼽히고, 각각의 첫 글자를 조합하여 'CUDOS'라는 약칭으로 불린다. 머튼에 의하면, 이러한 과학의 규범이 성문화(成文化)되어 있는 것은 아니지만, 과학제도의 구성원인 과학자들이 오랜 기간에 걸쳐 보여 준 행동과 기록, 발언에 대한 분석을 통해서 추론이 가능하다. 이런 규범들은 근대 과학의 '에토스'(ethos)를 이루고 있다. 즉, '지식의 확대'라는 목표 달성의 효율성을 높이는 기술적(技術的) 측면만이 아니라, 과학자들에게 내면화되어 과학자로서의 도덕적 판단과 양심의 기준이 되었다는 것이다.

과학의 에토스에 대한 머튼의 도식은 과학 지식의 객관성과 중립성을 강조하는 과학에 대한 일반적인 이미지와 관점을 명료하게 제시함으로써 1930년대 말에 발표된 이후 광범위한 지지를 받게 되었다. 또한 제2차 세계대전의 발발과 그 이후 공산주의와의 냉전 상황에서 자유민주주의를 옹호하는 미국 학계의 정치적 성향과 부합되었던 점에서도 그 이유를 찾아볼 수 있다(Mulkay 1977). 그러나 과학자들의 언행은 실제로 맥락과 상황에 따라 달라지는데, 머튼의 입장은 너무 단순, 소박하다는 비판이 제기되었다. 머튼이 과학의 진면목을 드러내는 것으로 과학자들의 말과 글을 액면 그대로 받아들여서 과학의 규범을 정식화했다는 것이다. 이들은 과학자들의 말과 글, 행동이 어떤 맥락에서 어떤 과정을 통해서 만들어졌는지에 대한 분석이 필요하다고 주장한다(Gilbert and Mulkay 1984).

3. 과학제도와 과학 공동체의 구조

머튼은 과학 특유의 규범구조와 관련지어 과학제도와 과학자들의 행동을 이해하기 위한 작업을 계속하였다. 1957년 미국 사회학회 회장 취임연설에서, 우선권(priority)의 문제를 주제로 삼아 과학사회학에 대한 관심을 유도하였다(Merton [1957] 1973: 286-324). 과학자들 사이에는 우선권, 즉 최초의 발견자라는 공인을 둘러싸고 치열한 경쟁과 갈등, 분쟁이 벌어지는 경우가 흔하다. 아이작 뉴턴이 수학의 미적분 원리 발견의 우선권에 대해서 독일의 라이프니츠(Gottfried

W. Leibniz, 1646-1676)와 벌인 다툼은 역사적으로 유명한 사건이다. 이런 과학자들의 경쟁적인 행태는 사회제도로서 과학에 내재되어 있는 창의성(originality)의 가치와 공유주의의 규범으로부터 파생된 결과이다. 공인된 지식의 확대라는 과학의 사회적 기능을 수행하기 위해서는 창의성이 대단히 중시되는데, 동시에 공유주의의 규범으로 인하여 과학자들은 자신의 과학적 발견에 대해서 누릴 수 있는 유일한 권리가 독창성에 대한 인정, 즉 우선권밖에 없는 상황이기 때문에 치열한 경쟁이 벌어지는 것이고, 극단적으로는 표절, 자료 위조, 비방 등의 일탈행위까지 야기될 수 있다는 것이다. 또한 우선권을 위해서 과학자들은 자신의 발견을 끊임없이, 최대한 신속하게, 보다 많은 과학자들이 이용하도록 공표하게 된다. 과학자들의 행동양식, 즉 치열한 경쟁이 개인의 이기심이나 성격 때문이 아니라 과학의 제도적 특성에서 파생된다는 분석은 사회학자들에게 대단히 매력적인 분석이었다.

과학의 규범구조에 대한 논의는 실제로 이런 규범이 과학자 집단에서 일어나는 사회적 과정에 어떻게 적용되고 있는지가 경험적으로 검토되어야만 완결될 수 있었다. 머튼의 후학과 제자들은 구조기능주의적 관점에 입각하여 과학사회학 분야의 이론과 분석틀을 정교화하면서 연구 영역을 확장해 나갔다. 특히 컴퓨터의 발전과 함께 새로운 계량분석(quantitative analysis) 방법들이 도입됨으로써 구체적이고 실증적인 연구 성과들이 축적되었다.[8] 과학자들에 대한 평가와 보상체계(reward system), 계층화, 과학자 사회 내에서의 갈등 관계와 과학자들의 태도, 과학자들 간의 의사소통과 지식의 전파, 학문분과와 대학 등 과학 관련 제도의 발전에 대한 분석이 대표적인 연구들이었다.

1960년대에 들어 과학사회학의 중요한 연구 주제 중 하나였던 보상체계에 대한 분석을 예로 들어 보자. 보상체계란 사회 구성원들의 성공적인 역할 수행에 대한 반대급부의 배분방식이 제도화된 것을 의미하며, 차별화된 보상 분배의 결과는 계층구조로 나타난다. 보상체계와 계층구조는 거의 모든 사회와 제도에 보편적으로 존재하며, 사회제도의 유지와 기능에 관건이 된다. 그러나 구성원에게 기대되는 역할과 평가기준, 보상의 종류와 배분방식에는 제도마다 다양한 차이가 있다.

경험적 분석의 결과, 과학은 고도로 계층화된 사회제도라는 것이 밝혀졌다. 과학에서 연구자 개인은 물론 연구실과 연구자 집단, 대학, 학술지, 연구 분야, 심지어는 포상에 이르기까지 거의 모든 측면에서 끊임없이 등급이 매겨지고 위신에 차이가 난다는 것이다.[9] 과학 공동체에서는 소수 엘리트들이 막강한 영향력을 행사하며, 자원과 보상이 소수 과학자에게 집중된다. 이런 계층화 현상은 국가, 학문 분야, 보상의 종류에 상관없이 비슷하게 나타난다. 이런 불평등구조는 과학자들의 경력이 쌓일수록 부익부 빈익빈 현상이 일어나면서, 결국 불평등과 계층구조의 자기강화 과정으로 귀결된다

(Alison and Stewart 1974; Cole and Cole 1973; Kash, et al. 1972; Merton 1973: 439-459; Zuckerman 1977).[10]

이렇게 엄격한 계층구조는 어떻게 형성되고 작동하는가? 머튼이 제시한 과학의 규범구조에 의하면 보상체계는 보편주의의 원리에 입각해야 하며, 그 평가의 기준은 과학의 제도적 목표인 지식의 확대를 달성하는 데 대한 기여도, 즉 과학자로서의 역할 수행의 탁월성이 되어야 한다. 과학자들에게 기대되는 역할은 연구, 교육, 행정, 과학 공동체에 대한 봉사 등 다양하지만, 지식의 확대라는 목표에 가장 중요한 비중을 차지하는 역할은 새로운 지식의 산출과 직접적으로 관련된 연구 활동이다. 공유주의의 규범에 의해서, 과학자들의 연구 활동은 그 결과가 출판(publication)되었을 때만 인정을 받는다.[11] 과학자들의 연구업적에는 질(質)적 차이가 있으며, 지식의 확대에 실질적으로 기여하는 것은 연구업적의 양이 아니라 질이다. 특정한 연구업적이 다른 과학자들에 의해서 인용되는 빈도가 질적 수준의 대용지표로 사용되기도 하지만, 동료 과학자들의 인지적 합의(cognitive consensus)에 의한 인정이 연구업적의 질과 기여도에 대한 가장 확실한 지표가 된다.

과학의 보상체계에 대한 경험적 분석은 이러한 보편주의의 규범이 실제로 어느 정도 구현되고 있는가를 밝히는 데 역점을 두었다. 다시 말하면, 과학자들의 연구업적과 보상 사이의 상관관계를 밝히는 것이다. 주로 미국과 영국의 과학자 집단을 대상으로 많은 연구가 이루어졌으며, 다양한 표본과 지표, 방법론이 분석에 사용되었다. 그 결과, 우선 보상은 연구의 질과 양 모두에 높은 상관관계를 보이는데, 연구의 양과 질 사이에도 높은 상관관계가 나타난다. 과학의 계층구조에서는 상층부로 올라갈수록 연구의 질이 평가의 기준으로 작용한다. 동료 과학자들 사이의 평판과 명문 대학의 교수 충원에는 질이 가장 중요한 결정 요인이며, 노벨상 수상자는 질에 의해서 평가된다는 것이다(Cole and Cole 1967, 1973; Crane 1965; Gaston 1970, 1978; Hargens and Hagstrom 1967; Zuckerman 1977).

그러나 다른 한편, 보편주의에 저촉되는 현상들도 발견되었다. 객관적인 연구업적에 상관없이 학위를 취득한 대학과 소속 기관, 학문적 후원자의 위신, 소위 학연(學緣)이 과학자들의 경력에 영향을 미치는 것으로 나타났으며, 계층구조의 최상층부인 노벨상 수상자들 가운데서도 이런 현상이 보인다(Chubin, Porter and Boeckmann 1981; Long 1978; Long, Allison and McGinnis 1979; Reskin 1977, 1979). 예를 들면, 미국 내에서 연구를 수행한 1972년까지의 과학 분야 노벨상 수상자 92명 중에서 48명이 제자나 연구원으로 선배 수상자의 지도를 받은 경험이 있으며, 연구업적이 비슷하지만 노벨상 수상자와 인연이 없는 과학자들과 비교해서 이들은 평균적으로 9년 먼저 노벨상을 받았다(Zuckerman 1977: 134-204). 기능주의자들은 이런 현상을 이점과 불이익의 누적효과로 설명할 수 있으며 외견상 보편주의에 위배되는 것처럼 보이지만, 실제로 최초의 이점과 불이익이 보편주의적 기준에 입각해서 만들어진다면 그 이후에 발생하는 누적효과는 오히려 자원과 인재의 적재적소 배치와 효율적 이용을 가능하게 한다고 주장한다(Cole and Cole 1973). 반면, 이런 현상이 명백한 차별이라고 보는 비판적 입장도 있다. 특히, 과학제도에서 여성의 위상에 대한 분석은 명백한 차별의 증거를 제시한다고 한다. 남녀 과학자 간에 직위, 급여, 포상 등 다양한 형태의 보상에서 현격한 차이가 나타나는 것은 물론, 연구 생산성의 효과를 통제한 후에도 보상의 차이는 사라지지 않는다는 것이다. 여성에 대한 배제와 차별 문제는 과학에서의 보편주의에 관한 논의에서 눈엣가시와 같은 치명적인 약점으로 지적되고 있다.[12]

다음의 두 인용문은 머튼의 지적 영향력 아래에서 이루어진 과학의 보상체계에 대한 분석 결과를 압축적으로 요약하고 있다.

> 가장 우수한 학생들이 가장 우수한 대학에 의하여 선발되며, 이들 가운데 가장 우수한 학생들이 최고의 과학자들로부터 훈련을 받도록 선발되어, 고도로 선별된 바로 이 집단으로부터 다음 세대의 가장 생산적인 과학자가 배출된다(Crane 1965: 713).

> 대부분의 다른 사회제도에 비하여 과학은 보편주의의 이상에 근접하고 있다. … 과학에서도 보편주의의 원리에 저촉되는 사례가 다수 발견되기는 하지만, 이런 이탈 사례들은 일반적으로 전체 과학 공동체가

연구 목표를 향해서 나아갈 수 있도록 하기 위하여 무의식적으로 개인을 '희생'시키는 회계방식의 산물이다(Cole and Cole 1973: 247).

4. 제도주의 과학사회학의 성과와 한계

이미 1930년대에 출판된 머튼의 기념비적인 업적에도 불구하고, 과학사회학이 전문적인 학문분과로 정립된 것은 1960년대에 이르러서였다. 머튼은 과학사회학에 대한 무관심을 개탄하면서, 과학이 중요한 '사회 문제'로 인식됨으로써 그것이 함축하고 있는 사회적 의미에 대해서 과학자뿐만 아니라 일반 시민들의 관심이 고조되어야만 사회학자들도 과학의 문제에 관심을 갖게 될 것이라고 예견하였다(Merton [1952] 1973: 210-220). 1957년 소련이 세계 최초로 스푸트니크(Sputnik) 1호 인공위성 발사에 성공하자 미국에서는 자국의 과학제도와 과학교육에 대한 위기의식이 확산되고 과학이 사회적 관심사로 부상하는 계기가 되었다.

과학사회학은 미국에서 머튼의 후학과 제자들을 중심으로, 지적(知的)·제도적으로 사회학의 분과 영역으로 뿌리를 내리게 되었다. 즉, 사회학과 내에서 과학사회학자들이 배출되었으며, 과학사회학 분야의 문제설정이나 접근방식, 개념과 이론들은 사회학에서 축적된 자원에 의존하였다. 보상체계와 계층구조가 초기 과학사회학의 주요 관심사로 부상한 것은 당시 사회학 전반에서 구조기능주의적 시각에 입각한 보상체계와 계층구조에 대한 연구가 활발히 진행되었던 것과 무관할 수 없었다.[13]

과학사회학은 과학사나 과학철학 등 과학을 연구 대상으로 하는 인문학 분야에 비해서 뒤늦게 정립되었다. 사회학의 분과로 일찍이 지식사회학(sociology of knowledge)이 정립되어 있었던 데 비하면 더욱 뒤늦은 출발이었다. 지식사회학에서 분석 대상으로 하는 지식이란 문학과 예술, 관념, 종교와 이데올로기의 체계, 다시 말하면 인간의 모든 종류의 사고체계와 문화이다. 지식사회학은, 인간의 모든 정신적 활동의 산물은 그것이 생성된 사회적 환경과 조건, 즉 생산에 관여된 사람의 다양한 이해관계(interests)에 의해서 영향을 받는다는 명제에서 출발한다. 이것을 '지식의 존재구속성'이라고 한다. 그러나 앞서 머튼의 논의에서 보았듯이, 자연과학은 이런 존재구속성 명제가 적용될 수 없는 '특별한' 지식으로 간주되는 것이 당시의 통념이었다. 따라서 자연과학 지식은 사회학의 분석 대상에서는 제외될 수밖에 없었으며, 초기의 과학사회학은 과학 지식을 제외한 사회적 제도로서의 과학을 분석하는 제도주의적 특성을 띠게 된 것이다.

머튼을 태두로 한 초기 과학사회학은 다음과 같은 점에서 높이 평가받을 만하다.

첫째, 무엇보다도 과학을 사회학적 분석 대상으로 편입하였다는 점이다. 사회학은 경험과학을 지향한다. 따라서 과학에 대해서도 과학자 집단에서 일어나는 사회적 상호작용을 경험적으로 분석하고 일반화된 이론을 구축하고자 하는 새로운 접근방식이 도입되었다고 볼 수 있다.

둘째, 과학에 대해서 개인적 속성과 분리되는 사회적 성격이 존재함을 보여 주고, 과학자 개인이나 개별 사례가 아니라 과학자 집단과 제도의 특성에 주목한다는 점이다. 앞에서 언급한 우선권 경쟁의 사례처럼, 개인과 사회구조의 관계에 대해서 대단히 체계적인 분석틀을 제공한다.

셋째, 과학을 하나의 사회제도로 인정함으로써, 전체 사회 체계 속에서 과학과 다른 사회제도들 사이에 이루어지는 상호작용에 대해 관심을 기울이게 되었다.

1970년대 이후 과학 지식 분석에 초점을 맞추는 소위 '새로운' 과학사회학이 부상하면서, 제도주의 과학사회학은 서구 학계에서 영향력을 상실하였다. 그러나 제도분석은 그 가능성이 모두 소진되었는가? 근대 과학기술은 우리와 사회문화적 배경이 다른 서양에서 배태되었고, 우리나라에 도입된 역사도 짧다. 따라서 우리나라에서는 과학 공동체와 관련 제도들에 대한 구체적이고 경험적인 분석이 절실히 필요하고, 이런 상황에서 제도주의 과학사회학의 통찰에 대한 검토와 재조명이 필요하다는 것이 필자의 입장이다.

2장 | 과학 지식은 어떻게 만들어지는가?

1. 과학지식사회학의 도전: 과학에 대한 새로운 시각

1970년대 들어 유럽, 특히 영국을 중심으로 과학사회학의 새로운 흐름이 태동하기 시작하였다. 종래의 과학사회학이 미국의 사회학자들을 중심으로 규범과 제도분석에 관심을 기울였던 것과 대조적으로, 새로운 흐름은 과학 지식의 내용과 생성 과정에 대한 사회학적 분석을 지향함으로써, 일반적으로 과학지식사회학(sociology of scientific knowledge, SSK)으로 불리게 되었다.

과학지식사회학이 제기한 쟁점의 핵심은 "과학 지식은 여타의 지식과는 본질적으로 구별되는 특수한 성격을 갖고 있는가?"라는 질문이다. 즉, "과학 지식은 인식론적으로 우월한 특권을 누릴 수 있는가?"의 문제였다.

이 질문에 대한 종래의 통념적인 답안은 다음과 같이 정리할 수 있다. 자연계는 객관적인 실체로서 존재하며, 일관성 있고 보편적인 법칙에 의해 지배된다. 이런 자연계에 존재하는 대상과 자연계에서 일어나는 현상은 객관적 사실(fact)이며, 과학은 이런 자연계의 사실을 설명해 주는 보편적인 법칙, 즉 이론을 발견하는 것을 목표로 한다. 과학 연구는 엄격한 규칙과 기준으로 자연계를 관찰함으로써 사실을 확립하는 데서 시작하며, 이런 사실에 대한 해석, 즉 이론은 합리성과 사실에 부합하는가의 기준에 따라 검증된다. 요컨대, 과학 지식은 객관적으로 존재하는 사실에 대해 객관적이고 합리적인 방법을 적용해서 얻게 된 검증 가능한 지식으로서, 시간과 공간에 따라 가변적일 수 있는 사회문화적 요인과는 무관하다는 것이다. 이것은 17세기 이후 서양 철학의 지배적인 입장이고, 아직도 많은 과학자들과 일반인들이 과학에 대해 갖고 있는 '표준적'인 이미지이다. 머튼을 중심으로 한 초기의 제도주의적 과학사회학도 이런 관점에 입각하고 있다.

이런 표준적 통념과 대조적으로 과학지식사회학에서는 다른 어떤 종류의 지식과 마찬가지로 과학 지식도 사회적 상호작용의 산물이라고 본다. 이들이 주장하는 바는, 과학 지식의 특수성이자 인식론적 특권의 기반으로 알려진 보편성, 객관성, 합리성을 선험적으로 전제하기 전에, 우선 다양한 사회문화적 조건 속에서 과학 지식이 구체적으로 어떻게 만들어지는지를 이해하고 분석해야 한다는 것이다. 이것은 결코 과학 지식이 옳지 않거나 허구임을 증명하고자 하는 것이 아니라, 과학을 있는 그대로, 그 실상을 이해하려는 노력이다.

과학에 대한 '표준적' 관점이 '이미 만들어진 과학'을 기반으로 한다면, 과학지식사회학은 '만들어지는 과정에 있는 과학'(science in the making)에 분석의 초점을 맞춘다. 과학 지식은 어느 과학자가 자신이 최초로 발견한 참된 지식이라고 주장하는 것, 즉 지식 주장(knowledge claim)에서 시작되어 과학 공동체의 공인을 통해 과학 지식으로 확립된다. 과학지식사회학은 바로 이런 '지식 주장'이 어떻게 참된 과학 지식으로 인정받게 되는지 해명하는 것을 과제로 본다. 종래에는 경험적 분석에서 도외시되었던, 과학 지식의 생성과 변화 과정이라는 '암흑상자'(black box)를 열고자 한 것이다. 이를 통해 과학 연구의 실험이 수행되고 결과가 해석되는 과정, 실험 자료가 과학적 '사실'로 인정받게 되는 과정, 논문이 써지는 과정, 과학 이론이 정립되는 과정 등 과학 활동과 과학 공동체의 다양한 측면에 대해 새로운 관점을 갖고 새로운 문제를 제기할 수 있게 되었다.

과학지식사회학이 등장하게 된 배경을 보면 그 문제의식을 더 쉽게 이해할 수 있다. 1962년에 출판된 과학사학자 토머스 쿤(Thomas Kuhn)의 기념비적인 저서 『과학혁명의 구조』는 과학사회학에도 혁명적 영향을 미친 것으로 평가할 수 있다. 쿤은 과학사에 대한 경험적 분석을 통해서, 패러다임(paradigm) 정립 → 정상과학(normal science, 수수께끼 풀기) → 변칙(anomaly)의 축적과 위기(crisis) 발생 → 과학혁명(scientific revolution, 새로운 패러다임의 정립) → 새로운 정상과학의 과정을 반복하는 과학 발전의 '구조'를 밝혔는데, 특히 두 가지 측면이 주목된다. 첫째, 과학자들의 지식 탐구 활동은 총체적으로 과학자들의 합의(consensus)를 통해서 공유하게 되는 패러다임의 규정을 받고 있으며, 더구나 패러다임이 시대에 따라 변화한다는 것이다. 둘째, 과학 발전이 종래의 통념처럼 연속적이고 누적적인 과정을 거치는 것이 아니라, 거기에 사회적 '혁명'과 같은 급격한 변화와 단절이 존재한다는 것이다. 과학자들이 이전의 패러다임에서 새로운 패러다임으로 전환할 때, 그 기준으로 반드시 객관성, 합리성을 따르는 것이 아니라 새 패러다임의 단순함, 아름다움, 미래의 가능성에 대한 신념(faith, belief) 등 소위 '과학 외적(外的)' 요인을 따르는 경우도 흔하다. 패러다임은 특정한 형이상학을 포함하는 '세계관'(worldview)을 제공하며, 패러다임의 충돌은 세계관의 충돌이다. 서로 다른 패러다임을 받아들이는 과학자들은 "같은 지점에서 같은 방향으로 바라볼지라도, 서로 다른 것을 보게" 된다(Kuhn [1962] 1970: 150). 패러다임의 전환은 논리나 중립적 경험에 의해서 차근차근 점진적으로 이루어지는 것이 아니라, 게슈탈트의 전환(gestalt switch)이나 종교적 개종과 마찬가지로 총체적인 것이다. 패러다임의 전환에 대한 쿤의 아이디어는 '만들어지고 있는 과학'에 작용할 수 있는 사회문화적 요인, 그리고 그 과정을 구체적으로 분석할 필요성에 대한 영감을 주었다.

다른 한편으로, 1960년대 영국의 에든버러(Edinburgh), 바스(Bath), 서섹스(Sussex) 대학 등에서 과학학(science studies, social studies of science),

과학정책(science policy) 등의 명칭을 가진 학과와 프로그램들이 설립되었다. 이들은 과학의 사회적 측면과 관련된 제반 분야의 연구와 교육을 담당하는 학제적(interdisciplinary) 프로그램이었다.[1] 이 프로그램에는 자연과학을 비롯하여 철학, 심리학, 인류학, 사회학 등 학부와 대학원에서 다양한 분야를 전공한 젊은이들이 모여들었고, 로버트 머튼과 같은 뚜렷한 지도자가 없는 가운데 학문분과를 넘나들며 자유롭게 활동할 수 있었다. 또한 1960년대 말부터는 세계 사회학계에서 '패러다임'의 역할을 담당했던 구조기능주의 이론에 대한 비판이 활발해졌다. 미국에서는 과학사회학이 사회학과 내에서 사회학의 한 분과 영역으로 성장한 데 반하여, 시작부터 과학 활동을 학문적으로 분석하는 데 초점을 맞춘 학제적 편제를 갖추고 다양한 지적 배경을 가진 신진학자들이 모여든 영국의 과학사회학은 적극적으로 과학 지식에 대한 사회학적 분석을 시도할 수 있었다(윤정로 2000: 88-92).

과학지식사회학에는 다양한 흐름이 존재한다. 영국에서 시작되어 프랑스, 독일, 네덜란드, 미국 등 구미 각국으로 확산되면서, 각 지역의 독특한 지적 전통과 접목된 새로운 접근방식들이 출현하였다. 비교적 소수였던 과학지식사회학자들 간에 활발한 교류와 토론, 논쟁이 이루어지는 가운데 다수의 유파가 형성되었다. 이 글에서는 과학지식사회학의 분파를 망라한 계보나 발전 과정을 상세히 고찰하기보다는, 이 다양한 흐름들이 총체적으로 과학기술에 대해서 제기한 새로운 시각이 무엇인지, 그리고 그것이 갖고 있는 함의가 무엇인지에 집중하고자 한다. 이런 새로운 관점이 비교적 쉽게 드러난다고 생각되는 두 가지 접근방식, 즉 '스트롱 프로그램'과 '실험실 연구'를 살펴보기로 한다.[2]

2. '스트롱 프로그램'과 과학적 실천: 에든버러 학파와 바스 학파

1) 에든버러 학파의 역사적 과학지식사회학

에든버러 대학 과학학과에 재직하고 있던 과학지식사회학의 개척자, 데이비드 블루어(David Bloor)가 처음 사용한 '스트롱 프로그램'(Strong Program)은 과학지식사회학에서 가장 널리 알려진 전문용어에 속한다. 1976년 출판된 블루어의 저서 『지식과 사회의 상』(*Knowledge and Social Imagery*)은 다음과 같은 질문으로 시작된다. "지식사회학이 과학 지식의 내용과 특성 그 자체를 탐구하고 설명할 수 있을까?" 이 질문에 대해서 많은 사회학자들은 가능하지 않다고 생각하는데, 블루어의 생각은 그것이 가능할 뿐만 아니라 그렇게 해야만 한다는 것이었다. 전통적인 사회학의 분과인 지식사회학은 문학과 예술, 관념과 지식, 이데올로기 등 인간 사회의 문화 전반을 분석 대상으로 하며, 모든 지식은 그것이 생성된 사회적 환경과 조건에 의해서 영향을 받는다는, 소위 '지식의 존재구속성' 명제에서 출발한다. 사회학자들이 과학 지식은 주변 환경과 상관없이 독립적으로 만들어지기 때문에 사회학적 분석 범위 밖에 있다고 여기는데, 이것은 사회학적 관점에 대한 배신이라는 것이 블루어의 주장이다. 과학 지식에 대해서는 분석을 포기한 채 과학 발전의 속도나 방향에 관련된 외부적 요인이나 제도에 대해서만 관심을 기울이든지 또는 '그릇되거나'(false) 공인받지 못한, '실패한'(failed) 과학 지식에 대해서만 그 실패의 원인을 사회학적 요인으로 설명하려고 하는 기존 사회학의 탐구방식은 근본적으로 취약한 연구 프로그램이라는 것이다(Barnes 1974, 1977; Bloor [1976] 1991).

이렇게 취약한 프로그램에 대항해서, 블루어는 과학 지식에 대해서도 다른 어떤 종류의 지식과 동일한 방식으로 분석할 수 있는 접근방식을 제안하고, 이를 지식사회학의 '스트롱(강한) 프로그램'이라고 명명하였다. 스트롱 프로그램은 네 가지 원칙을 준수해야 한다. 첫째, 인과성(causality)의 원칙이다. 사회학자들은 다양한 사회 현상에 대해서 그 원인을 밝히고자 한다. 마찬가지로, 과학지식사회학은 과학 지식이 생성되는 원인을 밝히는 데 목표를 두어야 한다. 이런 원인에는 사회적 조건뿐만 아니라 심리적·경제적·정치적·역사적 조건 등이 포함될 수 있다. 둘째, 공평성(impartiality)의 원칙이다. 과학지식사회학은 연구 대상을 소위 합리적이고 참된 지식이라고 인정받은 '성공'한 지식에만 국한해서는 안 되고, '실패'한 지식에 대해서도 공평하게 관심을 기울여야 된다. 왜냐하면 이런 성공과 실패는 사람들이 그렇게 인식(perceive)하는 것일 뿐이며 사회적 과정의 결과이기 때문에, 그 과정 자체를 연구해야만 인과관계를 규명할 수 있게 되기 때문이다. 셋째, 대칭성(symmetry)의 원칙은 일단 연구 대상으로 선정된 사례에 대해서는, 그 지식의 성공과 실패에 상관없이 동일한 원인을 적용해서 설명해야 한다는 것이다. 참이 아닌 것으로 인식된 지식에 대해서는 사회학적 원인을 끌어들이고, 참된 것으로 인식된 지식에 대해서는 합리적인 원인으로 설명하는 방식은 대칭성의 원리에 위배되는 것이다. 넷째, 성찰성(reflexivity)의 원칙으로, 과학지식사회학에서 적용된 설명방식은 사회학 일반에도 일관성을 갖고 동일하게 적용되어야 한다는 것이다. 지식 생성의 모든 사례에 적용할 수 있는 일반 이론의 구축을 위해서는 대칭성과 성찰성의 원리가 필수적이다.

스트롱 프로그램의 입장에서는, 과학은 '참된 지식'이 아니라 사람들이 '참된 지식으로 받아들이는 것'이 된다. 과학 지식은 사회적 과정에 의해서 참된 지식으로 인정받게 되는데, 이 과정에는 과학자 및 관련 집단들의 다양한 관심과 이해관계가 영향을 미칠 수 있다. 블루어는 가장 순수하고 추상적인 지식으로 간주되는 수학 지식도 예외가 아님을 보여 주고자 하였다.

블루어와 함께 에든버러 대학에 재직하고 있던 반스(Barry Barnes) 또한 과학도 다른 영역과 마찬가지로 문화의 일종으로 취급되어야 한다고 주장했다. 이를 위해서는 지식사회학과 문화인류학에서 발전된 분석방법이 동일하게 적용되어야 하고, 사회학적 탐구의 관점에서는 과학 지식이든 아니든 모든 지식에 대해 대칭적이어야 한다는 입장을 공유하였다(Barnes 1974, 1977).

1970년대 후반에는 스트롱 프로그램의 입장을 지지하는 경험적 연구들이 다수 이루어졌다. 경험적 분석의 결과는, 잘못된 것으로 판명된 지식이나 올바른 과학 지식으로 인정받게 된 지식이나 마찬가지로 관련된 집단의 사회적 이해관계를 반영하고 있다는 것이었다. 또한 이론의 진위 여부는 관찰과 논리에 의해서 명확히 판별되는 것이 아니며, 과학 지식에 대한 논쟁은 사회적 논쟁의 일부로 이해해야 한다는 것이었다. 블루어와 반스를 중심으로 한 소위 에든버러 학파의 연구는 주로 과거의 역사적 사례에 대한 분석이 대부분을 차지하여, 역사적 과학지식사회학이라는 별명을 얻었다.[3]

19세기 영국에서 벌어진 유명한 골상학 논쟁을 보자. 골상학자들은 두개골의 형태에 따라 인간의 능력을 판별할 수 있다고 주장하였다. 이런 주장은 인간의 정신 현상이 생리적 현상으로 환원될 수 있다는 의미를 담고 있다. 골상학자들의 이러한 주장은 당시 지배계급의 이데올로기와 배치되는 것이었다. 당시의 지배계급은 인간의 마음과 몸의 이원론을 기반으로, 머리와 손의 기능이 구분되고 사회적으로는 머리 기능을 담당하는 지배계급과 손, 즉 생산 기능을 담당하는 계급이 구분된다는 인식을 갖고 있었다. 골상학은 기존의 계급질서를 거부하는 신흥 부르주아 계급의 세계관을 반영하고 그들의 이해관계를 정당화해 주는 도구가 되었으며, 골상학에 반대하는 에든버러 대학의 엘리트 의사들과 도덕철학자들의 입장은 신흥 부르주아의 부상에 위협을 느끼고 기존의 위계질서를 옹호하려는 이해관계와 연관되어 있다는 것이다. 즉, 골상학 논쟁은 사회적 이해관계의 충돌이라는 '같은 종류'의 원인을 이용하여 상반되는 양측의 입장을 '인과적'으로 설명할 수 있다(Shapin 1979).

2) 바스 학파의 경험적 상대주의 연구

블루어와 반스를 중심으로 한 에든버러 학파와 같은 시기에, 바스 대학에서는 해리 콜린스(Harry Colllins)가 스트롱 프로그램의 주장에 동조하면서도 독특한 특징을 가진 '경험적 상대주의 프로그램'(empirical program of relativism, EPOR)을 발전시켰다. 블루어와 반스는 자연계가 과학 지식의 발전에 구속력을 행사하고 있음을 인정하면서, 그 구속력이 실제로 어느 정도인지에 대해서는 경험적인 분석이 요구된다는 입장을 취한다(Barnes 1974; Bloor 1991). 그러나 콜린스는 과학 지식의 구성 과정에서 자연계의 역할은 미미하거나 존재하지 않는다고 본다. 역사적 사례분석에 집중한 에든버러 학파와 달리, 바스 학파는 현대 과학의 '논쟁'과 '실험'에 대한 미시적 분석에 집중하였다.[4]

콜린스의 경험적 상대주의 프로그램은 3단계로 이루어진다. 첫 번째는 경험적 사례를 통해서 실험 자료의 '해석적 유연성'

(interpretive flexibility)을 보여 주는 것이다. 두 번째는 해석적 유연성을 제한함으로써 끝없이 계속될 수도 있는 해석에 대한 논쟁이 종결(closure)되는 기제를 보여 주는 것이다. 마지막 세 번째 단계에서는 논쟁의 종결 기제와 거시적인 수준의 사회적·정치적 구조의 관계를 규명하는 작업이 이루어져야 한다(Collins 1981: 6-7).

콜린스(1975, [1985]1992)가 집중적으로 분석한 중력파(gravitational wave)의 탐지에 대한 실험과 논쟁을 살펴보자.[5] 아인슈타인의 일반 상대성 이론에서는 움직이는 무거운 물체에서 중력파가 발생한다고 예측하였지만, 중력파를 검출하기 위한 실험은 계속 성공하지 못했다. 일반 상대성 이론 지지자들은 중력파가 너무 약해서 탐지되지 않는다고 보는 반면, 중력파의 존재 자체에 대해서 의심하는 물리학자들도 있었다. 1969년 미국의 물리학자 웨버(Joseph Weber)가 최초로 중력파 탐지 실험에 성공했다고 발표하고, 개량된 실험 결과를 계속 발표하였다. 그러자 1970년대에는 10여 개의 연구 집단이 웨버의 연구 결과를 검증하기 위해 재현 실험(replication)을 시도했지만, 중력파의 발견에 실패하고 물리학자들 사이에 논쟁이 벌어졌다. 결국 1975년에 웨버의 실험 결과를, 즉 중력파의 발견을 부정하는 쪽으로 논쟁이 종결되었다.

콜린스가 이 중력파 실험과 논쟁에 참여한 과학자들과의 인터뷰를 통해서 발견한 사실은, 과학자들 사이에 실험의 성공 여부를 판단할 수 있는 기준이 무엇인지에 대한 합의가 이루어져 있지 않다는 것이었다. 중력파를 탐지하기 위해서는 적절한 검파기를 설계해야 하는데, 그 검파기를 사용해서 중력파를 탐지하기 전까지는 그것이 실험에 적절한 장치인지를 알 수가 없다. 이렇게 실험 결과와 실험 장치 사이에 양자가 서로를 규정하는 순환적인 관계가 발생하고, 이런 순환관계는 끝없이 계속된다는 것이다. 콜린스는 이것을 '실험자의 회귀'(experimenter's regress)라고 한다.

또한 과학자들이 재현 실험이라고 했지만, 실제로 웨버와 똑같은 장치를 만들어 사용하거나 그렇게 하고 싶어 한 과학자는 하나도 없었다. 그 이유는 물론, 웨버와 동일한 장치를 사용해서 결과를 증명하는 경우 웨버의 명성만 높여 주게 될 뿐 본인의 창의성과 연구능력을 입증하는 데는 도움이 안 되지만, 다른 장치를 고안해서 실험을 하면 결과에 상관없이 최소한 본인의 실험능력을 입증할 수 있기 때문이다. 그러나 콜린스가 발견한 흥미로운 사실은, 이런 현상 또한 무엇이 성공적인 실험인가에 대한 기준이 없기 때문에 발생한다는 것이다. 즉, 과학자들은 웨버의 실험능력과 장치의 질에 대해서 의심하면서, 본인의 전문성이 우월한 부분에 대해서는 웨버의 것과 상이한 방식으로 설계한 장치를 사용해서 실험하는 것이 마땅하다고 생각한다는 것이다. 또한 실험 과정과 자료는 대단히 복잡하고 불확실하며, 과학자들은 서로 다른 방식으로 해석하는 '해석적 유연성'을 보인다.

그러면 어떻게 해서 논쟁이 종결되었는가? 1975년 무렵에는 웨버의 실험이 적절하지 않았다는 데 거의 모든 과학자들이 동의하였다. 그러나 그 잘못된 이유에 대해서는 서로 의견이 달랐고, 과학자들은 서로서로의 실험에 대해 결함을 지적하고 비판하면서 합의에 도달하지 못하고 있었다. 이런 상황에서 가윈(Richard Garwin)이라는 영향력 있는 물리학자가 웨버의 실험 결과에 대해 단호한 비판을 가하자, 웨버의 실험이 틀렸다는 쪽으로 결론이 내려지게 되었다. 흥미롭게도, 이 논쟁에 참여했던 과학자들은 가윈의 발표가 결정적 영향력을 갖게 된 데 대해서, 실험 자체는 평범했지만 세심한 자료분석, 실험 결과를 쓰는 방식, 신랄하고 단호한 비판, 확신에 찬 태도가 중요하게 작용했다고 보았다. 논쟁이 종결되기 위해서는, 논쟁에 참여하는 핵심집단(core-set)에서 특정한 견해로 결정(結晶, crystallize)되는 임계질량(critical mass)에 도달해야 하는데, 중력파 논쟁의 경우 가윈이라는 지도자의 출현과 비판의 스타일, 동조자를 모으는 '과학동맹' 결성 전략이 중요한 역할을 담당하였다는 것이다.

콜린스는, 결국 실험이나 실험의 재현 등 '과학적'인 활동만으로 논쟁이 종결되기는 어렵고 중력파 논쟁에서 예시되었듯이 다양한 사회적 요인과 전략이 —때로는 결정적으로— 작용한다고 본다. 핵심집단 내의 합의가 이루어져야 논쟁이 종식되는데, 이런 합의는 일정한 과학적 알고리즘을 따라서 이루어지는 것이 아니라 어느 순간에 우연히(contingent) 출현한다. 콜린스는 더 나아가, 논쟁을 종식시키는 것은 인간이 관찰할 수 있는 자연계의 경험적 증거가 아니라 자연계를 인식하는 인간의 신념체계라고 주장한다. 즉, 자연계를 인간의 인식에 따라 구성되는 것으로 본다.

3) 실험실 연구

실험실 연구(laboratory studies)는 실험실이 바로 과학 지식 생성의 현장이라는 전제를 바탕으로 실험실 내에서 일어나는 일상적 활동에 분석의 초점을 맞춘다. 실험실 연구는 보통 인류학자들이 전혀 생소한 문화를 연구할 때와 같은 방식으로 실험실 내에서 이루어지는 과학 활동에 접근한다. 나시르마(Nacirema) 종족의 육체 의례에 대한 인류학적 관찰의 예를 보자.

> 나시르마 족은 입에 대해서 거의 병적인 경의와 집착을 보인다. 그들은 입의 상태가 모든 사회적 관계에 초자연적인 영향력을 행사하는 것으로 믿는다. 입에 대한 의례를 행하지 않으면 이빨이 삭고, 잇몸에서는 피가 나며, 턱이 빠지고, 친구가 떠나며, 실연을 당할 것이라고 믿는다. 또한 입과 도덕 사이에 강한 상관관계가 있다고 믿는다. 예를 들면 도의심을 개선하기 위해서 아이의 입을 씻어 주는 의식이 있다.
> 이런 입 관련 의식들이 모든 나시르마 족의 일상적인 육체 의례에 포함되어 있다. 그렇게 철저하게 입을 보호하면서도, 낯선 사람들과 비위 사납게 입을 부딪치는 의식을 행한다. 나시르마 족은 특정한 마력을 갖고 있는 분가루와 함께 작은 돼지털 뭉치를 입속에 집어넣고 매우 정

형화된 일련의 동작으로 그 털 뭉치를 움직인다(Miner 1956: 504; 기든스 1998: 50에서 재인용).

나시르마는 누구이며, 이 기이해 보이는 육체의식은 무엇인가? 나시르마를 뒤집어 읽어 보면, 미국인(American)들이 위생을 위해 매일 행하는 칫솔질과 친근함을 표현하는 방식인 입맞춤을 묘사한 것임을 쉽게 알 수 있다. 인류학자들은 연구 대상이 되는 원주민들이 자연스럽고 당연한 것으로 받아들이는 사물과 활동들에 대해서 왜 그것을 당연하게 받아들이는지 의문을 제기하는 이방인의 입장을 취하면서, 동시에 원주민들의 입장과 관점을 이해하고자 한다. 원주민 문화의 총체적 맥락에서 그들의 행동에는 어떤 의미가 담겨 있으며, 그 근저를 관통하고 있는 생각의 구조가 무엇인지를 탐구한다. 인류학자는 관찰 대상 집단과 활동에 직접 참여해서 얻는 경험이 대단히 중요하며, 관찰 결과를 원주민의 관점에서 있는 그대로 기술하고자 한다. 실험실 연구에서는 과학자들이 바로 원주민이 되는 것이다.

실험실 연구는 주로 하나의 실험실에 대한 집중적인 사례연구 형태를 취하는데, 연구자들은 흔히 실험실 내의 청소나 시험관 소독 등의 허드렛일을 하면서 참여관찰을 수행한다. 연구자는 과학자들에 대한 면접 이외에 실험 노트, 계산지, 컴퓨터 인쇄물, 비망록, 내부 메모, 외부와의 통신, 실험실에서 읽는 논문과 저서, 보고서, 과학자들 간의 대화 등 실험실에서 볼 수 있는 온갖 종류의 자료를 분석에 활용한다. 이때 중요한 것은 연구자의 과학적 소양이 아니라, 연구자가 실험실 문화의 모든 측면에 대해서 '생소함'을 유지하면서 관찰, 서술하는 것이다.

프랑스인 라투르(Bruno Latour)와 영국인 울가(Steve Woolgar)는 미국 캘리포니아 주에 있는 생의학 분야 세계 최정상급인 소크 생물학 연구소(Salk Institute for Biological Studies)의 한 연구실에서 1975년 10월부터 1977년 8월까지 약 2년간 참여관찰 방법을 이용한 현지조사를 수행하여, 실험실 연구의 대표적인 성과로 널리 알려진 『실험실 생활: 과학적 사실의 구성』(*Laboratory Life: The Construction of Scientific Facts*)이라는 저서를 1979년에 출판하였다.[6] 이들이 연구 대상으로 삼은 현장은 TRH(Thyrotropin Releasing Factor Hormone) 혹은 TRF(TR Factor)로 알려진 화학물질을 발견한 업적으로 1977년 노벨 생리의학상을 수상한 실험실이었다. 울가와 라투르는 일종의 호르몬으로서 인간의 간뇌에서 분비되는 이 화학물질이 발견되는 과정을 상세히 분석하였다. 당시 라투르는 철학도이자 사회학도, 울가는 사회학도로서 전문적인 과학 지식에 대해 훈련받은 적이 없었다. 이외에 미국의 여성 사회학자인 크노르-세티나(Karin Knorr-Cetina)가 캘리포니아 주립대학 버클리 캠퍼스의 단백질 연구실에 대한 사례연구를 바탕으로 1981년 출판한 『지식의 제조: 과학의 구성주의적·맥락적 성격에 대한 시론』(*Manufacture of Knowledge: An Essay on the*

Constructivist and Contextual Nature of Science)도 실험실 연구 초기의 대표적인 성과로 꼽힌다. 크노르-세티나는 미국과 독일에서 활동하였다. 처음에는 영국을 중심으로 성장한 과학지식사회학이 실험실 연구의 등장과 함께 학문적으로뿐만 아니라 지리적으로도 다양하게 분화되었다.

실험실 연구가 목표하는 바는 실험실에서 어떤 일들이 있어나고 있는가, 즉 과학 지식이 만들어지는 현장에서 '있는 그대로의 과학'(science as it happens)을 정확히 서술하고 분석하는 데 있다. 주로 과학자들과의 인터뷰나 과학자들의 공식적인 발언에 의존해서 과학의 특성을 파악하고자 했던 종래의 연구들에서 생길 수 있는 왜곡을 피하고, 과학 연구의 장인적(craft)이며 실천적(practice)인 측면을 조명하고자 하는 것이다.

실험실 연구를 통해서 밝혀진 가장 두드러진 사실은, 조직적이고 체계적, 합리적, 논리적이라는 과학에 대한 통상의 이미지와는 달리 실험실 내의 활동들이 매우 혼란스럽고 무질서하게 이루어진다는 것이다. 예를 들어, 어떤 종류의 실험 기구를 사용할지, 어떻게 실험을 설계할지, 서로 다르게 나온 실험 결과는 어떻게 해석할지 등 온갖 문제를 판단하는 데 있어서 항상 엄격하게 적용되는 일관된 기준이 있는 것이 아니라 상황에 따라 판단을 달리한다. 과학자들은 이렇게 가변적이고 혼란스러운 과정을 통해서 얻어 낸 결과에 논리정연한 틀을 만들어 부과한다. 달리 표현하면, 과학 활동은 무질서에서 질서를 찾고 만들어 내는 작업이며, 이 과정에서 다양한 요인이 개입되는 '협상'(negotiation)이 이루어진다. 실험실 연구는 이런 '질서의 구성'이 어떻게 이루어지는지를 탐구하고자 한다.[7]

라투르와 울가는 실험실에서 일어나는 소소하고 우연한 일상적 활동에서 과학적 주장이 만들어지고, 이런 주장이 만들어지는 과정에서 작용했던 사회적·역사적 맥락이 완전히 제거된 채 아무도 의심하지 않는 과학적 '사실'로 '구성'되는 과정을 보여 준다. 역으로 말하면, 그들은 생성되는 과정의 사회적 의미나 맥락과 유리되어 추상화된 과학적 사실을 사회학적으로 해체(deconstruct)하고자 하였다. 그들은 자신들의 입장에 대해, 과학적 사실이 존재하지 않는다거나 실재(reality)라는 것이 존재하지 않는다고 주장하려는 것이 아니라고 한다. 또한 과학적 사실과 이론이 현실 세계에서 발휘하는 효능을 부정하려는 것도 아니라고 한다.

그들의 분석에 의하면, TRF의 존재에 대한 논쟁이 진행 중이던 1968년에는 과학자들도 TRF가 과학자들의 머리 속에서 만들어진 구성물(construct) 또는 인공물(artefact)일 수 있다는 가능성에 대해 인식하고 있었다. 그러나 이와 대조적으로 1970년이 되면, TRF가 과학자들에 의해서 발견된, 자연계에 존재하는 객관적 실재이자 자명한 과학적 사실로 변환되었다고 한다. 논쟁의 와중에서는 그 결과로 실재가 나오지만, 논쟁이 해결되면 실재가 논쟁 해결의 원인이 되는 것이다. 결국, 라투르와 울가의 주장에 따르면 과학적 사실이

'바깥 어디엔가' 객관적으로 존재하는 것처럼 보이는 특성(out-thereness)은 과학 활동의 원인(cause)이 아니라 결과(consequence)일 뿐이며, 과학적 사실은 그것을 존재하는 것으로 만들어 준 과학 활동을 둘러싼 사회적 실천의 네트워크(network of social practice)를 벗어날 수 없다(Latour and Woolgar [1979] 1986: 180-183).

4) 과학지식사회학의 성과와 한계

과학지식사회학은 학계에 신선한 충격을 주면서, 다양한 유파로 분화되었고 그 과정에서 많은 경험적 연구들이 축적되었다. 앞에서 언급한 대로, 영국에서 시작하여 미국과 유럽뿐만 아니라 전 세계 학계로 영향력이 확장되었다. 또한 사회학의 경계를 넘어 과학철학, 과학사, 인류학 등의 인접 분야와 활발히 교류하면서, 과학기술학—영어로는 STS(science and technology studies 또는 science, technology and society)—라는 학제적인 분야로 발전하여 인문사회과학의 프론티어 영역에서 중요한 역할을 담당하고 있다.

과학지식사회학은 특히 현대 과학의 다양한 측면에 대해서 근본적으로 새롭고 흥미로운 관점과 문제를 제기하였다. 탁월한 과학자인 소크(Jonas Salk, 1914-1995) 박사도 인정했듯이, 과학지식사회학은 과학 지식의 내용과 과학 활동에 사회학적 분석을 가함으로써, 우리가 흔히 과학에 대해서 갖고 있는 환상과 신화에서 벗어나 새로운 방식으로 과학을 바라볼 수 있도록 하였다. 1980년대 초까지 과학지식사회학의 참신성과 유용성을 부정하던 머튼의 강력한 추종자들조차도 결국 과학지식사회학의 성과를 인정하고 지지하는 입장으로 선회하였다(Cole 1992; Gieryn 1982, 1995; Zuckerman 1988).

1980년대 이후 과학지식사회학의 관점은 일종의 패러다임으로서 '사회구성주의'(social constructivism) 또는 '구성주의'(constructivism)라는 통칭으로 불리게 되었다. 과학 지식과 과학 활동이 특정한 사회적 맥락 속에서, 다양한 사회집단과 변수들의 상호작용 과정을 통해서 만들어지는 구성물(construct)이고, 과학 외적인 다양한 요인들—사회적, 정치적, 경제적, 문화적, 이데올로기적 요인 등—이 그 구성에 영향을 미칠 수 있으며, 그 구성 과정은 구체적인 경험적 분석을 요구한다는 것이다.

과학지식사회학의 뚜렷한 성과에도 불구하고, 기본적으로 인식론적 상대주의를 지지하는 구성주의적 관점의 한계와 쟁점에 대해서도 인식할 필요가 있다. 첫째, 과학 지식의 구성에 대한 일반화된 설명과 이론의 가능성이다. 광범위하고 많은 양의 경험적 연구 성과가 축적되었음에도 불구하고, 다양한 사회적 요인 중에서 어떤 요인이, 어떤 계기에, 어떤 메커니즘을 통해서 과학 지식의 구성에 어떻게, 얼마나 개입하는지에 대해 만족할 만한 일반화된 설명이 제시되지는 못하였다. 또한 실험실 연구에 대해서도 지난 30년간의 다양한 연구에도 불구하고 초기의 연구 성과에서 큰 진전을 이루지 못한 채, 내구성을 가진 특정한 과학적 사실이 실험실에서 어떻게 가변적이고 우연히 구성되는지에 대해서 설명하지 못하고 있으며, 앞으로는 특정한 과학적 사실이 과학 실천의 세계에서 어떻게 내구성을 얻게 되는지를 해명하는 데 중점을 두어야 한다는 신랄한 비판이 제기되었다(Doing 2008).

둘째, 과학 지식과 실재의 관계이다. 에든버러 학파는 과학 지식의 구성에 자연계가 구속력을 행사한다는 견해로서, 과학 지식과 실재의 이분법을 인정한다. 그러나 바스 학파의 콜린스, 실험실 연구의 라투르와 울가는 과학 지식의 구성 과정에서 자연계의 역할은 미미하거나 존재하지 않고, 실재는 과학 지식이 구성되는 과정의 결과일 뿐이라는 견해를 보여, 과학 지식과 실재의 이분법을 부정하면서 관념론으로 기우는 경향이 있다.

셋째, 성찰성의 문제이다. 과학 지식이 사회적 구성물이라고 한다면, 과학지식사회학의 분석 결과 또한 사회적 구성물이지 않은가? 그렇다면 과학지식사회학의 성과에 대해 객관적 타당성을 주장할 수 있는가? 스트롱 프로그램에서는 자신들의 입장을 세련된 방법론적 상대주의, 특수한 상대주의라고 주장하며 항변했지만(Bloor [1976] 1991; Collins 1983), 성찰성의 문제는 스트롱 프로그램이 스스로 비판했던 과학 지식의 전제와 설명방식에서 완전히 벗어나지 못했음을 보여 주었다.

실험실 연구는 성찰성의 문제를 본격적으로 제기하였다. 라투르와 울가는 관찰자를 3인칭화하거나 생소함을 유지하기 위한 관찰자의 노력 등 성찰성의 문제를 환기하는 다양한 시도를 하고, 과학적 사실의 구성에 관한 자신들의 설명이 그 서술 대상이 되는 과학자들의 설명에 비해 인식론적으로 어떤 특권적 지위도 갖고 있지 않다는 사실을 명시하였다. 또한 과학지식사회학은 성찰적 민속지학(ethnography), 즉 과학에 대한 새로운 설명을 넘어서 이런 설명을 하는 과학지식사회학자 자신들이 당연시하고 있는 것들에 대해서 성찰하고 설명하는 접근방식을 취해야 한다고 주장한다. 요컨대, 과학 지식에 대한 구성주의적 명제를 과학지식사회학에도 동일하게 적용해야 한다는 것이다(Woolgar 1982). 이런 성찰성에 대한 관심은 과학 활동의 언어적 구성에 대한 관심으로 연결되고, 과학자들의 대화, 논문, 저술 등 그들이 실제로 사용하는 담론(discourse)분석으로 발전하였다.

사회학과 과학 지식에 대한 인식론적 비판이 과학지식사회학의 새로운 관점을 정립하는 데 결정적인 역할을 했던 것은 사실이다. 그러나 인식론적 문제에 함몰되는 과도한 철학적 편향은, 경험과학으로서 인과론적 분석에 강점을 가진 사회학적 분석 본연의 장점을 상실할 수 있다는 점에서 경계할 필요가 있다. 극단적인 상대주의는 과학 지식이 실재와는 상관없이 사회적 요인에 의해서 구성된다고 보는 결정론적 시각을 초래할 위험성과 함께 구성주의적 분석에 대한 설득력을 심각하게 저해할 수 있다. 또한 성찰성을 극도로 강조하다 보면, 구성주의적 관점 스스로의 타당성도 부인하게 되고 결국 인식론적 불가지론, 허무주의에 이르게 됨으로써 사회학의 비판정신을 상실하게 된다(윤정로 2000).

소위 '과학 전쟁'(science war)은 구성주의적 과학관에 대한 과학자들의 반감이 표출된 사건으로 볼 수 있다. 미국의 물리학자 소칼(Alan Sokal)이 의도적으로 날조한 논문이 1996년 구성주의에 우호적인 「소셜 텍스트」(*Social Text*)라는 학술지의 심사를 통과하여 출판되면서, 과학지식사회학에 대한 과학자들의 비판은 과학자들과 인문사회과학자들 사이의 격렬한 논쟁으로 확대되었다. 소칼은 객관적 실재의 존재와 중요성을 무시하고 엄밀한 사고체계를 갖추지 못한 구성주의와 포스트모더니즘의 주장이 허구임을 밝히기 위한 방안으로, "경계선 넘나들기: 양자 중력의 변형적 해석학을 위해서"(Transgressing the Boundaries: Towards a Transformative Hermeneutics of Quantum Gravity)라는 과학지식사회학 분야의 논문으로 그럴듯해 보이는 제목에 수많은 주석과 참고문헌을 달고 난해한 전문용어를 조합해서 쓴 엉터리 논문을 써서 투고했다(송성수 2011: 11-33; 홍성욱 1999: 68-126).

우리나라의 지도적인 물리학자로 과학지식사회학과의 진지한 대화와 논쟁에 참여한 적도 있는 오세정 교수(2011)는 연구 주제의 선정에는 사회적 요인이 개입할 수 있지만 연구 과정과 결과의 검증에 있어서는 가치중립성의 가치와 자연이라는 심판자의 존재에 의존하고 있다는, 즉 사회과학 연구방법론에 있어 고전적인 막스 베버 및 로버트 머튼과 유사한 견해를 표명하였다. 과학사학자인 홍성욱 교수(1999, 2004)는 이런 고전적인 견해는 사회문화적 요인과 경계가 분명치 않은 현대 사회의 과학에 적용하기에는 협소하며, 관심의 초점을 '사회적 구성인가 아닌가'에서 '얼마나'의 질문으로 전환해야 한다고 제안한다. 필자도 홍성욱 교수의 주장에 동의하면서, 과학기술도 분야마다 서로 다른 특성을 갖고 있기 때문에 구성주의 관점의 설명력에는 차이가 난다는 점을 유념할 필요가 있다고 본다.

필자의 의견으로는, 구성주의적 관점이 압도하고 제도주의 과학사회학은 몰락한 현재의 지적 지형에 대해서 재고할 필요가 있다. 이 두 가지 관점은 쿤의 패러다임 도식처럼 '공약 불가능'하고 '양립 불가능'한 것인가? 자연과학과 달리 사회과학이 복수의 패러다임이 공존하고 경합하는 '멀티 패러다임'의 학문이라는 특성을 갖고 있다면—쿤의 도식에서는 패러다임 정립 이전의 미성숙 단계이다—이 두 패러다임이 소통하고 서로의 장점을 취합할 수 있는 길은 없는가? 일찍이 머튼의 제자들도 이런 노력을 기울인 적이 있지만(Cole 1992), 최근에 구성주의적 관점에 입각하여 인문사회과학 분야의 동료 평가제도를 체계적으로 분석한 연구는 새로운 통합의 가능성을 보여 주는 시도로 보인다(Lamont 2009). 앞에서도 언급했지만, 서양의 과학기술과 과학기술학이 도입된 역사가 일천한 우리나라의 경우에는 과학의 제도적 측면이나 과학 공동체의 구조뿐만 아니라 과학의 실천적·문화적 측면에 대한 구체적이고 경험적인 분석이 절실히 필요하고, 다양한 이론적 자원이 활용되는 것이 바람직하다고 본다. 예를 들면, 황우석 교수 사태의 규명과 재발 방지를 위해서는 우리나라 과학자들의 커리어 구조와 동료 평가를 둘러싼 제도와 실행에 경험적 분석이 필요하고, 여기에는 제도주의와 구성주의의 관점이 공히 유용할 것이다.

3장 | 기술은 어떻게 현재의 모습이 되었을까?

1. 구성주의와 기술사회학의 등장

과학에 비해서 기술에 대한 학문적 관심은 전통적으로 훨씬 뒤떨어져 있었다. 과학사와 과학철학에 비해 기술사와 기술철학은 뒤늦게 독자적인 학문분과로 탄생하였다.[1] 사회학의 고전 이론가인 칼 마르크스(Karl Marx, 1818-1883)는 일찍이 기술의 이용방식과 사회적 파급효과에 대해 깊은 관심을 보였다. 20세기 초 오그번(William F. Ogburn, 1886-1959)은 기술이 사회 변동과 진보의 원동력이라는 주장과 함께 기술 발전에 대해 발명, 축적, 확산, 적응의 4단계를 제시하였다.[2] 앞에서 언급하였듯이, 미국 과학사회학의 창시자로 알려진 로버트 머튼의 1935년 박사학위 논문 주제는 17세기 영국의 과학과 함께 기술 발전에 대한 분석을 포괄하고 있었으며, 같은 해에 길필런은 기술 발명에 대한 연구로 박사학위를 받았다. 1960년대에는 현대 사회를 '기술 사회'(technological society)로 규정한 프랑스의 자크 엘륄(Jacques Ellul), 고도로 발전된 기술에 지배되는 현대 사회의 인간을 '일차원적 인간'(one dimensional man)으로 파악한 독일 프랑크푸르트 학파의 마르쿠제(Herbert Marcuse) 등이 기술 발전의 사회적 함의에 대해 비판적으로 분석하였다. 그러나 기술에 대한 관심이 사회학 내에서 독자적인 영역으로 체계화되지는 못하였다.

1980년대에 이르러, 1970년대 과학지식사회학에서 발전한 구성주의적 관점이 기술의 영역으로 확장되면서 기술사회학이 본격적으로 성장하기 시작하였다. 구성주의적 관점은 과학 지식보다도 기술에 적용할 때 훨씬 더 이해하기 쉽고 설득력도 있었다. 예를 들면, 컴퓨터와 인터넷 기술의 발전이 사회적 요인들로부터 영향을 받고, 또 그런 기술의 발전이 다양한 사회적 변화를 일으킨다는 사실을 부인할 수 있을까? 구성주의는 과학과 마찬가지로 기술에 대해서도 '암흑상자'의 내부, 즉 기술이 만들어지는 과정을 밝히고자 하는 노력이었고, 근본적인 쟁점은 소위 '기술결정론'(technological determinism)의 문제였다.

개괄적으로 기술결정론의 핵심은, 기술은 사회적 요인들과는 상관없이 본질적으로 객관적이며 중립적인 성격을 갖고 독자적인 논리에 따라 더 진보된 기술을 향해 일직선(linear)의 경로로 발전하며, 이런 기술의 발전이 사회 변화의 방향을 일률적으로 결정하게 된다는 것이다.[3] 기술결정론은 '표준적' 과학관에 상응하는 '표준적' 기술관에 토대를 둔다고 볼 수 있다. 즉, 과학은 객관적으로 존재하는 사실(fact)에 대해서 합리적이고 논리적인 방법을 적용하여 참된 지식(truth)의 발견(discover)을 추구하고, 기술은 과학 지식을 응용(apply)하여 인공물(artifact)을 만들어 냄으로써 유용성(utility)을 추구한다. 기술은 과학에 적용되는 객관성·중립성·합리성의 원칙에 더하여 효율성의 원칙에 따라 움직인다고 보는 관점이다.

결정론적 사고와 대조적으로, 구성주의는 기술의 내용과 발전경로에 있어서 가변성과 우연성(contingency)을 강조하며, 기술의 일방적 영향력이 아니라 기술과 사회적 요인들과의 쌍방적 상호관계에 주목한다. 결국 기술은 상이한 이해관계를 갖는 다양한 사회집단들의 상호작용을 통해서 그 내용과 변화의 방향이 다양하게 구성될 수 있는 불확정성을 갖고 있으며, 기술이 사회에 미치는 충격 또한 일률적인 것이 아니라 다양한 모습을 띠게 된다는 것이다. 기술사회학은 바로 이런 다양한 대안과 가능성 중에서 선택이 이루어지는 과정과 메커니즘을 분석하고자 한다.

기술사회학의 접근방식은 대체로 네 가지로 구분할 수 있으며, 각각 앞 장에서 소개한 과학지식사회학의 유파와 밀접한 연관을 맺고 있다. 1980년대 중반부터 출판된 3권의 편저 『기술의 사회적 형성』(MacKenzie and Wajcman 1985), 『기술 시스템의 사회적 구성』(Bijker, Hughes and Pinch 1987), 『기술의 형성/사회의 건설』(Bijker and Law 1992)은 기술사회학의 다양한 흐름을 보여 주는 대표적인 성과들을 결집하였으며, 책의 제목이 유파의 특성을 파악하는 데 대단히 시사적이다.[4]

첫째, 기술의 '사회적 형성'(social shaping of technology, SSOT) 접근방식으로, 종래에는 기술 변화가 사회에 미치는 영향에 관심을 두었다면, 이제 사회가 기술 변화에 미치는 영향에 주목하고 기술의 변화도 경제나 정치 체제의 변화와 마찬가지로 사회 변화의 일부분으로 탐구해야 한다는 문제의식에서 출발한다. 과학 지식의 내용에 영향을 미치는 사회적 이해관계를 분석한 과학지식사회학의 에든버러 학파와 유사하게, '기술의 사회적 형성'론은 기술의 내용에 영향을 미치는 사회적 이해관계에 주목한다. 예를 들면, 미국 뉴욕시 근교 롱아일랜드 파크웨이에 있는 약 200개 다리는 교각의 높이가 9피트로 낮기 때문에, 버스는 통과할 수 없게 되어 있다. 결과적으로 승용차를 이용하는 중산층과 상류층, 즉 백인은 이 도로와 인근의 해변 공원을 자유롭게 이용하지만, 주로 버스를 이용하는 흑인 하층계급은 도로나 해변에 접근하기가 어렵게 된다. 다리가 이렇게 설계된 것은 건설을 주도한 사람의 계급적·인종적 편견이 반영되었기 때문이다(Winner [1980] 1986).

둘째, 기술의 '사회적 구성'(social construction of technology, SCOT) 접근방식은 과학지식사회학의 바스 학파의 경험적 상대주의 프로그램(EPOR)을 기술에 적용하고자 한다. 어떤 하나의 기술은 다양한 사회집단과 관련을 맺게 되는데, 관련 집단들(relevant social groups)에 따라 그 기술에 부여하는 의미가 다르기 때문에 기술에서 중요하게 여겨지는 문제점과 해결방식이 달라진다. 즉 과학적 실험과 마찬가지로 기술에서도 해석적 유연성(interpretative flexibility)이 나타난다. 특정한 기술에 관련된 다양한 집단과 이해관계가 복잡한 협상 과정을 거쳐 합의가 이루어짐으로써, 해석적 유연성과 그에 수반되는 논쟁이 종결(closure)되고 기술이 '안정화'(stabilization)된다. 이런 종결과 안정화 기제는 다양하고 거시적인 사회구조와 맞물려 있다. '사회적 형성'론이 주목하는 지점은 '사회적 구성'론에서 종결 및 안정화 기제와 거시적 사회구조 간의 관계를 분석하는 단계와 중첩되며, 다수의 연구자들이 이 두 유파를 넘나든다는 면에서, 두 가지 접근방식을 포괄하여 사회구성주의 유파로 간주하기도 한다(Bijker 1995b; Bijker, Hughes and Pinch 1987; Bijker and Law 1992: 11-13).

셋째, '행위자 연결망'(actor-network) 접근방식은 프랑스 파리광산대학의 라투르, 칼론(Michel Callon), 로(John Law) 등을 중심으로 발전하였다. 이들은 기술의 '구성'을 중시하지만, 더 나아가서 사회적 요인에 의한 기술의 구성과 동시에 과학기술에 의해 사회가 구성된다는 점을 강조한다. 이들은 과학과 기술의 구분을 거부하고 '기술과학'(technoscience)의 개념을 제시한다. 행위자 연결망에는 엔지니어, 기업가, 관료 등 다양한 인간과 사회집단뿐만 아니라 자연 자원, 제도, 기계, 세균 등 비인간적(non-human) 요인들도 포함되며, 이런 이질적 요인들에는 행위자(actor)—정확하게는 행위소(actant)—로서의 동일한 존재론적 지위가 부여된다. 주요 행위자는 다양한 전략을 구사하여 이질적인 행위자들과 동맹을 맺고 네트워크를 형성,

확장, 안정화하면서 자신이 추구하는 특정한 기술과 사회의 모델을 동시에 실현하고자 하는데, 주요 행위자인 엔지니어는 이질적인 요인들을 결합한다는 의미에서 '이종 엔지니어'(heterogeneous engineer), 기술적인 것과 사회적인 것이 서로 맞물려 있다는 점에서 '엔지니어-사회학자'로 개념화된다. 근대 사회과학을 지배한 인간 행위자와 자연 현상, 사회와 자연, 주체와 객체의 이분법을 거부하며, 인간 세계와 비인간 세계를 동일한 개념틀로 분석할 것을 요구하는 일반화된 대칭성(generalized symmetry)을 강조한다. 행위자 연결망 이론은 이론적 배경과 방법론에 있어 과학지식사회학의 실험실 연구의 전통을 잇는다고 볼 수 있다(Bijker 1995b; Latour 1992; Law 1987).

넷째는 휴스(Thomas Hughes)를 비롯한 기술사학자들이 전기와 같은 대규모 기술 시스템의 성장을 분석하면서 제안한 '기술 시스템'(technological systems) 이론이다. 구체적으로 전기의 사례를 살펴보면, 기술 시스템은 인공물(발전기, 변압기, 송전선), 조직(제조회사, 전기회사, 은행), 제도(입법제도와 규제법), 자연 자원(석탄 광산), 지식(책, 논문, 대학교육, 연구 프로그램) 등 복잡하고 다양한 요소로 구성되어 있으며, 각 요소들은 서로 상호작용을 한다. 또한 기술 시스템과 외부 환경도 상호작용하면서 그 경계가 동적(動的)으로 변화, 즉 구성된다. 기술 시스템은 개발과 혁신, 기술 이전, 성장과 경쟁, 안정화의 과정을 거치면서 구성된다. 행위자 연결망의 이종 엔지니어와 유사하게, 시스템 구축가(system builder) 또는 혁신기업가(entrepreneur)는 기술적 요소뿐만 아니라 사회·정치·경제적 요소와 맥락을 포괄하는 이질적 요소들을 시스템으로 통합함으로써, 기술뿐만 아니라 이런 기술이 자리 잡게 되는 사회를 디자인하고 변화시킨다. 천재적인 발명왕으로 알려진 에디슨(Thomas Edison)은 가장 성공적인 시스템 구축가로 볼 수 있다(Hughes 1985, 1987).

다음 절에서는 19세기 말의 자전거기술에 관해 사회구성론에 입각하여 분석한 사례를 통해서, 1980년대 이후에 발전된 기술사회학의 관점과 함의를 살펴보고자 한다. 기술사회학의 여러 흐름 중에서도 사회구성론은 체계적인 분석틀로 정립되어 왕성한 경험적 연구 성과를 산출해 내는 기반이 되었다. 자전거기술에 대한 분석은 사회구성론의 효시이자 이정표가 된 대표적인 연구이며, 후에 기술사회학, 기술사, 기술철학 연구자들 간에 진행된 치열한 논쟁의 대상이 되었다.

2. 기술사회학의 발전: 자전거의 사례

1) 페니파딩 자전거와 안전 문제: 관련 집단과 해석적 유연성

매년 7월이 되면 축구의 월드컵에 비견되는 유명한 자전거 대회 '투르 드 프랑스'(le Tour de France)가 열린다. 이 대회에서는 3주간에 걸쳐 자전거로 프랑스 전역의 도로 3,000-4,000km를 일주하는데,

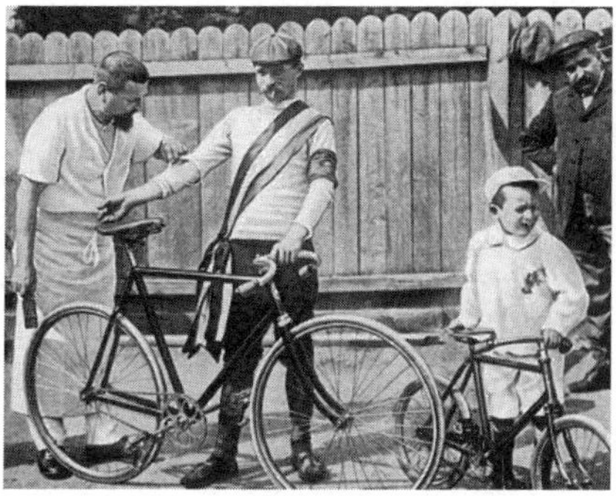

〈그림 3-1〉 제1회 투르 드 프랑스에서 사용된 자전거, 1903년
출처: http://www.letour.fr/

일부 구간은 독일이나 이탈리아 같은 인접 국가는 물론, 멀리 바다 건너 아일랜드나 영국을 통과한 적도 있었다. 1903년 시작된 투르 드 프랑스는 세계대전 중이던 1915-1918년과 1940-1946년을 제외하고 매년 개최되어, 2013년 100회를 맞게 되었다.

흥미롭게도, 1903년 최초의 투르 드 프랑스에서 사용된 자전거와 2013년의 선수용 자전거, 그리고 우리가 보통 일상생활에서 사용하고 있는 자전거는 매우 흡사한 형태이다. 현재 자전거는 기본적으로 다이아몬드형(마름모꼴) 프레임, 지름 70cm(28인치) 정도의 크기로 앞뒤에 달린 2개의 바퀴, 공기주입식 고무 타이어, 뒷바퀴에서 앞바퀴로 동력을 전달하는(후륜 구동) 체인을 장착하고 있다(〈그림 3-1〉 참조).

그렇다면 도대체 자전거는 언제, 그리고 어떻게 이런 모습으로 자리를 잡게 되었을까? 자전거 발전의 역사가 기술과 기술 발전의 특성에 대해서 시사하는 바가 무엇일까? 자전거의 역사는 1860년대의 본셰이커(Boneshaker), 1870년대의 페니파딩(Penny-Farthing), 1880년대의 바이시클릿(Bicyclette)을 거쳐 1890년대 안전 자전거(safety bicycle)로 발전함으로써 오늘날과 같은 자전거의 형태로 정착되었다는 것이 통념이다. 19세기 말 자전거는 첨단기술 제품이었고, 당시 자전거산업은 활발한 기술 혁신과 급속한 성장을 구가하는 첨단산업이었다.[5] 구성주의적 관점을 이해하기 위해서, 자전거의 발전에서 중요한 기술 혁신기였던 19세기, 특히 후반기의 상황을 상세히 살펴보자.[6]

1810년대 독일에서 칼 폰 드라이스(Karl von Drais)가 나무로 만든 두 개의 바퀴를 달고 앞바퀴로 방향을 바꿀 수 있는 '달리는 기계'(Laufmachine)를 발명하여 1818년에 특허를 출원하였다. 이 기계는 발명자의 이름을 따서 드라이지네(Draisienne)로 명명되었고, 라틴어식으로 벨로시피드(velocipede),[7] 영어로는 달리는 기계(running machine), 가속 장치(accelerator), 취미용 말(hobby horse), 멋쟁이 신사 말(dandy horse) 등 다양한 명칭으로 불리었다. 드라이스는 이 기계를 이용하면 사람이 달리는 것보다 더 쉽고 빠르게 달릴 수 있고, 우체부가 이용하면 신속한 우편배달이 가능하다고 선전하는 포스터까지 만들어 홍보에 나섰다(〈그림 3-2〉 참조). 드라이스뿐만 아니라 여러 사람이 독일, 프랑스, 영국, 미국, 이탈리아 등지에서 제작과 판매를 시도했지만, 불편함과 위험성, 비용이 부각되면서 대량으로

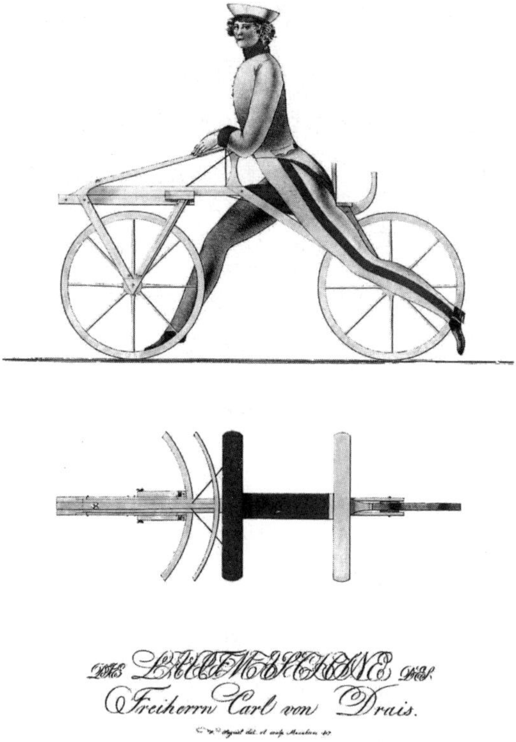

〈그림 3-2〉 드라이지네 벨로시피드
출처: wikipedia

보급되지 못한 채 드라이스의 벨로시피드에 대한 관심은 곧 사그라졌다.

다시 1860년대에 들어 기술적 문제에 대해 다양한 개선책이 제시되면서 벨로시피드가 선풍적인 인기를 모으게 되었다. 프랑스 파리의 마차 수리업자 미쇼(Michaux) 부자는 다양한 기술적 개선을 시도하면서 페달식 벨로시피드를 출시하여 1868년 특허를 취득하였다. 이것은 앞바퀴에 직접 연결된 페달과 크랭크로 구동하는 방식이었으며, 두 바퀴의 크기가 같았던 과거의 벨로시피드와는 달리 앞바퀴가 뒷바퀴보다 컸다. 미쇼의 벨로시피드는 귀족층 남성 고객에서 시작하여 상업적으로 대성공을 거두었다. 미국으로 이민한 미쇼의 조수가 그곳에서 1866년 특허를 취득하고 사업을 시작했으며, 1868년 말부터 특히 엘리트 사립대학인 하버드(Harvard)와 예일(Yale) 대학교 학생들 사이에 페달식 벨로시피드가 선풍적인 인기를 모았다. 1867년 열린 파리 세계박람회에 미쇼의 벨로시피드가 출품되면서 영국과 독일에서도 벨로시피드에 대한 관심이 부활하였다. 1869년 영국의 한 특허에서 '자전거'(bicycle, 두 바퀴)라는 용어가 도입된 이후, 다양한 이름으로 불리던 벨로시피드의 명칭이 급속히 자전거로 수렴되었다. 당시 자전거는 프레임과 바퀴가 무쇠나 나무로 되어 있었기 때문에, 무겁고 뼈가 흔들릴 정도로 진동이 심하다고 해서 본셰이커(boneshaker, 털털이)라는 별명도 얻게 되었다(〈그림 3-3〉 참조).

1870-1871년 프랑스와 독일이 전쟁에 돌입하면서, 양국에서는 자전거의 발전이 지체되고 기술 혁신의 주도권이 영국으로 넘어가게 되었다. 1870년 영국 중부의 공업도시 코번트리(Coventry)에서 전체가 금속으로 만들어진 정교하고 가벼운 아리엘(Ariel) 모델 자전거가 출시되었다.[8] 이 신형 자전거에서 두드러지는 특징은 앞바퀴의

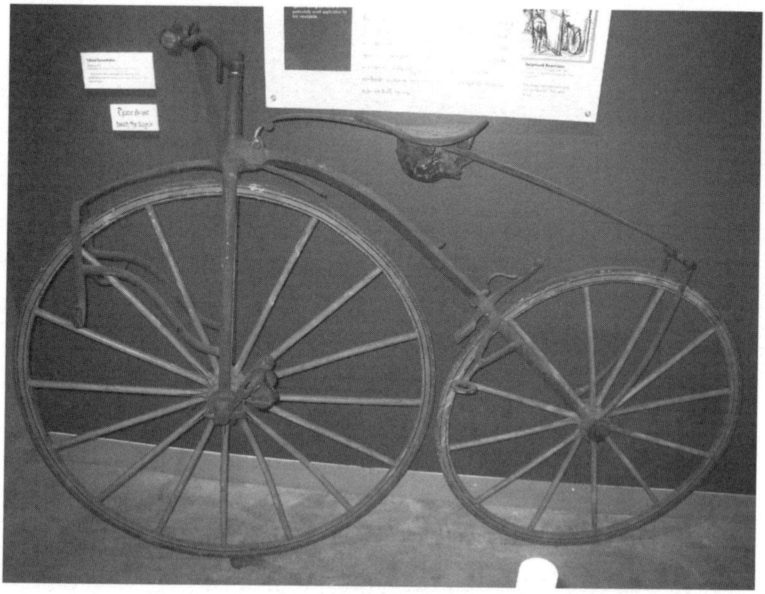

〈그림 3-3〉 본셰이커, 1868년
출처: wikipedia

지름이 43인치(109cm)로 훨씬 커지고, 대조적으로 뒷바퀴는 앞바퀴의 1/2에도 미치지 못할 만큼 작아진 것이었다. 타는 사람의 다리가 커다란 앞바퀴에 달린 페달에 닿을 수 있도록 안장의 위치도 앞바퀴 쪽으로 옮겨졌고, 따라서 사람이 높은 바퀴(high wheel, 높은 차체) 위에 앉게 되었다. 앞바퀴가 커진 가장 중요한 이유는 당시의 자전거는 앞바퀴를 구동해서 움직이는 방식이었기 때문에, 앞바퀴를 크게 할수록 1회전에 갈 수 있는 거리가 늘어나서 속도가 빨라지기 때문이었다. 자전거가 선풍적인 인기를 얻으면서 다양한 기술적 혁

〈그림 3-4〉 1870년대 페니파딩 오디너리 자전거
출처: wikipedia

신이 이루어지고, 여러 회사들이 진입하여 속속 새로운 모델들을 내놓았다. 1870년대에 이렇게 차체가 높은 자전거가 압도적인 인기를 누리면서 '오디너리'(Ordinary, 보통) 자전거로 불리게 되었고, 커다란 앞바퀴와 조그만 뒷바퀴를 가리키는 '페니파딩'(Penny-Farthing)이라는 별칭도 얻었다. 당시 영국에서 통용되던 가장 커다란 동전이 페니, 가장 작은 동전이 파딩이었기 때문이다(〈그림 3-4〉 참조). 페니파딩 오디너리 자전거는 유럽과 미국을 넘어 멕시코, 남아메리카, 인도, 호주, 남아프리카, 일본 등 세계 곳곳으로 전파되었다.

벨로시피드와 마찬가지로 상당히 고가 상품이었던 페니파딩 자전거의 주된 고객은 상류층과 중상류층의 부유한 청년들이었고, 주로 스포츠와 여가 활동에 사용되었다. 건장한 남성들의 스포츠 용품으로 자전거에서 가장 중요한 요소는 빠른 속도였고, 기량과 담력을 뽐낼 수 있다면 사용자들은 기꺼이 위험도 감수했기 때문에 자전거의 바퀴는 점점 커졌다. 그러나 다른 한편에서는 페니파딩 자전거가 사용자뿐만 아니라 같은 도로를 사용하는 보행자들에게도 위험하다는 우려가 제기되었고, 부유층의 전유물이라는 점에서 사회적 반감이 높아졌다. 반감도 있었지만, 동시에 자전거의 인기는 계속 높아지고 노인과 여성 등 다양한 집단들에서 자전거를 타고 싶어 하였다. 이 새로운 잠재적 사용자 집단에서는 스포츠뿐만 아니라 교통수단으로서 자전거의 용도가 주목받게 되었다. 산업혁명이 광범위하게 진행되면서 경제적으로 안정된 중산층의 규모가 대폭 증가하였고, 이런 중산층 여성과 은퇴한 노인들의 종교 활동이나 사교 활동, 여가 활용을 위해서 편리하고 안전한 개인용 교통수단이 필요해진 것이다.[9] 요컨대, '안전' 문제가 자전거 발전을 위해 해결해야 할 중요한 사안으로 점차 부상하게 되었다.

이런 상황에서 자전거 시장을 넓히고자 하는 생산자, 발명가들은 다양한 해결방안을 모색하였다. 당시 오디너리 자전거의 문제를 해결하기 위해서 제시된 대안은 세 가지 유형으로 나눌 수 있다(〈그림 3-5〉 참조). 첫 번째는 세발자전거(tricycle)의 출현이었다. 세발자전거는 기존의 자전거보다 훨씬 안전할 뿐만 아니라 치마를 입은 여성들이 타기에도 편리해서 여성과 노인용으로 선전되었다. 1880년대에는 세발자전거의 인기가 대단히 높았고, 짐을 실을 수 있는 넉넉

〈그림 3-5〉 독일의 백과사전의 자전거 도록, 1887년

출처: wikipedia

한 공간 덕분에 소포배달과 출장 등 업무용으로도 다양하게 이용되었다.[10]

두 번째는 기존의 오디너리 자전거를 개량하는 것이었다. 안장의 위치를 뒤쪽으로 옮기거나, 여성을 위해서 바퀴의 크기를 줄이고 페달을 한쪽에만 다는 등의 간단한 방식을 비롯해서, 퍼사일(Facile, 아래위로 움직이는 레버 장착), 엑스트라오디너리(Xtraordinary, 앞 포크를 비스듬하게 기울임), 스터(Stir, 최초로 체인 장착), 캥거루(Kangaroo, 체인 장착) 등등 커다란 앞바퀴로 구동하는 오디너리 자전거의 기본틀을 유지하면서 다양한 기술과 장치를 이용해서 안전 문제를 해결하려는 시도가 이루어졌다. 이런 새로운 부류의 자전거들은 '안전 오디너리'(Safety Ordinaries)로 불리게 되었다.

세 번째 유형은 과감하게 오디너리 자전거의 기본구조를 바꿔 버리는 것이었다. 이미 1860년대에 바퀴를 작게 만들고 뒷바퀴로 구동하는 방식이 개발되었지만, 1870년대에는 압도적인 오디너리의 유행에 눌려 주목을 받지 못했다. 그러나 1876년 영국의 발명가 로슨(Henry J. Lawson)은 바퀴의 크기를 줄이면서 앞바퀴와 뒷바퀴의 크기 차이도 줄이고 후륜 구동방식을 채택한 모델을 새로이 고안하여 '안전 자전거'(safety bicycle)라는 이름을 붙였다. 로슨은 안전 자전거에 체인과 톱니바퀴를 장착하는 등 지속적인 개량을 통해 1879년에는 '바이시클릿'(Bicyclette, 영어로 소형 자전거라는 뜻)으로 특허를 받았다(〈그림 3-6〉). 바이시클릿은 오디너리와 비교해서 속도는 비슷하지만

〈그림 3-6〉 로손의 바이시클릿, 1879년

안전성, 편의성, 지속성 등에서 우월하다는 평가를 받았다. 그러나 이런 기술적 우수성에도 불구하고, 바이시클릿은 구매자들에게 전혀 인기가 없어서 곧 생산이 중단되고 말았다. 미국에서는 작은 바퀴를 앞쪽에, 그리고 큰 바퀴를 뒤쪽에 장착한 후륜 구동 자전거인 스타(Star) 기종이 1881년 출시되어 상당한 인기를 누리기도 하였다.

이처럼 1880년대 중반에 이르면 오디너리의 지배적인 위상이 흔들리고, 안전 문제가 자전거 디자인의 핵심 요소로 자리를 굳히게 된다. 각종 자전거들이 시장에서 경쟁을 벌이는 가운데, 특히 바퀴를 작게 만들어 차체가 낮아진 자전거들이 많아졌고, 이런 자전거의 명칭에는 '난장이'(dwarf) 또는 '안전'(safety)이라는 단어가 자주 사용되었다. 그러나 당시의 통념은 여전히 '우아하고 효율적이며 저렴한' 오디너리를 '비싸고 복잡한' 다른 기종이 대체하지는 못할 것

〈그림 3-7〉 로버 안전 자전거, 1885년

이라는 전망이었다(Herlihy 2004: 220-221).

이 와중에, 매년 열리면서 가장 성황을 이루던 런던 자전거박람회에 1885년 특이한 모습의 로버 안전 자전거(Rover Safety Bicycle)가 출품되었다(〈그림 3-7〉). 로버 자전거는 기존 여러 모델의 특징을 혼합한 모델이었다. 바이시클릿처럼 비교적 작은 바퀴(지름 36인치)와 체인을 이용한 후륜 구동방식을 채택하고, 프레임은 스타 자전거나 오디너리와 비슷하였으며, 무게는 가볍게 줄이고 가격은 오디너리보다 약간 비싸지만 세발자전거보다 훨씬 저렴하게 낮추었다. 그리고 새로운 특징으로 다이아몬드형 프레임이 추가되었다. 로버 자전거는 속도, 편의성, 안전성, 주행거리 등에서 기술적으로 우수했고, 일부 자전거 판매업자들은 로버의 낮은 차체(작은 바퀴) 덕분에 운동신경이 둔하거나 겁이 많은 사람들, 그리고 초심자에게도 매우 적합한 자전거라고 호의적으로 평가하였다. 그러나 많은 사람들이 로버의 낮은 차체 때문에 미관상 볼품이 없다고 비웃으면서, 딱정벌레(Beetle), 기어가는 벌레(Crawler) 등의 모욕적인 별명을 붙여 주었고, 시장에서도 열광적인 반응은 일어나지 않았다.

간략히 정리하자면, 영국 코번트리 지역의 사회경제적 여건과 이전에 번성했던 산업에서 축적된 기술을 바탕으로 생산된 페니파딩 오디너리 자전거가 1870년대 유행하면서, 자전거의 '관련 집단들'(relevant social groups)이 다양해지고, 집단의 이해관계에 따라 자전거의 의미와 중요하게 여겨지는 기술의 내용도 달라지는 '해석적 유연성'이 나타났다. 예컨대, 오디너리 자전거가 주된 사용자였던 건장하고 부유한 남성들에게는 '편안하고, 멋지고, 기능적인' 스포츠 용품이었던 것과 대조적으로, 사용할 수 없거나 사용할 의향이 없던 집단에게는 '위험하고, 사고 나기 쉽고, 따라서 기능적이지 못한' 기술이었다. 또한 오디너리 자전거에서 개선되어야 할 '기술적 문제'(problem)가 무엇인가도 자전거에 부여되는 의미에 따라 달랐다. 당시의 사회적 상황에서 여성, 노인, 여행자를 위한 운송수단이라는 새로운 의미가 주목을 받게 되면서, 자전거의 안전이 중요한 문제로 부상하였다. 1880년대까지 출현한 다양한 자전거 모델에서 보듯이, 안전이라는 동일한 문제에 대한 '기술적 해결책'(solution)도 다양한 방식으로 제시되었다. 통념상 현대 자전거의 원형으로 알려지고 오늘날에는 기술적으로도 우수한 것으로 인정받는 자전거, 즉 앞뒤 비슷한 크기의 작은 바퀴와 후륜 구동 시스템을 갖춘 로손의 바이시클릿이나 로버 안전 자전거도 당시에는 널리 이용되지 못하였다.

2) 진동 문제와 공기 타이어, 그리고 속도: 논쟁의 종결과 안정화

1880년대 안전 자전거의 가장 심각한 약점으로 지적된 것이 진동 문제였다. 차체가 낮아져서 타고 있는 사람의 발에 진흙이 튀기 쉽다는 불평도 있었지만, 작은 바퀴 때문에 진동이 심해진다는 것은 안전을 위협하는 취약점이었다. 진동 문제를 해결하기 위해서 여러 가지 기술적 대안이 시도되었지만, 결정적인 해결책은 공기 주입식 고무 타이어였다. 이미 1845년에 영국의 톰슨(R. W. Thomson)이 공기를 주입하는 벨트형 고무 타이어에 대한 특허를 받고 마차 바퀴에 사용해 본 결과 진동 감소와 내구성에서 매우 우수한 것으로 판명되었고, 뒤이어 간편한 공기 펌프도 개발하였다. 그러나 이 공기 타이어는 곧 생산이 중지되었다. 그 이유는 가격이 비싼데다, 마차에는 타이어보다 더 실용적인 다른 진동 흡수 장치들이 있었기 때문이었다.

1870년대부터 이미 고무 타이어가 최첨단기술로 인정되었고, 1880년대 중반에는 자전거에도 전체가 고형(固形) 고무로 된 것, 속을 다른 고체물질로 채운 것 등 다양한 형태의 고무 타이어가 장착

〈그림 3-8〉 공기 타이어 자전거를 탄 던롭, 1888년
출처: http://www.dunlop.eu

되었다.[11] 그러나 이런 타이어들은 작은 바퀴 때문에 생기는 진동을 흡수하기에는 역부족이었고, 공기 주입식 타이어라는 기술은 잊힌 채 자전거 바퀴에는 시도되지 않았다. 1888년 영국 북부 스코틀랜드의 수의사였던 던롭(John Dunlop)이 특허 출원한 것이 최초의 공기 주입식 자전거 타이어로 알려져 있다. 던롭은 공기를 주입한 고무 튜브를 넣은 타이어를 개발하여 자기 아들의 세발자전거에 시험해 본 결과, 공기 주입식 타이어가 진동 문제를 효과적으로 해결할 수 있음을 확인하게 되었다(〈그림 3-8〉 참조).[12]

이전의 바이시클릿이나 로버 자전거와 마찬가지로, 공기 타이어

에 대한 반응도 처음에는 호의적이지 않았다. 1889년 더블린의 자전거 경주에서 던롭의 공기 타이어를 사용한 무명의 선수가 유명한 자전거 선수를 물리치고 우승을 차지하면서 세간의 주목을 받게 되었다. 당시 우승을 놓친 유명 선수의 아버지는 공기 타이어의 성능에 감탄한 나머지, 던롭의 특허권을 구입해서 생산과 시판을 시작하였다고 한다. 그러나 비싼 가격, 펑크가 나기 쉽고 옆으로 미끄러지기 쉽다는 등의 기술적인 결함과 더불어 무엇보다도 자전거의 '우아한 모습'을 망쳐 버린다는 비판이 거셌고, 공기 타이어가 널리 보급되지 못할 것이라는 전망이 우세하였다(Herlihy 2004: 246-247).

그러나 당시 인기가 높던 자전거 경주는 공기 타이어의 운명을 삽시간에 바꿔 놓았다. 처음에는 공기 타이어를 장착한 안전 자전거가 경기장으로 들어오면 관중들은 흉물로 취급하며 야유를 보냈다고 한다. 그러나 '못생긴' 공기 타이어 자전거가 압도적인 속도로 계속 승리를 거두자, 관중들의 야유는 열광적인 찬사로 바뀌었다. 1년이 지나지 않아 선수용 자전거에는 모두 공기 타이어가 장착되었다. 더구나 1890년대에 들어 여러 회사가 공기 타이어 생산에 뛰어들어 치열한 경쟁이 벌어지자 자전거 경주대회를 이용한 공기 타이어의 선전과 마케팅 활동이 더욱 왕성해지게 되었다. 1890년 영국의 전시회에 진열된 자전거 중에서 공기 타이어를 장착한 비율이 1.2%에 불과하고 고형 타이어가 98.6%로 압도적이었던 반면, 불과 4년 후인 1894년에는 공기 타이어가 89.5%, 고형 타이어는 0.4%로 전세가 완전히 역전되었다(Bijker 1995a: 83).[13] 진동 문제의 해결책이었던 공기 타이어가 역설적이게도 속도를 높이는 장치로서 시장을 석권하고 자전거의 표준 사양으로 정착하게 된 것이다.

전시회 팸플릿이나, 잡지, 신문 등 당시의 기록을 통해서 자전거 명칭의 변화를 살펴보면, 1888년까지는 다양한 자전거 모델을 지칭하는 여러 가지 이름들이 사용되다가, 1889년에는 바퀴 크기가 작아진 자전거의 명칭이 '후륜 구동 안전 자전거'로 축약되고, 1890년대에 이르면 후륜 구동이라는 수식어가 사라진 채 '안전 자전거'로 수렴되는 경향이 보인다. 1895년경부터는 차체가 낮은 다이아몬드형 프레임의 후륜 구동 자전거에 대해 '안전'이라는 수식어도 생략되고 '자전거'라는 명칭으로 통일된다. 1897년이 되면 안장과 브래킷을 수직축으로 연결하는 다이아몬드형 프레임, 앞뒤가 같은 크기로 비교적 작은 바퀴와 낮은 차체, 후륜 구동 체인, 공기 타이어가 모든 자전거의 공통된 특징으로 정착되었다. 1898년부터는 자전거의 특징과 명칭에 대한 논란이 사라지고 '자전거'가 보통명사화되어 현재까지 그 틀이 유지되고 있다.

안전 자전거와 오디너리 자전거의 경쟁은 공기 타이어를 통해서 안전 자전거의 승리로 종결되고, 안전 자전거가 '성공'한 기술로 안정화되어 보통명사 자전거가 되었다. 기술에 있어서 논쟁의 종결(closure)이란 인공물에 대한 해석적 유연성이 감소하고 그 인공물에 부여하는 지배적인 의미에 대해 관련 집단들 간에 합의가 이루어지는 것이다. 안정화(stabilization)는 지배적인 인공물이 관련 집단 내에서 당연시되는 표준화를 의미한다. 진동 문제의 해결책으로 도입되었지만 속도의 우위를 통해서 안전에 대한 논쟁을 종결시킨 공기타이어의 사례는 '문제의 재규정'(redefinition of problem)이라는 하나의 종결방식을 예시하고 있다.

3. 사회구성주의의 성과와 한계

이러한 사회구성주의의 분석이 기술의 특성과 기술 변화에 대해서 제공하는 통찰은 무엇인가? 사회구성주의자들이 기술에 대한 종래의 통념에서 탈피하여 새롭게 모색하는 대안은 〈표 3-1〉과 같이 정리할 수 있다(Bijker 1995a; Bijker, Hughes and Pinch 1987: 1-50; Bijker and Law 1992).

첫째, 전통적으로 기술 혁신 과정에 대해서는, 기초 연구 → 응용 연구 → 기술개발 → 제품개발 → 시범 생산(pilot plant) → 상품 생산 → 마케팅의 단계를 거쳐서 일어난다는 것이 통념이다. 물론 단계의 숫자나 구분기준은 달라질 수 있지만, 기본적으로 '선형 모델'(linear model)은 기술의 내용에 상관없이 일반화될 수 있다고 본다. 선형 모델은 기술이 '합리적'이고 '질서 정연한' 경로를 따라서, 점점 더 '우수한' 기술로 발전한다는 '단선(單線)적 진보'를 암묵적으로 전

〈표 3-1〉 구성주의 기술사회학의 비판과 대안

	전통적 통념	구성주의적 대안
기술 혁신 과정	선형(linear) 모델	다방향(multidirectional) 모델
분석의 초점	'성공'한 기술 위주의 비대칭적(asymmetrical) 분석	'성공'한 기술과 '실패'한 기술의 대칭적(symmetrical) 분석
발명과 창의성의 원천	개인의 능력과 심리적 과정	사회적 조건에서 발현되는 개인의 능력과 사회학적 과정
과학-기술의 관계	엄격한 경계 구분과 단방향(unidirectional) 관계	협상(negotiation)과 사회적 구성
기술-사회의 관계	엄격한 구분	'이음매 없는 연결망'(seamless web), '사회기술적 결합'(sociotechnical ensemble, sociotechnical assemblage)

제하고 있다. 따라서 현재의 기술은 과거 기술 발전의 역사가 지속적으로 지향해 온 목표가 되며, 우리로 하여금 현재를 기준으로 역사를 소급해서 바라보게 한다. 즉, 현재 기술과 유사한 기술을 중심으로 기술 발전의 계보를 서술하는 것은 역사적 사실을 왜곡하고 기술 혁신의 과정에 대한 정확한 이해를 방해한다. 자전거에 대해서도, 본셰이커 → 페니파딩 → 로슨의 바이시클릿 → 안전 자전거의 단계로 발전했으며, 로슨의 바이시클릿이 현대 자전거의 효시라는 것이 통념이다. 그러나 실제로 19세기 말의 상황을 살펴보면, 로슨의 바이시클릿은 인기가 없어서 거의 생산도 되지 못하고 사라질 정도의 실패작이었으며, 퍼사일, 엑스트라오디너리, 스타 등 여타

의 기술 혁신을 구현한 자전거들이 당시에는 더 성공적이었다.

대조적으로, 사회구성주의의 분석은 기술 발전을 다양한 변종(variant)의 출현과 선택(selection) 과정으로 이해하는 '다방향 모델'(multidirectional model)을 제시한다. 1870-1880년대에 페니파딩 오디너리에도 다수의 변종들이 나온 데다, 그 외에도 세발자전거, 작은 바퀴 자전거 등 다양한 변종이 출현하여 치열한 경쟁을 벌이고 있었다. 당시에는 어떤 변종이 우세할지 예측하거나 안전 자전거가 보편화되리라고 전망하기 어려운 상황이었고, 안전 자전거 이외의 다른 자전거들이 우세할 가능성도 열려 있었다. 구성주의는 '왜' 어떤 변종(안전 자전거)이 선택되어 살아남고 다른 변종(페니파딩, 세발자전거)들은 사라지게 되었는가, 즉 이런 변이와 선택의 과정을 분석함으로써 기술 혁신에 대한 정확하고 깊이 있는 이해가 가능하다고 본다.

둘째, 사회구성주의는 '성공'한 기술에만 초점을 맞추어 분석하는 비대칭성에서 벗어나, 성공한 기술과 실패한 기술을 함께 분석하는 대칭성(symmetry)을 추구한다.[14] 선형 모델처럼 성공한 기술에만 초점을 맞추면, 성공한 기술의 '성공' 자체가 바로 기술 발전의 원인인 것처럼 되어 버린다. 그렇다면 사실과 달리 로손의 바이시클릿과 안전 자전거는 처음부터 기술적으로 우수해서 '성공'한 기술로 부각되고, 동시대에 등장했던 다양한 모델들은 '실패'한 기술로 전락하여 자전거 기술 발전의 역사에서 묻히게 된다. 따라서 구성주의는 어떻게 해서 안전 자전거가 '성공한 기술로 여겨지게 되었는지'를 규명하고자 한다.

셋째, 사회구성주의는 개인 발명가 또는 개인의 특별한 능력을 중심으로 기술적 창의성과 기술 발전에 대해 설명하는 방식을 지양한다. 자전거의 발명자는 누구인가? 범위를 좁혀서 페니파딩, 안전 자전거의 발명자는 누구인가? 앞에서 서술한 정도로 자전거의 역사에 대해서 알고 나면, 이 질문에 답하기가 쉽지 않게 된다. 토머스 에디슨의 대표적 발명인 백열전구와 전기조명도 수많은 기술 전문가와 경영자, 투자 기관, 규제 기관 등 다양한 집단의 상호작용을 통해서 거둔 기술 혁신의 성과였음이 밝혀졌다(Hughes 1985). 구성주의적 관점에서는 기술 혁신과 발명이 개인의 재능이 발현되는 심리적 과정보다는 사회적 과정의 특성을 갖는다고 보고, 에디슨과 같은 '천재' 발명가는 다수의 개인과 집단의 기여로 이루어진 기술 혁신 과정의 공적을 집대성해서 인정받는 최종적 승자라고 본다(Bijker 1995a: 10-11).

넷째, 과학은 객관적 사실(fact)과 지식의 발견(discover)으로 진리(truth)를 추구하고, 기술은 과학 지식을 응용(apply)하여 만들어 낸 유용한(utility) 인공물(artifact)을 지칭함으로써, 과학과 기술은 뚜렷이 구분된다는 것이 전통적인 견해이다. 그러나 구성주의는 기술의 의미에 인공물 또는 하드웨어(자전거, 컴퓨터) 이외에, 인간의 활동과 과정(what people do: 제철 공정, 컴퓨터 프로그래밍), 지식과 노하우(what people know, 자전거 디자인, 컴퓨터 프로그램 운용의 노하우) 등이 포괄적으로 포함되어 있으며, 현실적으로 이런 측면들을 구분하는 것은 어려울 뿐만 아니라 무의미하다고 본다. 또한 기술과 과학의 경계도 뚜렷이 구분되지 않으며, 협상을 통해서 구성되고 시대에 따라 달라진다 (Bijker, Hughes and Pinch 1987; MacKenzie and Wajcman 1985: 3-4).

마지막으로, 기술 발전에서 기술적 측면과 사회적—정치, 경제, 문화 등 기술 외적인 제반 요인을 포괄하는—측면이 명확하게 구별되는가, 그리고 무엇이 더 중요한 요인인가의 문제로, 전통적으로는 기술의 세부 내용을 중시하는 내적(內的, internalist) 방법론과 사회적 요인을 중시하는 외적(外的, externalist) 방법론으로 구분되었다. 구성주의는 '이음매 없는 연결망'(seamless web) 또는 '사회기술적 결합'(sociotechnical ensemble, sociotechnical assemblage)이라는 용어로 과학, 기술, 사회가 불가분의 긴밀한 관계를 맺고 있음을 표현한다.

구성주의는 기술 발전 이론이 네 가지 요건을 충족하기를 요구한다. 첫째, 기술의 연속성과 안정성뿐만 아니라 기술의 변화를 분석할 수 있어야 한다. 둘째, 기술의 '기능과 작동'을 원인(explanans)이 아닌 결과(explanandum)로 간주해야 한다. 셋째, 기술 변화의 구조적 측면뿐만 아니라 행위자와 우연성을 분석할 수 있어야 한다. 넷째, 기술적·과학적·사회적인 것을 선험적으로 구분하지 말아야 한다. 결국, 기술의 이질성(heterogeneity)과 가변성(contingency), 즉 다양한 요인과 상호작용에 의해 달라질 수도 있었던 가능성(they might have been otherwise)에 주목하는 구성주의는 구체적인 사례에 대한 경험적 분석에 토대를 둔 '사회기술 변화'(sociotechnical change) 이론의 정립을 목표로 한다(Bijker 1995a: 9-16, 270-290; Bijker and Law 1992: 1-14).

1980년대 후반부터 과학기술학 분야의 주요 학술지들을 통해서 기술사, 기술철학, 기술사회학 연구자들 간에 전개된 논쟁은 사회구성주의 기술사회학의 비중, 그리고 성과와 한계를 잘 보여 준다.[15] 랭던 위너(Langdon Winner)는 1991년 기술철학회장 취임연설에서 사회구성주의에 대해 신랄하게 비판하였다(Winner 1993). 위너는 사회구성주의가 개념적 엄밀성, 구체성, 실제 기술변화 과정에 부합되는 경험적 모델을 제시한다는 점에서는 높이 평가하지만, 분석틀과 시야의 협소함에 있어 취약성을 드러낸다고 지적한다. 첫째, 특정 기술에 대해 다양한 관련 집단들이 어떻게 해석해서 논쟁이 진행되고 어떤 방식으로 종결되었는지를 따라가는 사회구성주의 방법론은 너무 도식적이라고 한다. 이런 방법론은 '상상력이 부족한 대학원생'이 단계별로 따라가며 진행하는 연구 연습에나 적합한 틀이라고 신랄하게 비판한다. 둘째, 사회구성주의가 기술의 기원과 출현에만 주목할 뿐, 기술의 사회적 영향과 결과에 대해서는 무관심하다는 것이다. 셋째, 사회구성주의는 기술 선택과 변화의 근저에 있는 사회구조적 조건, 즉 권력과 불평등의 문제에 주의를 기울이지 않는다. 즉, 생산기술의 발전에서 노동계급의 관점과 이해관계가 배제되었듯이, 사회적 발언권이 없는 집단이 누락됨으로써 사회구성주의 분석에서 상정하는 관련 집단과 선택 가능한 기술적 가능성의 범위가 편향될 수 있다는 비판이다. 이것은 보수적이고 엘리트주의적인 성향으로 귀결될 수 있다. 넷째, 사회구성주의는 기술에 대한 윤리적·정치적 판단을 기피한다는 비판이다. 오늘날에는 "기술이 어떻게 구성되는가"보다 "기술중심적인 세계를 어떻게 재구성할 수 있을까"의 문제가 중요한 사안인데, 사회구성주의는 기술 변화에 대한 설명에 치중하고 기술 변화의 사회적 의미나 방향 재정립에는 무관심하여 탈정치화된 혁신 연구라는 협소한 학문 분과로서의 위치에 안주하고 있다는 것이다.

기술철학이나 과학사에 비해서, 사회구성주의 기술사회학과 기술사는 훨씬 더 친화성과 상보성이 크다는 사실을 상호 간에 인정하며, 기술사회학이 부상하던 시기와 비슷하게 기술사 연구에서도 소위 맥락적(contextual) 접근방식이 대세로 부상하였다(홍성욱 2004: 221-253). 그러나 논쟁에서는 사회학과 역사학 간의 특성 차이가 여실히 드러난다. 구성주의 기술사회학은 성급한 이론 정립에 몰두한 나머지, 역사적 자료 수집에 충실하지 못하며 역사적 증거를 취사선택하여 임의로 해석하고 생소한 개념과 전문용어를 남용한다는 것이 기술사 연구자들의 비판이다. 또한 위너의 비판과 마찬가지로, 사회구성주의가 기술 변화에 개입되는 노동 과정이나 정치적 측면에 무관심하다는 점도 지적되었다(Buchanan 1991; Russell 1986). 특히 자전거의 발전 과정 사례에 대한 역사적 증거 및 서술의 정확성, 이론 구성의 가능성 및 유용성에 대한 논쟁이 치열하게 벌어졌다(Bijker and Pinch 2002; Clayton 2002a, 2002b; Epperson 2002). 이에 대한 기술사회학자들의 반론은, 기술사회학과 마찬가지로 기술사에서도 역사적 증거의 선택에 대한 정당한 기준은 없으며, 사회구성주의 이론은 고지식한 경험주의(naive empiricism)와 현재의 시각으로 역사를 해석하는 휘그식 왜곡(Whig history)의 위험에 빠지지 않고 경험적 자료를 해석하는 데 유용하다는 것이다(Bijker and Pinch 2002; Law 1991; Pinch and Bijker 1986).

4. 기술결정론과 사회구성주의를 넘어서

간략하게 말하자면, 사회구성주의는 기술결정론에 대한 비판이다. 기술결정론이란 한마디로 독자적인 존재양식과 발전법칙을 가진 기술이 사회의 변화를 주도하며, 보다 극단적으로는 기술이 사회의 가장 중요하고 근본적인 결정 요인으로서 역사의 원동력으로 작용한다는 관념이다. 이런 관점에서는 기술이 가치중립적·초사회적인 성격을 지니며, 사회와 독립적으로 자율적이고 예정된(autonomous and pre-determined) 과정을 따라 발전하는 것으로 간주한다. 또한 기술과 사회의 관계에 있어서 기술이 사회에 미치는 영향만을 인정하고 주목할 뿐 역으로 사회가 기술의 성격이나 발전에 미치는 영향은 부인하거나 무시함으로써, 양자 간의 관계를 쌍방적 상호작용이 아닌 일방적 인과관계로 파악한다.

기술결정론이 내포하고 있는 중요한 문제점은 과학기술과 그 변화를 '주어진 것'(givens)으로 간주함으로써, 사회 변화와 역사형성의 과정에서 인간의 역할을 왜소하게 만들어 버린다는 점이다. 사회의 '바깥'에 존재하는 기술의 내재적 발전법칙이 발현됨으로써 사회 '내부'의 변화가 좌우된다면, 인간이 사회 변화의 내용과 경로, 방향에 개입할 수 있는 여지는 지극히 제한될 수밖에 없다. 인간은 능동적인 역사형성의 주체가 아니라 과학기술에 이끌려 가고 순응할 수밖에 없는 무력하고 수동적인 존재에 불과하게 된다. 과학기술 발전의 결과로 도래하게 될 장밋빛 미래(테크노피아)를 그리는 낙관론이나 암울한 미래(디스토피아)를 그리는 비관론은 기본적으로 모두 기술결정론적 시각을 공유하고 있다.

사회구성주의는 현대 사회에서 과학기술과 사회가 맺고 있는 역동적 관계를 파악하고자 한다. 과학기술과 사회 각기의 상대적 자율성을 인정하면서 양자 간의 유기적이고 쌍방향적 상호관계에 주목하고자 하는 것이다. 구체적인 사례분석을 통해서, 기술은 결코 예정된 경로에 따라 발전하는 것이 아니며, 기술이 사회에 충격(impact)을 주는 것은 사실이지만 그것이 기술 자체에 내재되어 있거나 일률적인 것이 아니라 정치적, 경제적, 문화적 요인 등 광범위한 '사회적' 변수에 따라 달라질 수 있음을 밝혔다. 또한 기술의 내용이 만들어지는 과정에 대한 경험적·구체적인 분석을 통해서 기술의 내용에도 사회적 요인이 영향을 미치고 있음을 보여 주었다.

그러나 앞 장에서 과학 지식에 대해 지적한 것과 마찬가지로 기술에 대해서도, 구성주의 관점이 빠질 수 있는 극단적인 상대주의와 관념론적 성향에 대해서는 경계할 필요가 있다. 구성주의 기술사회학에 대해서 인식론적 문제에 대한 관심이 미흡하다는 지적과 함께 '텍스트(text)로서의 기술'을 분석하는 성찰성(reflexivity)을 요구한 울가(Woolgar 1991, 1993)의 비판에 대해서, 핀치(Pinch 1993)는 울가의 처방 자체가 성찰성에 위배되며 과도한 인식론적 관심은 기술사회학, 그리고 과학기술학 전반의 가능성과 의미, 영향력을 제한한다고 반박하고 있다. 또한 상대주의가 윤리적·정치적 무관심, 그리고 현실에 안주하는 보수적 성향으로 흐를 위험에 대해서는 기술사회학자들 스스로 인식하고 있다. 바이커(Bijker 1995b)는 과학기술학이 현실 문제에 대한 관심과 그것과의 밀접한 연관 속에서 출발했지만, 학문적 정교함과 세련됨을 추구하면서 우리가 직면하고 있는 중요한 문제들에 대한 현실적합성을 상실하게 되었음을 인정하고, 원래의 정치적 문제의식을 되살려야 한다고 주장한다.

끝으로, 현대 한국의 기술 변화를 이해하는 데 있어서도 분명 구성주의는 매우 유용한 접근방식이다. 그러나 본격적으로 경험적 분석이 이루어지기에는 1차적 자료와 역사적 연구가 너무 부족한 상태다. 후발국으로서 한국의 기술 변화를 이해하는 데는 기술의 선택과 함께 기술과 제도의 '학습'에 대한 고려가 이루어져야 한다(송성수 2011: 88-89; 송위진 1999; 황혜란 · 윤정로 2000). 한국이 기술 혁신의 후발주자에서 선도자로 위상이 변화됨과 함께, 기술 변화에 대한 이해가 현실적으로 더 중요한 의미를 갖게 되며, 구성주의가 제기한 문제와 통찰력이 유용해질 것으로 전망된다.

제 2 부

—

과학기술과 여성, 젠더

4장 | 여성이 본 과학기술, 어떻게 다른가?

1. 과학 속의 여성과 젠더 문제

과학기술 분야의 여성 문제를 향한 사회적 관심은 1960년대 미국의 대학가에서, 그리고 여성 자신들에 의해서 시작되었다. 1964년 10월 미국 최고의 공과대학 MIT에서는 "과학과 공학 분야의 미국 여성"(American Women in Science and Engineering)이라는 주제로 심포지엄이 열렸다. 이 심포지엄은 한 여자 졸업생의 기부금으로 지어진 이 대학 최초의 여학생 전용 기숙사의 준공을 기념하여 여학생회가 주최한 행사로, 여러 분야에서 초청된 저명한 연사들과 전국 137개 대학의 여학생 대표들까지 참석해서 대성황을 이루었다.

그런데 남성 정신분석학자가 맡은 기조강연의 요지는 "여성은 우선 남편에게 아내로서의 역할을 충실히 수행한 연후에 직장이나 과학 활동에 힘을 쏟아야 한다"는 것이었다. 토론에 나선 여성 과학자들은 "아내이자 어머니인 동시에 해부학자인 자신의 과학에 대한 열의는 어떤 남성 해부학자에게도 뒤지지 않는다"고 반박하였다.

또한 여성과 남성은 과학자로서의 적성에서 선천적으로 차이가 난다는 주장에 대해서도 "퀴리 부인은 '내(內)향적'인 여성이니까 방사능의 외부 방출 대신 원자의 내부를 연구했어야만 하고, '외(外)향적'인 남성 정신과 의사는 가정 내부의 사랑과 조화의 문제에는 관여하지 말아야만 한다는 말이냐"는 풍자 섞인 비판을 가하였다. 이 열띤 설전은 당시의 여성차별적 사회 분위기를 여실히 드러내고 있다.

이 심포지엄에서 여성 사회학자 앨리스 로시(Alice S. Rossi, 1922-2009)는 "과학 속의 여성: 왜 그렇게 소수인가?"라는 제목으로 과학기술과 여성 문제에 대해 기념비적인 강연을 하였다. 1960년대 초부터 성차별 문제에 주목한 로시는 방대한 문헌과 실증적 자료를 바탕으로, 과학기술 분야 내 여성의 위상과 여성의 진출을 가로막는 사회적·심리적 요인을 분석하고, 여성의 진출 확대를 위한 실천 과제를 조목조목 제시하였다. 이 연설문은 이듬해 과학 분야의 대표적인 학술지 「사이언스」(*Science*)에 게재되었다(Rossi 1965).[1]

'여성 문제'(women's problem)에 대한 학문적 관심은 여성의 사회적 지위 향상을 위한 실천적 문제의식과의 밀접한 연관 속에서 성장하였다. 일반적으로 현대 페미니즘은 제2차 세계대전 이후의 거시적인 사회경제적 변화와 1960년대에 일어났던 기존 체제에 저항하는 사회운동의 물결이 맞물린 상황에서, 여성의 의식이 스스로 깨어나면서 탄생하였다고 알려져 있다. 첫째, 제2차 세계대전의 종전과 함께 1960년대까지 세계 경제가 호황을 누리게 되면서, 민간 기업은 물론 공공 부문에서도 고용 기회가 대폭 확대됨에 따라 노동시장에 참여하는 여성, 특히 기혼 여성의 숫자가 급격히 증가하였다. 이것은 이전에 전개되었던 여성운동의 결과로서, 여성의 교육 기회가 확대되어 남녀 간 교육 수준의 차이가 크게 줄어든 것에서도 그 원인을 찾을 수 있었다. 그러나 취업 여성을 위한 아동 보육 등의 사회적 지원이나 가사노동의 분담, 임금 격차와 편견의 해소는 이루어지지 않았다. 둘째, 다수의 여성들이 흑인 민권운동과 베트남 전쟁 반대운동, 신좌파(New Left)운동에 적극적으로 참여하면서, 정의와 평등을 부르짖는 이런 사회운동의 이념이 여성들의 처지에는 적용되지 않는다는 점을 깨닫게 된 것이다. 자신들이 직면하고 있는 문제를 자각한 여성들은 사회 변화를 위한 조직적인 행동과 함께 그 이론적 토대를 구축하고자 하였다. 초기의 페미니즘 연구자와 이론가들은 거의 예외 없이 다양한 분야에서 여성운동에 적극 참여한 활동가였다(Evans 1980; Hamilton 2007).

다른 분야와 마찬가지로 실천적 관심에서 비롯된 과학기술에 대한 페미니스트 관점도 지난 반세기에 걸쳐 다양한 방향으로 발전하였다. 기본적으로 과학기술의 남성중심적 편향성을 비판한다는 데는 인식을 같이하지만, 그 비판의 대상이 되는 남성중심성의 의미와 대응 전략에 있어서는 차이를 보이게 되었다. 론다 쉬빈저(Londa Schiebinger)는 과학기술에 대한 페미니스트 관점을 압축하여 세 가지로 구분하였다. 첫째는 과학기술 분야에 참여하는 여성인력의 규모와 활동 범위를 증대하는 데 주안점을 두는 '숫자의 교정'(fix the number)이다. 둘째는 과학기술 분야에 광범위하고 뿌리 깊게 박힌 남성중심적인 사회구조와 문화를 변혁하고자 하는 '제도의 교정'(fix the institutions)이다. 셋째는 여성 배제와 남성중심주의적 문화가 고착된 결과로 과학기술 지식의 내용에 내재하게 된 편향과 왜곡을 밝히고 변혁하려는 '지식의 교정'(fix the knowledge)이다(Schiebinger 1999; 2008: 5-6).

먼저 '숫자의 교정'에 대해 살펴보자. 앞서 언급하였듯이, 페미니스트 연구의 출발점은 과학기술계의 여성 부재 내지는 과소대표(under-representation) 현상, 즉 역사적으로는 물론 현대 사회에서도 과학자로 알려진 사람들의 압도적 다수가 남성이라는 사실이었다. 이런 사실을 근거로 여성은 남성에 비해서 선천적으로 과학자로서의 자질이 뒤떨어진다는 통념이 광범위하게 퍼져 있었다.

이런 통념에 맞서, 1970년대 초기의 페미니스트 연구는 과학 발전에 기여한 뛰어난 여성들을 발굴하고, 이런 여성 과학자들의 업적이 평가 절하되고 역사에서 사라지게 된 사실과 현재에도 지속되고 있는 불이익 및 차별을 밝히는 데 주력하였다.[2] 역경을 극복하고 물리학과 화학, 서로 다른 두 분야에서 노벨상을 수상한 초유의 기록을 가진 마리 퀴리(Marie S. Curie, 1867-1934), DNA 구조 해명에 중요한 기여를 했지만 요절함으로써 노벨상을 놓치고 남성 동료들로부

최초의 노벨상 여성 수상자, 마리 퀴리

요절한 불운의 여성 과학자, 로절린드 프랭클린

평가절하된 여성 물리학자, 리제 마이트너. 노벨상을 수상한 동료 Otto Hahn과 실험실에서

〈그림 4-1〉
출처: wikipedia

터 그 업적을 정당하게 평가받지 못한 채 괴팍한 성미의 소유자로 치부된 로절린드 프랭클린(Rosalind Franklin, 1920-1958), 핵분열에 대한 탁월한 업적에도 불구하고 노벨상 수상의 영광을 얻지 못한 물리학자 리제 마이트너(Lise Meitner, 1878-1968) 등(〈그림 4-1〉 참조)에 대한 재발견이 대표적인 사례이다(Opfell 1978; Sayre 1975).[3] 동시에 여성들의 과학기술 분야 참여와 활약은 사회제도와 정치경제적 환경, 가족 형태 등 다양한 사회구조적 변수의 영향을 받기에 시대와 사회에 따라 양상이 달라진다는 것을 보여 주는 역사적·경험적 분석을 시도하였다.[4] 여성의 과소대표 현상은 선천적 본성이 아니라 사회적 요인에 그 원인이 있음을 밝히고자 한 것이다.

이러한 연구는 전통적인 자유주의적 페미니즘(liberal feminism)에 입각하고 있었다.[5] 이런 노선은 특히 국가경쟁력에 핵심적인 과학기술 '인력'으로서 여성에 대한 사회적 인식을 높이고 다양한 여성 지원 프로그램의 입안에 영향을 미침으로써, 1970년대 이후 여성 과학자의 수를 증가시키는 데 기여했다. 이들은 여성의 능력을 키워서 과학기술 분야에 진출하는 여성의 숫자를 늘리고, 성공할 수 있는 기회를 제공함으로써 여성 과학자의 위상을 제고하는 것이 과소대표 현상을 타파할 해결책이라고 보았다. 이것은 남성과 동등한 존재로서 여성의 동등한 권리와 기회를 요구하는 정치적 비판이었으나 객관성·합리성·가치중립성을 신봉하는 과학기술의 인식론과 내용에 대한 비판에는 무관심하였다. 또한 평등의 기반으로서 '같음'(sameness)과 남성과의 '동화'(assimilation)를 강조함으로써, 남성과 달리 임신과 출산, 육아의 부담을 지고 있는 여성의 참여를 확대하는 전략으로서는 심각한 한계를 내포하고 있었다(켈러 1999: 49-51; Schiebinger 1999: 3-4).

둘째, '제도의 교정'은 과학기술에서의 여성 소외와 배제가 단지 여성 과학자의 참여가 늘어나면 해소될 수 있는 차원의 문제가 아니라 뿌리 깊이 박혀 있는 역사적·문화적·철학적 차원의 문제라는 인식에서 출발한다. 이들은 근대 과학기술의 남성중심적 편향성을 밝히는 데 있어 종래의 '여성'(woman) 대신 '젠더'(gender)의 개념을 도입하였다. 1970년대부터 페미니즘 이론에서 널리 사용되기 시작한 '젠더' 개념은 사회문화적으로 구성되는 특성으로서의 '여성다움'(femininity)과 '남성다움'(masculinity)의 구분을 의미하며, 여성과 남성의 생물학적 차이를 가리키는 '성'(性, sex)과 대비되는 개념이다.

이론물리학자 출신의 페미니스트 과학철학자인 켈러(Evelyn Fox Keller)는 1978년 출판된 논문 "젠더와 과학"에서 최초로 젠더 개념을 과학 비판에 적용하였다. 켈러에 의하면, '과학적=객관적=남성적'이라는 등식이 상식처럼 널리 받아들여지고 있는데, 이것은 객관적이고 중립적이라는 과학의 이미지에 어긋나는 것이고, 이런 관념이 진지한 학문적 분석 대상으로 다루어지지 않고 있다는 사실이 놀랍다고 하였다. 켈러는 근대 과학은 본질적으로 남성다움과 동일시됨으로써 '젠더화'(genderization, gendering)되어 있다고 설파하면서, 어떻게 과학이 남성성과 결합하게 되었는지를 밝혀야 한다고 역설하였다(Keller 1985: 75-94에 재수록).

과학기술에 대한 젠더분석은 다양한 방향으로 진행되었다. 우선, 역사적으로 과학기술이 젠더화되는 과정을 밝히는 작업이 이루어졌다. 17-18세기에 걸쳐 유럽이 근대 산업사회로 재편되는 거대한 사회 변동의 와중에 공적(public) 영역과 사적(private) 영역이 분리되고 과학이 전문직으로 제도화되는 과정이 진행되었다. 이 과정에서 남성이 정치와 직업의 공적 영역을 관장하고, 여성은 공적 영역에서는 사라져 사적 영역인 가정만을 관장하게 되었다. 동시에 이런 변화를 자연의 질서인 것처럼 정당화하고 자연스럽고 당연한 것으로 받아들이도록 하는 남성다움과 여성다움의 구분과 양자의 상호보완성, 남성다움의 우위와 남성을 보완하는 존재로서의 여성,

남성다움의 표상으로서 과학에 대한 다방면의 이념화 작업이 이루어졌다는 사실이 밝혀졌다. 결국, 남성다움과 여성다움은 선천적이거나 필연적인 것이 아니며, 현재 우리가 알고 있는 과학의 남성다움은 서양 근대라는 특정한 사회적 맥락에서 형성된 하나의 이데올로기라는 것이다. 과학기술의 젠더화가 당연하거나 필연적인 것이 아니라, 역사적으로 형성된 것이라는 인식은 앞으로 역사적 상황에 따라 다시 변화될 가능성이 있음을 의미한다(Schiebinger 1989; 1999: 69-72).

역사적 과정뿐만 아니라, 현대 사회 속에서 과학기술이 남성적인 것으로 치부되는 다양하고 복합적인 기제를 분석하는 작업도 이루어졌다. 과학자는 남성이고 과학 활동은 남성적이라는 이미지, 내향적이고 사교성이 떨어지는 사람들이 하는 외로운 직업이며, 재미도 없고 외모에도 신경을 쓰지 않는 괴짜라는 고정관념, 남성 위주로 운영되는 실험실과 직장, 학계 및 가정의 작동방식과 문화, 가정에서의 양육 과정부터 시작되는 남녀 구분과 성 역할(gender roles) 학습, 언어 구사와 의사소통방식, 복장 등등 과학에서 여성을 배제하고 소외시키는 광범위한 공적·사적 영역에서의 관행과 문화가 밝혀지게 되었다(Schiebinger 1999: 67-103). 예를 들어, 여성 인류학자가 참여관찰을 통해서 미국과 일본의 고에너지(입자)물리학 연구소를 대상으로 분석한 결과에 의하면, 국가에 상관없이 물리학자들의 일상, 언어, 연구 활동과 조직 문화는 지극히 남성중심적으로 되어 있다. 또, 이 분야에 입문하는 학부 학생부터 대학원생, 박사후 연구원, 정식 연구원과 교수, 그리고 노벨상 수상자에 이르기까지 순례자의 '천로역정'(天路歷程, Pilgrim's Progress)과 같은 물리학자로서의 훈련과 경력개발 과정 및 일상적 관행에서 독립심, 경쟁심, 개인의 승리욕 등 소위 '남성적'이라고 규정되는 특성과 자질이 중시되고 계발되도록 사회화된다는 것이다(Traweek 1988: 74-105).

과학기술에 대한 젠더분석은 '남성다움'으로 특징지어지는 과학기술과 '여성다움,' '공적 영역'인 과학기술 전문직과 '사적 영역'으로서의 가정 사이에 뿌리 깊은 문화적·제도적 충돌에 초점을 맞춘다. 과학기술의 남성중심적 편향성을 해소하기 위한 실천적 전략으로는, '제도의 교정'이라는 표제가 나타내듯이, 가정에서의 자녀 양육과 가사노동방식, 학교에서의 수업방식, 교과 과정, 연구실과 직장의 조직, 매스컴과 대중문화 등 광범위한 영역에 자리 잡고 있는 남성중심적 문화와 관행에 대한 각성과 구조적 변화를 강조한다.

과학기술에 대한 젠더분석은 당시에 부상하고 있던 새로운 페미니즘 이론과 과학지식사회학에서 영향을 받았다. 여성학은 미국에서 1970년대에만 전국적으로 450여 개 대학에 프로그램이 만들어질 정도로 급성장하였고, 이론적으로는 초도로(Nancy Chodorow 1978), 길리건(Carol Gilligan 1982) 등이 주창한 '차이의 페미니즘'(difference feminism)이 각광을 받으면서 페미니스트 과학자들에게도 영향을 미쳤다. 차이의 페미니즘은 정신분석학, 발달심리학적 관점에 입각하여, 남성과 여성 간에 존재하는 '차이'(difference)에 초점을 맞춘다. 그러나 이러한 남녀 간 차이는 생물학적으로 결정되는 것이 아니라 문화적으로 만들어진 것이고, 남성적인 속성에 비해 열등한 것으로 취급되던 '여성적'인 속성에 대해 정당한 평가가 이루어져야 한다는 점을 강조한다. 동시에, 1970년대 이후 유럽을 중심으로 발전한 과학지식사회학은 과학을 특정한 사회문화적·정치적 맥락에 영향을 받는 '사회적 과정'이자 '사회적 구성물'(social construct)로 이해하고자 하였고, 이런 관점은 과학분석에서 젠더라는 사회적 변수가 포함될 수 있는 기반을 제공하였다.

셋째, '지식의 교정'을 지향하는 관점에서는 가장 핵심적이고 근원적인 문제가 과학의 인식론과 방법론에 있다고 보고, 그 결과로 초래된 과학 지식의 내용에 있어서의 젠더 편향성을 시정하는 데 초점을 맞춘다. 앞서 서술한 '차이의 페미니즘' 관점에서 출발하여, '앎'(지식 추구, ways of knowing)의 방식에 있어 독특하게 '여성적'인 방식이 존재한다는 주장들이 나왔다. 흔히 돌봄(caring), 전체론(holism), 감정(feeling), 감정이입(empathy), 연결성(connected)과 맥락(context), 협력(collaboration), 모성적 사고(maternal thinking) 등의 특성이 여성적인 앎의 방식으로 지목되었고, 이런 여성적 특성은 주류 과학에서 밀려났다고 한다(Schiebinger 1999: 4-5). 유전학자 바버라 매클린톡(Barbara McClintock, 1902-1992)의 '생명의 느낌'(feeling for the organism) 개념,[6] 영장류(靈長類) 동물 연구에서 제인 구달(Jane Goodall)을 비롯한

역경을 딛고 80세가 넘어 노벨상 수상자가 된 바바라 매클린톡

새로운 영장류 연구의 개척자, 제인 구달

〈그림 4-2〉
출처: wikipedia

여성 연구자들이 과거에는 연구 대상에서 제외되었던 암컷이나 지위가 낮은 수컷 영장류까지 대상에 포함하고 더 세심한 주의와 인내심을 발휘해서 연구하는 방식을 취한 것 등이 여성적인 지식 추구방식의 대표적인 사례로 간주되었다(〈그림 4-2〉 참조).

그러나 특유하게 '여성적'인 앎의 방식이 확연히 구분되는가, 또는 종래의 남성중심적 과학 지식과 구별되는 '페미니스트 과학 지식'이 존재하는가에 대해서는 많은 논란이 제기되었다. 세계적으로 유명한 진화생물학자이자 과학 저술가인 굴드(Stephen Jay Gould)는 페미니즘에 대해서 지지하는 입장을 견지했음에도 불구하고, 독특하게 '여성적'인 특성과 '페미니스트 과학'의 필요성이나 기여 가능성에 대해서는 수긍하지 않았다. 굴드는 소위 '여성적'이라는 태도와 방법론이 이미 과학에 들어와 있으며, 따라서 양질과 저질의 과학이 구분될 뿐 여성적 과학과 남성적 과학으로 구분되는 것은 아니라고 보았다(Longino 2001: 216).

페미니스트들 사이에서도 차이 이론의 과잉 적용에 대한 불만과 비판이 제기되었다. 우선, 켈러가 선택한 '생명의 느낌'이란 개념은 연구 대상에 대한 지극한 친밀감을 중시하는 매클린톡 개인의 독특한 연구방식을 강조하는 것이지, 여성다움의 본질을 지칭하기 위한 개념이 아니었다. 켈러는 과학적 담론에서 사용되는 언어와 메타포의 젠더화에 관심을 기울였을 뿐이고, 하나의 범주로서 여성이 남성과는 다른 독특한 방식으로 연구를 수행한다는 증거는 없다고 보았다(Keller 1983; 켈러 1999: 51-52). 또한, 차이 이론은 전통적으로 여성다운 것으로 알려진 가치를 낭만적으로 묘사하고 '여성다움=좋고 아름다움'이라는 등식으로 미화하는 경향이 있는데, 이것은 기존의 고정관념이나 과학 지식을 바꾸는 데는 별 도움이 되지 못한다는 비판도 있다. 포스트모더니즘 관점에서는 차이의 이론이 모든 여성을 하나의 범주로 보는 '보편적 여성'(universal woman)을 상정함으로써 여성들 간의 차이와 다양성을 무시하고 있다고 지적한다. 실제로 현실 세계에서 공통된 이해관계를 가진 단일한 범주로서의 여성은 존재하지 않으며 계급, 인종, 종교, 세대, 성적 취향 등 사회적 배경과 역사, 욕구가 서로 다른 여성을 구분해서 보아야 한다는 비판이다. 결국, 차이의 페미니즘이 과도하게 '통속화'(vulgarized)되면 과학뿐만 아니라 여성들에게도 해로울 수 있다(Schiebinger 1999: 5-8).

최근 젠더 연구의 흐름은 기존 과학의 남성편향성에 대한 분석과 '비판' 위주에서 벗어나, 새로운 지식과 혁신을 만들어 내는 데 관심을 기울이는 '생산적'인 전략으로 전환되고 있다.

2. 페미니스트 기술 연구

1970년대 말 태동한 페미니스트 기술 연구는 과학과 마찬가지로 여성의 부재와 과소대표, 비가시성이라는 문제의식에서 출발하였고, 과학에 대한 접근방식과 유사한 과정을 거쳐 발전하였다. 기술 분야에서는 과학에 비해서도 여성의 참여가 훨씬 저조하였으며, 존재감이 훨씬 더 빈약하였다. 기술에 대한 페미니즘 연구는 과학에 비해서 출발이 늦었을 뿐만 아니라, 접근방식과 이론을 체계화하는 데도 뒤처졌다. 그러나 과학기술학 전반의 흐름과 마찬가지로, 젠더 연구에서도 기술에 대한 관심이 최근에 급격히 활성화되고 있다.

초기의 페미니스트 기술 연구는 우선 기술의 변화가 여성의 삶에 미치는 영향을 밝히는 데 관심을 기울였으며, 주로 일터와 가정, 임신과 출산 분야에 집중하였다(Faulker and Arnold 1985; Rothschild 1983; Wajcman 1994; 2000: 448-450). 당시 사회학계에서는 생산과 노동 과정에 대한 마르크스주의(Marxism) 논쟁이 활발하였고, 이는 페미니즘 연구에도 깊은 영향을 미쳤다. 마르크스주의에 의하면, 기술은 계급관계로부터 결정적인 영향을 받고, 자본주의 체제에서는 노동의 파편화(fragmentation)와 탈숙련화(deskilling)를 위한 기술이 개발되고 도입됨으로써, 새로운 기술이 노동 착취와 통제를 강화하는 수단이 되며 계급 구분을 더욱 공고히 하는 결과를 가져온다고 본다. 페미니스트들은 이런 마르크스주의 시각에 젠더관계에 대한 고려가 완전히 빠져 있다는 점을 비판하면서, 새로운 기술이 생산현장에서 성별 노동 분업과 남성의 지배를 유지하고 강화하는 데 이용되어 왔음을 규명하고자 하였다.

영국의 산업혁명 시기 인쇄기술의 변천 과정에서 숙련공, 그리고 남성으로서의 정체성이 결합되어 여성을 노동조합에서 배제시키고 비숙련 노동에 머물게 만들어 버린 사례에 대한 콕번의 분석이 고전적인 연구로 꼽힌다(Cockburn 1983). 페미니스트들은 이런 역사적 사례뿐만 아니라, 20세기 후반 전자공학과 컴퓨터기술의 발전과 더불어 빠른 속도로 진행되고 있던 사무자동화가 여성 노동에 미치는 영향에 깊은 관심을 기울였다. 페미니스트들은 대체로 사무자동화가 타자수나 비서 등 여성이 주로 종사하는 하급사무직을 사라지게 함으로써 여성의 취업 기회를 박탈하고, 고용의 질과 노동 소외, 안전, 건강에 부정적인 영향을 미칠 것이라는 비관적인 전망을 내놓았다(Barker and Downing 1985; Feldberg and Glenn 1983; Lloyd and Newell

1985; Softley 1985; SPRU Women and Technology Studies 1985).

생산현장에서의 유급 노동 이외에 가정에서의 무급 노동도 집중적인 분석의 대상이 되었다. 1970년대에 들어 여성에 대한 억압요인으로서 가사노동에 대한 학문적 관심이 높아졌다. 연구 결과는 가사보조기술의 발전과 가사노동의 기계화가 여성들의 노동 부담, 적어도 노동 시간은 실질적으로 경감하지 않았다는 것이었다 (Cowan 1976; 1979; 1983).

임신과 출산, 즉 인간의 생물학적 재생산기술은 페미니스트 연구에서 활발한 논쟁이 벌어진 영역이었다. 일부에서는 피임과 임신중절, 체외수정 등 재생산기술의 발전이 여성의 성과 임신을 분리하여 여성의 선택권을 확대하고 자신의 몸에 대한 통제력을 확대하는 '여성 해방의 열쇠'라고 본다. 그러나 다른 한편에서는, 재생산기술을 가부장적 지배의 도구로 본다. 재생산은 원래 여성의 고유한 영역인데, 임신과 출산에 관한 지식과 의료행위들이 복잡해지면서 여성의 전문성이 박탈되고 남성들이 지배하게 되는 방향으로 흘러 왔음을 지적한다. 인공수정이나 시험관 아기 등 현대의 첨단재생산기술은 여성의 몸에 대한 공격이며, 여성의 몸과 재생산에 대한 남성의 통제를 강화하는 결과를 낳는다고 본다(Hanmer 1983; Newman 1985; Wajcman 1991: 54-60).

이렇게 기술의 '영향'(impact)에 초점을 맞춘 초기의 페미니스트 기술 연구에서는 기술 발전에 의해 기존의 성별 분업과 위계질서가 재생산된다는 점을 강조하였다. 이들은 기술 발전에 의해 젠더 관계가 변화되거나 또는 젠더관계를 변화시키는 기술의 개발 가능성에 대해 대체로 비관적인 입장이었다. 결국 『발명에 의한 질식』(*Smothered by Invention*) 같은 책 제목에서도 드러나듯이, 여성은 기술의 수동적인 소비자 또는 피해자로 자리매김되고, 기술은 본질적으로 가부장적이며 여성에게 적대적인 것으로 치부되었다(Faulkner and Arnold 1985; Wajcman 2000: 449-450).

1980년대 말부터 페미니스트 기술 연구도 '여성'의 문제에서 '젠더'의 문제로, 기술의 최종 소비와 결과에서 기술이 설계, 개발, 유포되는 과정으로, 그리고 이런 과정 속에서 젠더가 구성되는 과정으로 관심이 확대되었다. 과학에 대한 젠더분석과 마찬가지로, 이런 변화에는 당시에 부상한 새로운 페미니즘 이론과 구성주의 기술사회학(SCOT)이 영향을 미쳤다.

기술과 젠더에 대한 연구는 특정한 기술의 발전과 사용 과정에서 젠더관계가 개입하고 구성되는 과정을 경험적으로 밝히는 접근방식을 취하였다. 전자레인지(마이크로웨이브 오븐)에 대한 연구가 널리 알려진 사례이다(Cockburn and Ormrod 1993). 전자레인지 기술은 1940년대에 군사용으로 개발되어, 1950-1960년대에 다양한 영역에서 이용되고, 1970년대에 가전제품으로 사용되기 시작하였다. 이런 기술의 개발과 전자레인지 설계는 전적으로 남성 엔지니어와 경영자들이 관장하였고, 이 남성들은 전자레인지 설계에서 의도한 용도나 사용자, 즉 가사노동을 담당하는 여성과는 무관한 사람들이었다. 콕번과 옴로드가 분석한 바에 의하면, 실제로는 설계 과정에서 여성 가정학자들이 참여하였고 그들의 요리에 대한 전문성이 중요하게 기여했으며, 자신들의 일을 "일종의 엔지니어링이나 과학 활동"(Cockburn and Ormrod 1993: 94)으로 규정하였다. 그러나 이런 여성들의 전문성은 인정을 받지 못하였다. 이것은 요리가 여성다움과 결부되고, 여성다움이 폄하되는 젠더관계에 기인한다. 젠더화(gendering)는 설계와 생산 단계에서뿐만 아니라 마케팅과 홍보, 소매, 활용에 이르는 모든 과정에서 지속된다. 흥미로운 사실은 소비단계에서 전자레인지의 의미가 협상 과정을 거쳐 계속 재해석되고 새롭게 부여된다는 것이다. 즉, 소비자들에 의해 '해석적 유연성'이 발휘된다. 콕번과 옴로드의 분석은 설계와 생산, 소비의 구분을 해체하고 기술의 사회적 구성에 개입되는 젠더관계를 보여 줌으로써, 새로운 젠더관계를 구현하는 기술의 발전 가능성에 대한 실마리를 제공하였다.

최근의 연구는 주로 정보통신과 생의학(biomedical)기술에 집중되고 있으며, 새로운 첨단기술이 젠더 정체성의 구성에 개입되는 과정을 분석 대상으로 삼고 있다. 페미니스트들은 새로운 기술을 통해서 젠더 정체성과 젠더관계를 재구성할 수 있다는 긍정적 가능성에 대해 환영한다. 정보통신기술에 의해 가능해진 사이버 스페이스와 가상현실은 낡은 사회관계를 파괴하고 전통적인 젠더 역할에서 벗어날 수 있는 자유와 해방의 공간이 될 수 있으며, 유전체분석, 줄기세포, 복제 등의 생의학기술은 인간의 신체를 재구성하고 임신과 출산에 관한 여성의 선택권을 극대화함으로써 생물학적 한계를 벗어나게 할 수 있다는 것이다. 초기 페미니스트들의 비관적 전망과는 대조적으로, 1990년대 이후의 사이버 페미니즘은 디지털기술에 내재하는 즐거움과 보편성, 개방성, 여성의 주체성과 행위를 강조하면서, 인터넷과 사이버 스페이스로 대표되는 '분산적이고 비선형적인' 디지털기술의 특성이 기존의 권력기반을 무너뜨리고 탈가부장적인 미래를 가져다줄 수 있다는 가능성을 강조하였다.

이런 분위기에서 해러웨이(Donna Haraway)가 제시한 '사이보그'(cyborg)의 이미지, 즉 자연적·생물학적인 유기체와 인공적·기계적인 부품이 결합된 잡종(hybrid) 같은 존재로서의 여성과 인간상이 열렬한 호응을 얻었다. 해러웨이는 기술을 부정하는 과거 페미니즘의 입장을 비판하면서, 새로운 과학기술이 새로운 의미와 정체성, 새로운 세계를 만들어 낼 수 있음에 주목하였다(Haraway 1991). 이런 관점들은 결국 인간과 동물, 동물-인간(유기체)과 기계, 물리적인 것과 비물리적인 것, 자연과 문화에 대한 구분을 거부하고 경계를 무너뜨린다. 기술과 젠더에 대한 이런 새로운 관점들은 포스트모더니즘 철학, 문화 연구, 인류학의 새로운 조류, 그리고 사회학 이론에서 몸과 섹슈얼리티의 문제가 중시되는 경향에 깊은 영향을 받아 발전하였다. 이들은 기술에 대해 소비 대상, 문화적 재현, 텍스트, 의

사소통의 매체(communication medium)로 개념화해서 분석하는 성향을 드러낸다.

그러나 이런 '문화로서의 기술'에 대한 사이버 페미니스트 분석은 새로운 첨단기술에 과도한 행위능력(agency)을 부여함으로써 기술을 물신화할 위험을 내포하고 있다는 비판도 받고 있다. 이에 대한 대안으로 와이즈먼은 테크노 페미니즘을 제안한다. 와이즈먼은 사이버 페미니즘의 통찰력을 인정한다. 그러나 기술이 그 자체로 사회를 변화시키는 힘을 갖고 있다고 기대하는 점에서 사이버 페미니즘의 유토피아적 입장이 이전의 비관론적 페미니즘과 공통된 오류를 범하고 있다고 비판한다. 사이버 페미니즘은 기술의 설계와 혁신에 대한 분석을 소홀하게 하는 데 일조하였으며, 앞으로는 사회구성론적 인식을 기반으로 기술과 젠더의 상호 구성방식과 과정을 충실하게 규명하면서, 또한 이런 작업이 현실적으로 젠더관계를 재협상하는 과정의 일부가 되도록 만들어야 한다고 주장한다. 테크노 페미니즘은 "우리만이 우리 자신을 자유롭게 할 수 있다"는 인식을 바탕으로, 기술의 구성과 혁신 과정에 대한 분석과 개입을 통해서 젠더 정체성과 현실에서의 행위 그리고 젠더관계를 바꾸는 페미니즘 정치를 실천하는 데 목표를 두어야 한다는 것이다(와이즈먼 [2004] 2009: 194-200; Wajcman 2000).

3. 과학기술과 젠더 연구의 성과

지난 반세기에 걸쳐 과학기술 관련 페미니즘 운동과 이론은 미국과 유럽을 중심으로 다양한 분야에서 다양한 방향으로 역동적으로 발전하였다. '기회의 평등'을 요구하는 실천적 관심에서 시작된 페미니스트 분석은 젠더 개념의 도입으로 분수령을 이루게 되었다. 여성 과학기술자의 참여가 늘어나면 과학기술의 남성중심적 성격도 바뀔 것이라는 '순진한' 기대에서 벗어나, 인간의 지식형성 활동이 근본적으로 젠더화되어 있고 과학기술 지식도 예외가 아니라는 점을 지적하면서 과학기술의 본질과 이념을 비판하는 방향으로 전환되었다. 분석의 초점이 '여성'에서 '젠더'로, '과학기술 종사자'에서 '과학기술 지식과 내용'으로, '과학 속의 여성 문제'(woman question in science)에서 '페미니즘 속의 과학 문제'(science question in feminism)로 옮겨 가게 된 것이다.[7]

그러면, 과학기술 분야에서 페미니즘이 이루어 낸 성과는 무엇이며, 어떤 과제를 남기고 있는가? 페미니스트들의 문제 제기와 연구는 실제 현실에서의 변화를 위한 조치로 연결되어, 여성의 과학기술 분야 참여를 확대하기 위한 다양한 방안들이 시도되었다. 미국에서는 1970년대부터 교육과 고용에서 여성차별적인 법률을 개정하고 양성평등을 명시적으로 규정하는 조치들이 취해졌다. 이것은 과학기술 분야의 여성 진출이 저조한 것은 차별 때문이고, 차별을 막는 가장 효과적인 방안이 법률 제정과 행정 명령(Executive Order) 등을 통한 위로부터의 집행과 감독이라는 인식에서 나온 것이었다. 영국에서도 1975년 성차별 금지법이 제정되면서, 기회균등위원회가 설치되었다. 그러나 이런 하향식(top down) 전략은 그 적용 범위가 가시적인 차별에 국한되었으며, 소송 등 여성들의 적극적 대응에도 불구하고 효과는 제한적이었다(Chamberlain 1988: 165-191).

1980년대부터는 '차별 안 하기'에서 더 나아가, 여성들이 과학기술 분야의 교육과 진로를 선택하도록 적극적으로 '개입'(intervention)하는 방안을 모색하기 시작하였다. 이런 개입 프로그램은 문제의 원인이 여성들의 진로 선택에 있다고 보고, 더 많은 소녀들이 과학기술 분야를 선택하면 살아남는 여성 전문가도 늘어나게 될 것이라는 '수도관'(pipeline) 모델에 입각하고 있다(Schiebinger 1999: 54). 1984년부터 영국에서 실시되기 시작한 WISE(Women into Science and Engineering) 프로그램은 여성들이 어렸을 때부터 과학기술에 친숙해지고 그 분야로 진출하도록 적극적으로 유도한 대표적인 사례로, 우리나라를 포함하여 여러 나라에서 벤치마킹하여 운영되고 있다. 대개 과학기술 분야의 여성 전문가들이 초·중·고등학교를 방문하거나 버스로 돌아다니면서 강연을 하고 학생들에게 실습을 시키며 개인적인 멘토링도 제공하는 내용들로 구성되어 있다.

1990년대에 들어서는 여성 개인에 대한 지원을 넘어서, 과학기술제도와 문화를 변화시키기 위한 시도들이 나왔다. 미국 국립보건원(NIH, National Institute of Health)에서는 최초로 임명된 여성 수장의 주도하에 대책 위원회를 만들고, 여성 연구원들의 근무여건 개선과 지위 향상을 위해 출산, 육아 등을 고려한 근무이력 산정, 직장 내 보육시설 설치 등 다방면의 정책을 구상하여 실행에 옮겼다. 1993년부터는 종래의 의학 및 보건 연구에서 여성의 건강에 대한 연구가 소홀히 취급되어 왔다는 인식을 바탕으로, 여성의 건강 문제를 연구하기 위해서 별도로 상당한 규모의 연구비를 책정하게 되었다. 2001년 시작된 미국 국립과학재단(National Science Foundation)의 'ADVANCE' 사업은 대학 내 과학 및 공학 분야에서 여성의 참여와 지위 향상을 도모하기 위해 기관 차원의 개혁 프로그램을 지원한다. 1999년 영국에서 출범한 'ATHENA'와 'Opportunity Now' 사업은 각각 대학과 기업을 대상으로 제도 변화를 지원하였다(Schiebinger and Schraudner 2014).

결과적으로, 과학기술 분야에서 여성의 진출 기회와 활동 영역, 권한과 영향력이 대폭적으로 확대되는 괄목할 만한 성과를 거두었다. 1991년 미국 국립보건원(NIH)을 필두로 남성의 성역으로 치부되었던 대학 총장, 항공우주국(NASA)의 기술책임자, 공군과 국방연구소의 수장, 공중보건장관(Surgeon General) 등의 직책을 여성이 맡게 된 것은 과학기술 분야에서의 여성 지위 변화를 상징적으로 보여 준다. 우리나라에서도 1990년대 이후 여성 과학기술인 단체들의 활동이 활발해지고, 여성 과학기술자 육성과 지원을 위한 적극적 개입 프로그램들이 도입되었으며, 여성 과학기술 전문가들이 연구 기관의 수장, 고위 관직, 정치인으로 사회에 진출하는 사례가 늘어나고 있다. 그러나 과학기술이 여전히 여성이 가장 과소대표된 영역에 속하기는 서구나 우리나라나 사정이 마찬가지다.

그러면, 페미니스트들이 과학기술 지식의 내용에 대해 가한 비판은 무엇이며 그 비판이 어떤 변화를 가져오게 되었는가?

첫째, 연구 주제의 선택과 문제 제기방식에서 나타나는 남성중심성이다. 1960년 최초로 미국에서 공인된 '먹는 피임약'(the pill)은 20세기 '여성 해방'에 결정적으로 기여한 발명품으로 알려져 있다. 피임의 원리인 호르몬 조절 기제는 1930년대에 이미 밝혀졌지만, 1950년대 말 인구폭발 문제가 이슈화될 때까지 피임 연구는 주목을 받지 못하였다. 피임과 산아제한은 여성들에게 대단히 중요한 사안이었음에도 불구하고, 과학자들 대다수가 남성이었기 때문에 중요한 연구 주제로 주목받지 못했던 것이다. 또한 남성의 불임을 유도하는 방식 대신 여성이 약을 복용하고 여성의 몸에 시술하는 방식을 개발하는 방향으로 연구가 진행되었는데, 이런 피임방식은 여성의 건강에 중대한 위험을 동반하는 것이었다(Wajcman 1991: 74-78).

둘째, 실험 디자인에서 나타나는 남성중심성이다. 동물 실험이나 인간을 대상으로 한 연구는 절대 다수가 남성을 대상으로 하였다. 이것은 남성이 종(種)을 대표한다는 암묵적 전제에서 나온 것이며, 이런 편향성은 이론 구성의 왜곡 요인으로 작용할 수 있다.

1980년대 시작된 인간게놈 프로젝트(Human Genome Project)조차도 백인(Caucasian) 남자의 유전정보 해독을 목표로 하였다. 의학에서도 남성이 인간을 대표하는 것으로 간주되었으며, 앞에서 언급했듯이 1990년대에 들어서야 여성의 몸과 건강에 대한 별도의 연구가 필요하다는 인식이 자리를 잡았다. 1997년부터 2000년까지 미국에서 건강에 치명적인 위험을 초래할 수 있다는 이유로 10종의 약에 판매 금지 조치가 내려졌는데, 이 중에서 4개는 여성들에게 더 위험하다고 한다(Schiebinger and Schraudner 2014: 102).

셋째, 실험 결과와 자료의 해석에도 알게 모르게 남성중심적 편견과 성 고정관념이 스며 있고, 특히 우리의 일상 언어가 미치는 영향이 크다는 사실이다. 근대적 생물 분류체계를 정립한 린네(Carl von Linné, 1707-1778)는 동물 분류에서 인간과 고등 척추동물을 묶어 포유류(Mammalia)라는 명칭으로 분류하였다. 이 명칭은 젖가슴 또는 젖꼭지를 의미하는 라틴어의 'mammae'에서 유래한 것이고, 'mamma'는 보통 어린애들이 엄마를 부르는 말이다. 얼핏 고등 동물의 대표적 특징으로 여성의 젖가슴을 꼽아서 여성을 존중한 것처럼 보인다. 하지만 다른 영장류 동물과 분리하여 '인간'을 지칭하는 데 사용한 'Homo sapiens'라는 명칭은 '지혜를 갖춘 남자'(man of wisdom)를 의미한다. 요컨대, 인간과 짐승을 하나의 부류로 함께 묶는 데는 여성의 신체적 특징을 사용한 반면, 동물과 분리된 인간만의 특수성은 지능과 이성, 즉 전통적으로 남성적이라고 여겨진 특징을 사용해서 명명한 것이다(Schiebinger 1995). 또 하나의 대표적인 사례는 생물학에서 인간의 수정 현상을 남성의 몸에서 나온 '능동적'(active)인 정자가 여성의 몸에 있는 '수동적'(passive)인 난자의 막을 '뚫고 들어가는'(penetrate) 과정으로 묘사한 것이다(Martin [1991] 1996).[8]

넷째, 과학기술의 인식론에 내재되어 있는 남성중심성의 문제이다. 대표적인 이론가로 켈러, 하딩(Sandra Harding), 해러웨이를 들 수 있으며, 과학기술 지식의 객관성과 가치중립성의 신화에 대한 비판을 주축으로 한다. 켈러에 의하면, 객관성이란 우리를 둘러싸고 있는 세계에 대해서 최대한 확실하고, 따라서 최대한 믿을 만한 이해를 추구하는 것인데, 그 종류가 두 가지로 구분된다. 즉, 주체와 객체의 분리를 전제로 하는 '정태적'(靜態的, static) 객관성과 주체와 객체의 연속성을 인정하고 주관적 경험을 지식 추구에 이용하는 '동태적'(動態的, dynamic) 객관성이다. 우리가 알고 있는 근대 과학의 객관성이란 정태적 객관성을 의미하고, 젠더 이데올로기와 밀접히 연결되어 있다. 켈러는 동태적 객관성이 과학의 남성중심성을 벗어나 온전한 지식을 얻을 수 있는 대안이며, 바버라 매클린톡이 바로 이런 동태적 객관성을 구현한 사례라고 한다(Keller 1985).

하딩은 과학지식사회학의 스트롱 프로그램의 관점을 도입하여, 기존 과학의 객관성은 남성중심적 편향을 보이는 '취약한(weak) 객관성'에 불과하다고 비판한다. '견고한(strong) 객관성'을 구축하기 위해서는 종래에 배제되고 억압받았던 '이방인'(strangers) 또는 지배집단과 '다른 편'(other side)의 관점을 도입해야만 하는데, 바로 젠더관계가 이 관점의 중요한 요인이라고 본다. 또한 지식의 주체와 객체를 똑같은 위치에 놓고 똑같이 비판적인 방식으로 그 관계를 검토하는 '탄탄한 성찰성'(robust reflexivity)이 필요하다고 한다. 하딩은 입장이론(standpoint)의 인식론과 방법론이 포스트식민주의(postcolonialism)와 젠더 연구를 통합하여 과학기술의 서구중심성과 남성중심성을 탈피할 대안을 제시할 수 있다고 본다(Harding 1991; [1993] 1995; 2014).

해러웨이는 '시각'(vision)의 이미지를 사용해서 '상황적 지식'(situated knowledge)이라는 개념으로 기존의 객관성에 대한 대안을 제시한다. 인간의 눈을 비롯해서 현대 과학기술이 만들어 낸 모든 종류의 시각적 도구들은 각기 독특하게 보는 방식이 있다고 한다. 시각은 주변의 세계에 대해 보이는 것을 수동적으로 받아들이지 않고, 무엇을 어떤 방식으로 볼지를 구성하는 능동적인 인지체계라는 것이다. 이렇게 제한된 시각으로 인하여 인간의 지식은 부분적(partial)이고 특정한 상황에만 해당될 수밖에 없고, 바로 이런 '상황적 지식'이 세계에 대해서 더 적실하고, 더 풍부하며, 더 나은 설명을 제공할 수 있다. 페미니스트 객관성이란 단적으로 이런 상황적 지식을 의미한다(Haraway [1988] 1995).

4. 젠더 관점의 과학기술 혁신을 향하여

페미니즘 운동과 이론은 여성들의 과학기술 진출 분야와 활동 영역, 권한과 영향력을 확대하는 데 기여하였다. 학문적 성과를 보면, 페미니스트 인식론이 과학기술에 대해서 근본적으로 새롭고 비판적인 관점을 제공하였고 영장류학, 고고학, 일부 생물학과 의학 등의 분야에서는 페미니스트 관점에 의해 방법론과 지식에 현저한 변화가 일어났다. 그러나 페미니스트 관점이 기존의 과학기술에 대한 비판에서는 성과를 거두었지만, 대안적인 지식이나 구체적인 연구 프로그램과 방법론을 정립하는 데까지는 이르지 못하고, 특히 소위 단단한(hard) 과학 또는 정밀(exact) 과학이라 불리는 수학이나 물리학, 화학 등에서는 성과를 내기가 어려웠다는 것이 1990년대까지의 일반적인 평가였다(Bug 2003; Conkey 2003; Gowaty 2003; Longino 2001; Schiebinger 1997; 2003).

쉬빈저는 실용적인 정책지향 집단, 페미니스트 이론가, 과학기술 전문가들 간의 소통 부족과 입장 차이 및 분열에서도 그 원인을 찾을 수 있다고 하였다. 실용적인 정책지향 집단은 과학기술 지식과 제도에 대한 근본적인 문제 제기 없이, 여성들의 참여 확대를 위한 교육, 고용, 승진 등의 기술적인 문제에 집중한다. 페미니스트 이론가들은 과학기술의 젠더화 문제를 극복할 구체적인 프로그램을 제시하는 데 취약하고, 더욱 정교하고 복잡한 이론과 방법론을 구축하는 데 힘쓰면서, 일부에서는 이런 '현실 응용' 작업을 경멸하기까지 한다. 특히 실제로 새로운 연구 프로그램을 통해서 대안적 과학기술의 창출을 담당해야 할 과학기술 전문가들 대부분이 페미니즘의 관점과 연구 성과에 익숙하지 못하다는 점이 중대한 걸림돌이 되었다(Schiebinger 1997: 202-203). 이런 비판과 함께 쉬빈저는 젠더분석을 위한 유용한 도구로서 ① 연구의 우선순위 선정과 결과, ② 연구 대상의 선정, ③ 제도적 배열, ④ 과학계와 가정의 문화, ⑤ 과학에서 사용되는 언어와 시각적 이미지, ⑥ 이론틀, ⑦ 과학에 대한 정의 등에 대해 분석하고 검토할 것을 제시하였다(Schiebinger 1997: 213-216; 1999: 186-190).

21세기에 들어서는 보다 적극적으로 과학기술 연구에서 젠더분석을 주류화(mainstreaming)하고 젠더분석을 통해서 새롭고 '더 우수한' 과학기술 지식을 창출하는 '젠더 혁신'(gendered innovations)으로 방향이 전환되고, 이에 대해 성과를 거두는 사례가 증가하고 있다. 세계보건기구(WHO)와 독일 등 유럽 여러 나라에서 연구의 시작 단계부터 젠더 요인을 고려하도록 하였고, 2009년 미국 스탠포드 대학에서 발족한 '과학, 의학, 공학 연구의 젠더 혁신' 프로젝트는 2011년부터 유럽연합 집행위원회(European Commission)와 협력하여 국제적인 프로젝트로 확대되었다. 젠더분석, 기초과학, 공학, 보건 및 의료, 정책, 기술 디자인 분야의 전문가들이 모여, 〈표 4-1〉과 같이 젠더 혁신을 위해서 실제로 적용할 수 있는 분석방법을 제시하였다(Schiebinger and Schraudner 2014: 102-104).

〈표 4-1〉 젠더분석방법

1. 연구 문제 정립과 디자인 구상
2. 연구의 우선순위와 사회적 결과분석
3. 연구 참여자의 성별분석
4. 젠더분석
5. 공변인(共變因, covariates)분석: 연령, 사회경제적 지위, 지역 등
6. 표본 추출(sampling)
7. 준거 모델(reference model)분석
8. 사회적 분업(물리적, 인지적)을 통해 창출된 지식분석
9. 참여적 연구
10. 언어와 시각 이미지에 대한 재고
11. 고정관념(stereotypes)에 대한 재고
12. 학문 분야에 대한 분석
13. 핵심 개념에 대한 재정의
14. 이론에 대한 재고
15. 의사결정 과정에 대한 재고

출처: Schiebinger and Schraudner 2014: 104

널리 알려진 젠더 혁신의 사례를 들자면, “여성의 기대를 충족하면 남성의 기대는 충족하고도 남는다”는 화두로 여성들이 리더십을 발휘해서 14개월의 단기간 내에 완성하고 2004년 세계 각지의 모터쇼에서 큰 성공을 거둔 볼보 자동차의 ‘당신의 콘셉트 카’(Your

Concept Car, YCC) 프로젝트가 있다. 운전석에서의 시야 확보, 쉽게 타고 내리기, 수납 공간 등 내부시설과 기기 조작의 용이성, 계기판의 편의성, 손쉬운 주차 등 남성보다 훨씬 더 다양하고 높은 수준의 품질을 원하는 여성 고객들의 요구를 고려하는 것은 결국 남성들에게도 더 좋은 품질의 자동차를 제공하는 결과를 낳는다(Temm 2008). 또 다른 예를 보자. 골다공증은 종래에 여성의 질병으로 알려져 왔고, 진단기준이 되는 모델은 폐경기 백인 여성이었다. 그러나 고관절 골절 환자의 1/3이 남성이고, 환자 중에는 남성의 사망률이 더 높다는 사실이 밝혀졌다. 최근 준거 모델에 대한 젠더분석(〈표 4-1〉의 분석방법 7)을 통해서, 진단기준에 남성이 포함되었다(Schiebinger and Schraudner 2014: 106).[9] 결국 젠더분석이 궁극적으로 지향하는 목표는 새로운 관점과 새로운 질문, 새로운 접근방식을 통해서 더 나은 과학기술을 만들고, 남성과 여성, 즉 인간의 삶의 질을 높이는 것이다.

5장 | 과학기술, 여성에게 좁은 문인가?

1. 여성 과학자, 왜 관심을 갖는가?

1999년 벽두부터 거의 2년에 걸쳐 매주 일요일 TV 드라마 〈카이스트〉가 인기리에 방영되었다. 낯설고 어려운 첨단과학기술 지식을 친근하게 전달하는 데 성공했다는 호평을 받았고, 과학기술 분야에 대한 사회적 관심을 불러일으키는 데 기여한 바도 컸다. 드라마 속에서는 전자공학과의 젊은 여성 교수(이휘향 분)가 주요 배역으로 등장하였다. 그러나 당시 실제 카이스트 캠퍼스에는 전자공학을 전공한 여성 교수가 없었고, 우리나라 전체에서도 전자공학 분야의 여성 교수는 거의 찾아보기 어려웠다. 우리나라 4년제 대학의 공학 교수 7,000여 명 중에서 여성은 50명 미만이고 전공 분야도 상당히 편중되어 있던 것이 21세기로 들어서는 시점의 현실이었다.

지난 10여 년간 상당한 변화가 일어났다. 과학기술 분야로 진출하는 여성의 수가 증가하고 전공 분야도 다양해졌으며, 여러 분야에서 지도자로 활약하는 여성 과학기술자들도 많아졌다. 우리나라 최초의 우주인 이소연 박사는 공학을 전공한 젊은 여성 과학자다. 국회의원 선거 때마다 주요 정당의 비례대표 후보 명단에 여성과학자들이 포함되었으며, 2012년 19대 국회의원 선거에서 여당인 새누리당은 비례대표 1순위의 상징적인 자리에 여성 과학자를 지명하였다. 과학기술 분야에서 여성의 지위에 대한 여성 과학기술자들 스스로의 문제의식이 높아지고 단체 활동이 활발해졌으며, 제도적 측면에서도 2002년에 '여성 과학기술인 육성 및 지원에 관한 법률'이 제정되고 다양한 지원 프로그램이 실시되었다.

과학기술 분야에 여성의 참여가 저조한 것은 비단 우리나라에만 국한된 현상은 아니다. 서양의 학자들은 역사적으로 자연과학이 군대 다음으로 가장 철저하고 체계적으로 여성을 배제했던 분야라고 한다(Harding 1986).

먼저, 명시적인 제도적 장벽과 차별을 살펴보자. 13세기부터 설립되기 시작하여 수백 년의 전통을 가진 영국의 옥스퍼드, 케임브리지, 프랑스의 소르본, 독일 하이델베르크, 이탈리아의 볼로냐, 그리고 17세기부터 뒤늦게 출발한 미국의 하버드, 예일 등 서양의 대학에서 여성의 입학은 허용되지 않았다. 케임브리지를 졸업하고 교수로 지낸 아이작 뉴턴 같은 남성 과학자들과는 달리, 지금까지 발굴된 19세기까지의 여성 과학자들은 하나같이 아버지나 오빠가 과학자, 지식인이어서 집안에서 교육을 받은 여성들이었다. 여성에게는 과학자가 되는 데 필요한 고등교육의 기회가 원천적으로 막혀 있었던 것이다. 19세기 후반에야 비로소 유럽과 미국에서는 일부 대학이 별도의 시설을 마련하여 소수 여성의 입학을 허용하거나, 별도로 여자 대학이 설립되었다.[1] 당시 여성에게 주어진 대학교육의 주된 목표는 '현모양처'였다. 자녀를 건강하게 양육하고 훈육하며 남편을 내조하기 위해서는, 장차 어머니이자 아내가 될 젊은 여성들이 교육을 받아 위생과 영양, 육아에 대한 지식을 갖추어야 한다는 것이었다.

여성들이 겨우 대학에 입학할 수 있게 된 19세기 말, 과학자가 되기 위한 교육과 훈련 과정에 중요한 변화가 일어났다. 대학원 과정이 체계화되면서 과학기술자가 고도로 전문직화(professionalization)되고, 곧이어 대학원 과정이 고급 과학기술자 훈련의 필수 과정으로 요구되기 시작하였다. 학사학위에 더해서 석박사학위가 과학자로서 중요한 자격이 된 것이다. 그런데 여성은 다시 대학원 입학을 거부당함으로써, 고도의 훈련을 받은 과학자가 될 기회를 잃게 되었다.

여성들이 대학이나 대학원에 진학할 기회를 제도적으로 봉쇄하는 조치가 없어진 이후에도, 여성들에게 고등교육의 기회, 특히 엘리트 교육 기관에서 수학할 기회는 완전히 열리지 않았다. 〈그림 5-1〉의 신문기사에 의하면, 미국 하버드 대학에서는 1961년 기혼녀라는 이유로 여성의 대학원 입학을 거부하였다. 그 이유인즉 여학생은 똑똑해도 결혼하면 학업을 지속하는 데 어려움을 느끼기 때문에 결국 공부에 들이는 시간과 노력은 낭비가 되어 버린다는 것

하버드 입학 퇴짜 반박 … 70대 할머니 52년 만의 답장

기혼녀란 이유로 불허한 교수에
"아이 셋 낳고 글 쓰는 일도 성공
당신보다 편협했던 시대 탓"

음식 칼럼니스트 필리스 리치먼(74·사진)은 1961년 하버드 디자인대학원 도시계획학과에 입학 원서를 냈다가 거부당했다. 기혼녀라는 이유에서다. 당시 입학 심사를 맡은 윌리엄 도벨레 교수는 리치먼에게 보낸 편지에서 "똑똑한 학생조차 결혼하면 학과 공부를 지속하는 데 어려움을 느끼고, 공부에 들이는 시간과 노력을 낭비라고 생각한다"며 "어떻게 공부와 남편·가정에 대한 책임을 양립시킬 수 있을지 구체적 계획을 제출하라"고 말했다. 이 편지를 받고 리치먼은 하버드 입학을 포기했다.

그는 52년 만에 워싱턴포스트(WP) 7일자 칼럼을 통해 도벨레 교수에게 답장을 썼다. 그는 "당시 너무 겁을 먹어 교수의 말에 반박할 수 없었다"며 "1960년대 여성의 사회 진출은 제한이 많았다"고 회상했다. 그리고 "(당신의) 편지를 받기 전에는 결혼이 하버드 입학이나 경력에 방해가 될 줄 몰랐기 때문에 굉장히 낙담했다"며 "하지만 이제 두 번의 결혼을 통해 세 명의 아이를 낳았고, 글 쓰는 일을 성공적으로 하고 있으니 단도직입적으로 당신의 우려에 대해 답하겠다"고 썼다.

칼럼니스트의 길을 걷게 된 계기에 대해서도 썼다. "아이를 기르면서 비교적 자유롭게 일할 수 있는 게 글 쓰는 일"이었다는 것이다.

리치먼은 "나와 동시대를 살았던 많은 여성은 여러 장벽에 맞서야 했다"며 "그럼에도 가정과 학업의 균형을 어떻게 맞출 수 있을지 결정하는 것은 나의 몫이어야 했다"고 강조했다. 이어 "이제는 당신도 열린 마음이 되었을 것이라 생각한다"며 "문제는 당신이 아닌 시대의 편협했던 틀"이라고 지적했다. 리치먼은 76년부터 WP의 첫 여성 음식 칼럼니스트로 활동하다 2000년 은퇴했다. 은퇴 뒤 『워싱턴포스트 다이닝 가이드』 등 음식 서적을 출간하는 등 왕성하게 활동하고 있다.

채승기 기자 che@joongang.co.kr

〈그림 5-1〉 하버드 입학 퇴짜 … 70대 할머니 52년 만의 답장
출처: 「중앙일보」 2013년 6월 11일, 21면.

이었고, "공부와 남편, 가정에 대한 책임을 양립"할 수 있을지 구체적인 계획을 제출할 것을 요구받았다. 여성들에게 대학교육이 허용된 지 1세기가 지난 후에도 여성들의 대학원 입학에 장벽이 존재했음을 적나라하게 보여 주는 사례다.

일부 여성들이 탁월한 능력과 지혜, 굳은 의지로 힘겹게 장벽을 넘어 고등교육 과정을 마친다 하더라도 과학기술 분야의 전문직에 취업하고 성공할 수 있는 기회는 지극히 제한적이었다. 과학기술이 전문직으로 정착되는 과정에서, 제도적으로 여성의 대학원 입학을 막아 놓은 채 박사학위 소지자가 아니라거나 또는 학위를 취득해도 여성을 고용한 전례가 없다는 이유로 여성의 진출과 승진을 막았기 때문이다. 여성 과학자들은 직업적 성취와 출세 가도를 활보하

〈그림 5-2〉 퀴리 일가, 노벨상 수상자 3인의 사진[2]
마리 퀴리(1903년 물리학상, 1911년 화학상), 딸 이렌느 퀴리(1935년 화학상),
남편 피에르 퀴리(1903년 물리학상)
출처: wikipedia

는 남성 과학자들의 그늘에서, 눈에 띄지 않는 하급보조직에 머무를 수밖에 없었다. 미국의 여성 과학자들에 대해 역사적으로 분석한 로시터의 역작(Rossiter 1982)에 의하면 미국 사회, 특히 대학 교수들은 여성을 교육하는 데는 그래도 나았지만 여성을 채용하는 데는 훨씬 더 부정적이었고, 예외적으로 특출한 극소수의 여성을 제외하면 여성 과학도에게 경력개발이나 승진은 언감생심이었다고 한다.

그 유명한 마리 퀴리의 일화는 과학기술 분야에서 여성에 대한 차별과 배제가 얼마나 완강했는지를 단적으로 말해 준다(〈그림 5-2〉 참조).[3] 1910년 유서 깊은 프랑스 과학학술원(Académie des Sciences)

의 정회원으로 그녀를 추대하자는 움직임이 있었다. 그녀는 이미 1903년 3인 공동의 노벨 물리학상을 수상했고, 다시 1911년 단독 노벨 화학상을 기다리고 있던 참이었다. 그러나 두 차례의 노벨상 수상이라는 초유의 영예를 안게 된 그녀임에도 불구하고, 우여곡절 끝의 표결에서 1911년 1월 23일 1표 차이로 과학학술원 입성에 좌절하고 만다.[4] (프랑스 과학학술원은 이후 68년이 지난 1979년에야 비로소 최초의 여성 회원을 받아들였다.) 또, 마리 퀴리가 당시 소르본 대학의 최초이자 유일한 여성 교수였다고 하지만, 엄밀히 말하면 그녀의 남편인 피에르 퀴리가 1906년 사망하고 나서야 남편의 물리학 교수직을 이어받게 된 것이었다. 노벨상을 받은 후에도 소르본 대학은 마리 퀴리에게 개인 연구실을 마련해 주기를 거부하다가, 1906년 남편이 부인과 함께 스위스 취리히 대학으로 옮기겠다는 계획을 알린 후에야 겨우 실험실을 제공하였고, 노벨상을 받은 연후에야 비로소 당시 대학 교수의 30년 치 연봉(미화 4만 달러)에 상당하던 그 상금으로 처음으로 조수를 고용할 수 있었다고 한다(McGrayne 1998: 11-36). 오직 여성이라는 이유에서였다.[5]

우리나라의 상황은 어떠했을까? 한국에서는 1945년 해방 이후 여성의 교육 기회에 대한 공식적 제한이 철폐되고 모든 대학에 여성의 입학이 허용되었다. 1951년 서울대학교는 최초로 자연과학 전공의 여성 졸업생 5명을 배출하였다. 이에 앞서, 숙명여대의 전신인 숙명여전에 1945년 기초자연과학과가 설치되어 1947년과

1948년에 25명의 졸업생이 배출되었고, 이들 졸업생 중 소수는 서울대학교 문리과대학으로 진학하여 최초의 여성 이학사학위를 수여받게 되었다(박영자 1983: 197). 여자 대학으로는 이화여대가 최초로 1951년 사범대학에 과학교육과를 설치하였다.[6] 여자 대학들에서는 이공계 전공의 비중이 적었고, 이공계는 대체로 수학, 화학, 생물학, 물리학, 통계학 등의 자연과학과 전산학 분야의 학과들이 설치되었다. 공과대학 역시 여대 최초로 이화여대에 설치되어 1996년부터 신입생을 모집하기 시작하였다(윤정로 2000: 302-303).

그러면 우리나라에서 여성들이 과학기술 분야로 진출하는 데 불리한 제도적 차별은 없었을까? 과학기술 분야의 대표적인 대학인 KAIST의 학사 과정 신입생 중 여학생 비율의 추이는 매우 흥미롭다. 1990년에는 5.5%에 불과했던 여학생 비율이 1991년에는 갑자기 14.4%로 뛰어올랐다. 무슨 이유일까? 당시 KAIST 학부 신입생 다수가 과학고등학교 졸업생, 정확히는 2학년을 마치고 대학에 조기 진학하는 학생들이었다. 최초의 과학고등학교로 1983년부터 신입생을 모집한 경기과학고등학교는 설립 초기에 여학생에게 입학을 허용하지 않다가, 1988년부터 남녀공학으로 전환되었다. 다른 과학고등학교들은 1989년에 남녀공학으로 전환되었다. 따라서 모든 과학고등학교에서 여학생의 입학이 허용된 1989년으로부터 2년 후인 1991년에 KAIST 신입생 중 여학생의 비율이 급격히 증가하게 된 것이다. 마찬가지로 1991년 학부 신입생들이 졸업하는

1995년에는 석사 과정 신입생의 여학생 비율이 11.0%로, 전년도의 6.6%에 비해 대폭 상승한다. 또 2년 후 석사 과정을 마친 여학생들이 박사 과정에 입학하면서, 1997년 박사 과정 신입생 중 여학생 비율이 전년도의 5.0%에서 8.5%로 상승하는 연쇄반응을 보이고 있다.

1980년대에는 교복 자율화, 남녀공학 고등학교의 신설 및 전환이 진행되는 추세였고 남녀 간 고등학교 진학률도 별 차이가 나지 않았는데, 왜 과학고등학교는 남자 고등학교로 만들었을까? 물론 기숙사 생활을 한다는 점에서 과학고등학교를 남녀공학으로 하기는 어려웠다고 볼 수 있다. 그렇다면, 남자 과학고등학교를 만들면서, 왜 여자 과학고등학교는 설립하지 않았을까?

제도적 장벽 이외에 여성의 진출을 가로막는 요인은 바로 과학기술 분야가 남성의 영역, 남성에게 적합한 영역이라는 고정관념이다. 이것은 유아기부터 이루어지는 성 역할의 사회화 과정과 관련이 있다. 예를 들면, 어려서부터 남자 어린이는 자동차와 총, 여자 어린이는 인형과 소꿉놀이 세트를 선물로 받는다. 또 아들은 아버지의 컴퓨터 수리, 딸은 엄마의 설거지 돕기를 기대한다. 대중매체에 등장하고, 우리가 아는 유명한 과학자들은 거의 남성이다. 학교에서 남학생들은 주위 친구들로부터 컴퓨터와 자동차 운전을 배워야 한다는 압력을 더 많이 받는다. 이처럼 부모와 가족, 학교, 대중매체, 또래집단이 여성보다는 남성이 과학기술에 더 친숙해지도록 만드는 데 영향을 미친다.

이런 고정관념은 과학기술 분야에 종사하는 여성들의 전공 분포에서도 드러난다. 예전부터 생물학이나 화학이 텃밭이나 정원 가꾸기, 식품 가공, 요리 등의 집안일과 관련이 있다는 인식 때문에, 물리학이나 수학에 비해 여성에게 적합한 분야로 간주되어 왔다. 또한 여성은 남성보다 신체적으로 약하고 섬세하며, 정적(靜的)이고 감성적이기 때문에, 실험실에서의 정밀한 실험과 분석 작업이 많은 생물학이나 화학이 여성의 '적성'에 맞는다는 관념이 널리 퍼져 있다. 특히 여성과 기계가 어울리지 않는다는 고정관념은 여성의 공학 분야 진출에 큰 걸림돌이 된 요인으로 지목된다(윤정로 2000: 298-299, 324-325).

역사적으로 여성에 대한 차별과 배제는 과학이 표방하는 객관성과 합리성, 그리고 '보편주의'(universalism)의 이념에 위배되는 가장 명백한 증거가 되었다. 그러나 1960년대 이후 서구에서는 과학기술 분야의 저조한 여성 진출 문제가 사회적 쟁점으로 주목을 받게 되었고, 이 문제를 개선하기 위해서 여성들뿐만 아니라 국가적, 그리고 국제적인 차원에서 노력을 기울여 왔다.

흑인 민권운동으로 시작된 미국의 학생운동은 1964년 민권법 제정이라는 성과를 거두게 되자, 미군의 베트남전 개입에 대한 반전(反戰)운동으로 방향이 전환되어 군대 징집 문제를 표적으로 삼았다. 여성들은 징집 대상에서 제외되기 때문에, 반전운동에서는 여성들이 주변화될 수밖에 없었다. 민권운동에 적극적이었던 여성들이 반전운동에서 주변화되어 이제 여성 자신의 문제로 관심을 돌리게 되면서, 여성운동에도 불이 붙기 시작하였다.

다른 한편, 1960년대에 들어서 대학에 진학하는 여성, 그리고 과학기술 분야로 진출하는 여성의 수가 급격히 증가하였다. 미국 국립과학재단의 『전국 과학기술자 명부』에 수록된 여성의 숫자가 1960년에서 1970년 사이에 13,551명에서 2배 이상인 29,293명으로 증가하고, 비율도 6.7%에서 9.4%로 증가하였다(윤정로 2000: 280). 당시 여성 과학기술자들은 대부분 교육 기관에 종사하였는데, 문제는 대학의 여성 과학자 대다수가 강사(lecturer), 보조 연구원(research associate), 연구 조수(research assistant) 등의 저임금 임시직에 있었다는 것이다.

미국의 여성 과학자들은 인원수의 증가와 함께, 여성운동의 물결 속에서 사회적 변화의 가능성에 고무되었다. 이들은 자발적으로 조직을 만들고, 여성 과학자에 대한 자료 수집과 보고서 작성, 의식화 활동과 집회, 탄원서 제출과 시위, 법정 투쟁 등 다양한 수단을 동원하여 과학기술계의 뿌리 깊은 여성 배제와 차별을 시정하고자 하였다. 특히 1970년대에 들어 시작된 집단 손해배상(class action) 소송은 위력적이었다. 대학의 여성차별적 고용관행은 계약 당사자에 대한 인종 및 여성 차별을 금지한 연방정부의 행정조례를 위반한 것이고, 무려 250개 대학이 이에 해당된다는 것이었다. 연방정부는 신속히 하버드 대학 등에 특별조사단을 파견하였고, 재정의 상당

부분을 연방정부의 지원에 의존하던 대학들로서는 이 문제를 더 이상 수수방관할 수가 없었다.

1972년 미국에서 여성의 참정권 투쟁 이후 또 하나의 법률적인 혁명이 이루어지게 되었다. 역사적인 '남녀평등 헌법 수정안'(Equal Rights Amendment)이 통과됨과 동시에, 여성의 교육과 고용의 평등권을 명시한 '교육법 수정안'과 '고용기회평등법'이 함께 제정된 것이다. 이때부터 법적·제도적 차별 폐지를 위한 노력과 함께, 유능한 여성들을 과학기술 분야로 유인하기 위한 정부와 민간 부문의 적극적 개입 프로그램들이 가동되기 시작하였다. 미국은 계속해서 1980년 '과학기술 기회균등법'을 제정하고 1982년부터 국립과학재단에서 여성 과학기술인력에 대한 통계를 작성하기 시작하였다. 1990년 '수학·과학·공학교육의 수월성법'과 1992년 '고등교육법 수정안' 등 여성들의 과학기술 분야 교육과 고용을 촉진하고 지원하는 법률을 잇달아 제정하였으며, 1990년 국가연구위원회(National Research Council) 산하에 여성과학·공학인력위원회(Committee on Women in Science and Engineering)를 상설기구로 설치하여 정책대안을 제시하고 매년 그 성과를 평가하도록 하였다(Rossiter 1995; Chamberlain 1988; National Research Council 1991).

미국과 동시에 유럽의 여러 나라에서도 여성운동이 태동하고 경제 활동 참여율이 높아지면서, 여성의 과학기술계 진출 문제가 사회적 관심사로 부상하였다. 1960년대에 들어 과학기술 분야에서 유럽이 미국에 뒤떨어질 뿐만 아니라 그 격차가 확대되고 있다는 우려가 커지면서, 과학기술 정책과 인력 문제에 대한 관심이 높아졌다. 정책적으로 여성 노동력의 관리가 중요해지는 가운데, 전문직으로서 여성 과학기술인력에 대한 관심이 높아진 것이다. 소련과 동구권에서는 노동시장 전반에 걸쳐 여성의 참여율을 높이려는 정책 목표 속에서, 1970년대부터 전문직 여성에 대한 관심의 일환으로 여성 과학자에 대해서 사회적 관심을 기울이기 시작하였다. 소련에서는 1980년대 말 페레스트로이카가 진행되면서, 과학기술계의 주요 보직에 선출제가 도입되고 여성의 고위직 진출이 확대되었으며, 과학학술원에서는 여성 관련 문제를 산하 연구 기관들의 주요 연구 과제에 포함시키는 조치를 취하였다(Stolte-Heiskanen 1991).

유엔 산하 기관인 유네스코(UNESCO, 교육과학문화기구)는 1980년대 초부터 연구 활동과 국제회의 지원을 통해서 회원국들에 대해 과학기술 분야의 여성 진출과 평등한 참여를 촉진하는 정책을 권고하였다. 1999년 국제과학연맹(International Council for Science)과 공동 주최한 세계과학회의(World Conference on Science)의 주제는 '과학기술에서의 여성의 주류화'였다. 개발도상국들도 전반적인 사회발전 프로그램의 일환으로 여성의 과학기술계 진출 문제에 관심을 쏟았으며, 1988년에는 아프리카, 아랍, 중남미, 아시아 개발도상국의 여성 과학기술자에 대한 대규모 학술회의가 국제 민간 기구인 제3세계 과학학술원과 캐나다 국제개발처의 공동 주최로 열렸다(Faruqui, Hassan

and Sandri 1988).

우리나라에서는 1990년대 들어서야 여성의 과학기술계 진출 문제에 대한 관심이 싹트고, 여성 과학자들에 의해 인력의 양성과 활용에 관련된 소수의 정책 연구가 시도되었다(김명자 외 1995; 김정자 외 1998; 모혜정 외 1995; 박영자 외 1991). 출발은 늦었지만, 1990년대 말부터 과학기술인력에 대한 사회적 관심이 고조되면서, 여성 과학기술자들에 대해서도 다양한 지원 프로그램들이 도입되고 2002년에는 '여성 과학기술인 육성 및 지원에 관한 법률'이 제정되었다. 그러나 최근의 개선 노력에도 불구하고, 우리나라에서 과학기술 분야의 여성 참여는 여전히 저조하고, 국제적으로도 하위권에 머물러 있는 현실이다.

그러면, 여성들의 과학기술 분야 진출에 관심을 기울여야 하는 이유가 어디에 있을까? 첫 번째는 물론 여성의 사회적 지위 향상과 성별 불평등을 해소하기 위해서이다. 여성의 지위 향상을 위해서는 사회적 위신과 영향력이 있는 전문직에 여성의 진출이 활성화되어야 하고, 과학기술이 이런 전문직이라는 사실은 두말할 나위 없다. 특히 과학기술 지식을 매개로 엄청난 부와 고용이 창출되는 오늘날의 지식기반 경제에서는 과학기술 분야가 여성의 사회참여와 지위 향상에 관건이 되는 전략적 요충지이다.

두 번째 이유는 우수한 과학기술인력의 충원기반을 확대하기 위해서이다. 지식기반 경제가 진전될수록 중요성이 커지는 과학기술 혁신역량의 제고와 우수한 과학기술인력의 확보에 있어, 여성인력은 아직 캐내지 않은 금맥이라 할 수 있다. 여성의 과학기술계 진출과 참여가 대폭 확대되었음에도 불구하고, 1990년대에 들어 국가경쟁력과 성장동력의 근간으로서 기술 혁신과 우수한 과학기술 인재 육성을 중시하게 되면서 더욱 적극적이고 체계적인 여성 과학기술 인력 육성정책을 추진하고 있는 미국과 유럽 여러 나라들의 사례는 시사하는 바가 크다. 한국 정부의 관심도 주로 이런 이유를 근거로 한다. '여성 과학기술인 육성 및 지원에 관한 법률'의 제정 당시 밝힌 목표는 여성 과학기술인의 활용을 확대함으로써 국가 과학기술 역량을 높이는 데 이바지하는 것이었다. 이 법의 모태가 되는 '과학기술기본법'에서도 여성 과학기술인 양성과 활용을 위한 정부의 역할을 강조하면서, 그 목적은 국가 과학기술 역량을 높이기 위한 것이라고 명시하였다.

세 번째, 그리고 가장 중요한 이유는 바람직한 과학기술의 발전을 위해서이다. 사회구성론의 관점에서 보면, 과학기술의 발전과 활용방식, 파급효과는 누가 어떤 시각에서 무슨 이해관계에 따라 어떤 과정에 관여하는가에 따라 달라질 가능성이 열려 있다. 근대 과학기술은 압도적으로 '남성의, 남성에 의한, 남성을 위한' 과학기술로 발전되었다. 종래 과학기술 분야에서 소외되었던 여성들의 적극적인 참여는 과학기술에 새로운 시각을 불어넣어 과학기술의 영역을 확장하고 삶의 질을 높이는 방향으로 유도하는 촉매가 될 수 있다(윤정로 2000: 274-283).

2. 한국의 여성 과학자, 과거와 현재

우리가 알고 있는 여성 과학자는 누가 있을까? 한국에서 활동하고 있는 여성 과학자는 얼마나 될까? 앞에서 살펴보았듯이, 근대 과학기술 분야에서는 남성이 압도적으로 많이 활동하고, 여성 과학자는 희귀한 존재로 간주되어 왔다. 동서양을 막론하고 과학기술 분야에서 여성의 위상에 관하여 세 가지 현상이 공통적으로 나타난다. 첫째는, 과소대표 현상이다. 과소대표란 여성의 인구 비율인 50%에 비해서 과학기술자 중 여성 비율은 50%를 밑도는 현상이다. 과학기술 분야는 다른 분야에 비해서 상대적으로 그 정도가 더 심하다고 하는데, 〈표 5-1〉에서 보이듯이 국가별로 상당한 차이가 있다. 특히 엘리트층에서는 여성의 과소대표가 극심하다. 1901년 시작부터 2000년까지 100년간의 과학 분야 노벨상 수상자 480여 명 중 여성은 10명, 2% 정도에 불과하다(Feldman 2000: 367-388, 403).

둘째, '누수관'(leaky pipeline) 현상인데, 이것은 과학기술자로서의 교육과 경력개발 과정을 거치면서, 곳곳에 구멍이 뚫려 물이 새는 수도관처럼 고비마다 여성들이 계속 빠져나감으로써, 〈그림 5-3〉과 같이 활동하는 여성 과학기술자의 수가 점점 줄어든다는 것이다. 남성보다 여성 이탈자가 훨씬 더 많고, 여성에게 결혼과 출산은 이탈의 위험이 대단히 높은 고비가 된다.

셋째, '가위' 현상이다. 결국 경력이 쌓이고 직급이 높아질수록, 남

〈표 5-1〉 국가별 여성 연구원의 비율, 2003-2011년[1]

(단위 %)

	2003년	2005년	2007년	2009년	2011년
포르투갈	44.3	44.4	43.4	45.8	
슬로바키아	40.6	41.5	42.3	42.5	42.6
에스토니아		40.8	44.3	42.5	43.7
폴란드	39.3	39.3	39.9	39.5	38.6
스페인	36.3	36.7	37.0	38.1	
영국		35.7[2]	36.8[2]	37.9[2]	
터키	35.9	36.1	36.7	36.3	35.6
스웨덴		35.8	35.1	35.7	
슬로베니아	32.2	34.8	34.9	35.7	36.4
노르웨이	29.3	31.6	33.5	35.2	36.2
이탈리아	29.3	32.3	33.2	33.8	
아일랜드	30.2	30.3	32.0[2]	33.3[2]	32.4
벨기에	28.1	29.6	31.1	32.7	
헝가리	35.1	34.2	33.5	32.1	31.8
핀란드	29.8	30.2	31.5	31.4	32.1
덴마크	28.1	29.7	30.2	31.0	
체코	28.3	28.8	28.3	28.9	28.2
프랑스	27.8	28.0	27.8	26.9	
네덜란드	19.0	21.0	23.0	25.9	
독일	19.5	21.3	23.2	24.9	
룩셈부르크	17.4[2]	18.2	24.1[2]	21.2	
한국	11.4	12.9	14.9	15.8	17.3
일본	11.6	11.9	13.0	13.6	14.0

출처: Main Science and Technology Indicators, OECD Science, Technology and R&D Statistics (http://stats.oecd.org, 2013년 10월 27일).

주: 1) 국가별 주석은 http://www.oecd.org/dataoecd/21/22/49501885.pdf에서 이용 가능함.
2) OECD 기준에 따라 필요시 조정된 국가 추정치.

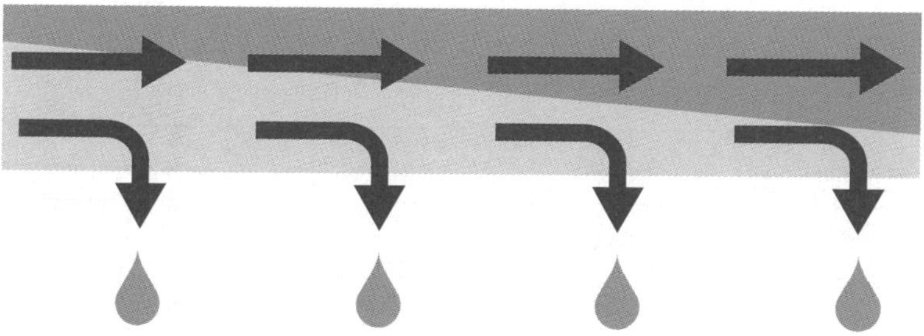

〈그림 5-3〉 여성 과학기술자의 누수관 현상
출처: European Commission 2009

성의 비율이 증가하고 여성의 비율이 감소하는데, 이 현상을 그래프로 그리면 〈그림 5-4〉 같이 양날이 엇갈리는 가위의 형태가 된다(European Commission 2009).

우리나라에서 이 세 가지 현상이 어떻게 나타나는지 살펴보자. 우선, 과소대표에 있어서, 앞서 제시한 〈표 5-1〉에서 보듯이 우리나라는 국제 비교에서 최하위 수준이다. 2011년 12월 31일 기준으로 실시된 실태 조사 결과에 의하면,[7] 우리나라 과학기술 분야의 여성 연구원은 37,688명으로 전체 연구원 217,617명 중 17.4%의 비율을 차지하고 있다. 그중에서도 정규직에서는 여성의 비율이 11.2%에 불과한 반면 비정규직에서는 31.2%를 차지하여, 대부분의 여성 연구원이 비정규직에 몰려 있음을 알 수 있다. 또한 여성 연구원의 비율이 공공 연구 기관에서는 20.4%, 민간 기업 연구 기관 10.9%,

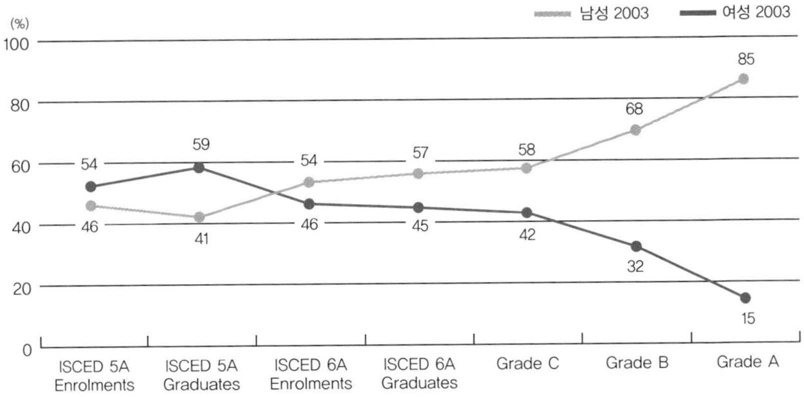

〈그림 5-4〉 EU 25개국 대학의 학생과 교원의 남녀 비율, 1999-2003

출처: European Commission 2009

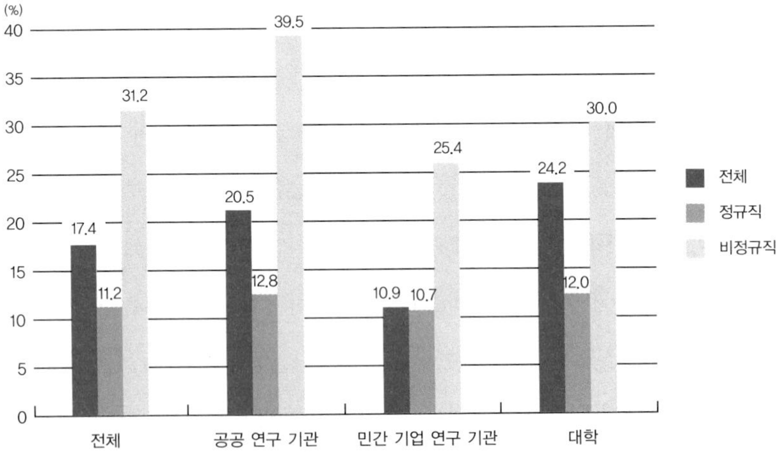

〈그림 5-5〉 과학기술 분야 여성 연구원 비율, 2011년

출처: 「2012 여성과학기술인력 실태조사 보고서」

대학 24.2%로 기관의 특성에 따라 현저한 차이가 있다. 2008년과 비교해 보면, 여성의 비율이 전체 연구원 중에는 17.4%로 동일하였고, 정규직에 10.4%, 비정규직 32%, 기관별로는 공공 연구 기관 19.8%, 민간 기업 연구 기관 9.8%, 대학 24.4%로서, 정규직과 공공 및 민간 기업 연구 기관에서 여성의 비율 상승이 1% 포인트 미만으로 3년간 큰 변화가 일어나지 않았음을 알 수 있다(〈그림 5-5〉 참조).

우리나라 학술원의 구성을 살펴보면, 엘리트 과학자들 중에서 여성의 극심한 과소대표 현상이 극명하게 드러난다. 인문사회계와 자연계로 구분하여 회원을 선임하는 학술원의 역대 회원은 2013년까지의 회원을 포함하여 인문사회계 198명, 자연계 183명이다. 이 중에서 여성은 3명이며, 2명이 자연과학자이다. 2013년도의 회원은 인문사회계 73명, 자연계 72명으로 총 145명인데, 여성은 자연계의 단 1명뿐이었다. 2015년 11월 인문사회계에서 여성이 1명 선임되었지만, 앞서 언급한 노벨상 수상자 중 여성의 비율 2%에도 미치지 못하는 수치이다(윤정로 2009; http://nas.go.kr/, 2013년 11월 10일, 2015년 12월 6일).

'누수관'과 '가위' 현상에 대해서는, 〈그림 5-6〉과 〈그림 5-7〉을 보자. 그림에서는 자연과학과 공학 분야를 구분해서 대학에 초점을 맞추어, 학부 입학부터 전임 교수까지 각 단계별로 여성의 비율을 나타냈다. 공학에 비해 자연과학 분야에서 누수 현상이 훨씬 심각한데, 특이하게도 자연과학 분야의 학부생은 남학생보다 여학생이 더 많다는 것이다. 이것은 우리나라 학생들의 대학 진학률이

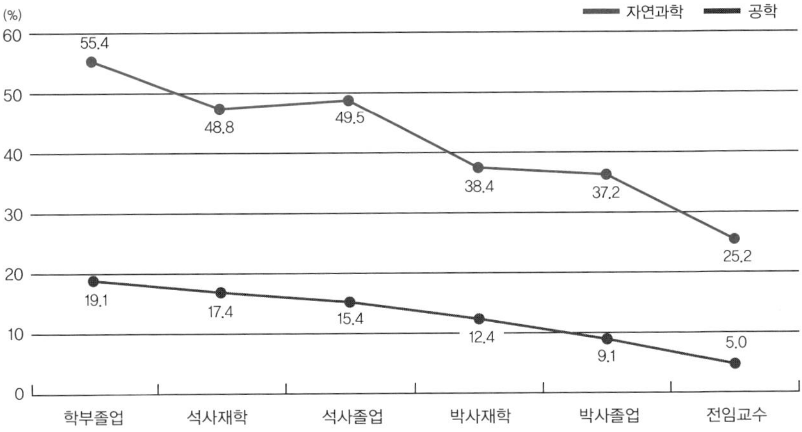

〈그림 5-6〉 우리나라 대학의 과학기술 분야 여성 비율, 2011년

출처: 「2012 여성과학기술인력 실태조사 보고서」; http://cesi.kedi.re.kr(2013년 10월 27일).

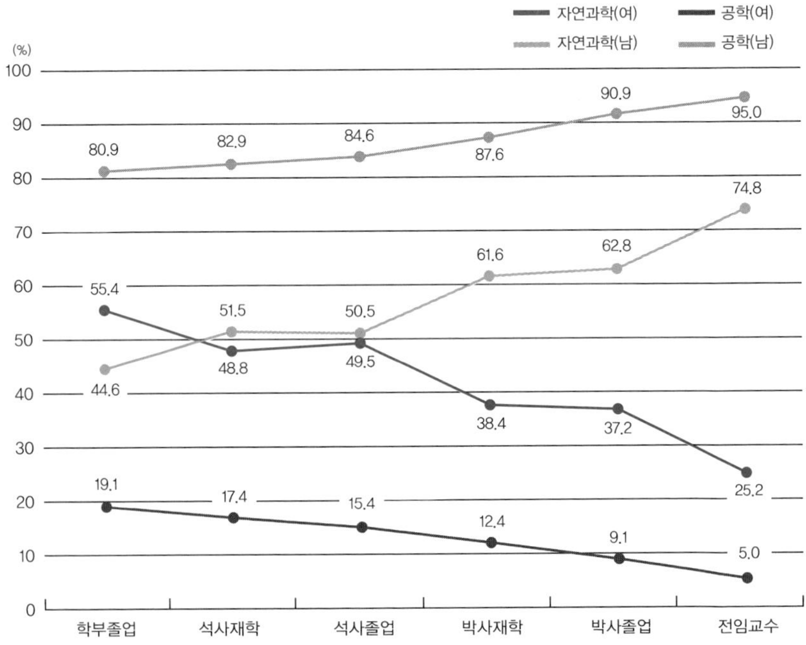

〈그림 5-7〉 우리나라 대학의 과학기술 분야 남녀 구성 비율, 2011년

출처: 「2012 여성과학기술인력 실태조사」; http://cesi.kedi.re.kr(2013년 10월 27일).

80% 이상이고, 여학생들이 사범대학 등의 자연과학 계열 학과에 많이 진학하기 때문인 것으로 보인다. 공학 분야는 아직도 두 개의 선이 만나 가위의 모습이 그려질 수 없을 만큼, 학부생부터 시작해서 교육 수준이 높아지고 경력이 쌓일수록 계속 여성의 비율이 낮아진다.

우리나라 여성 과학기술자들에 대해서 역사적으로 살펴보자. 서양의 근대과학이 도입되기 전에도 여성 과학자가 있었을까? 드라마 〈대장금〉의 주인공 장금은 조선 시대의 여성 과학자인가? 우리나라 과학기술 명예의 전당에 오른 유일한 여성으로, 미국에서 교육을 받고 의사가 된 김점동(박에스더)이 우리나라 최초의 여성 과학자인가? 조선 시대 의녀들은 보통 처방을 내리지 않았지만, 장금은 의관들과 상의하여 처방을 내렸다는 기록으로 보아 상당한 수준의 의학 지식을 갖춘 것으로 보이고, 조선 시대에 편찬된 일종의 여성용 백과사전인 『규합총서』의 저자 빙허각 이씨(1759-1824)도 당시로서 높은 수준의 과학 지식을 갖추었다고 한다. 김점동도 의사로서 진료 활동을 하였지만 연구를 수행한 기록은 없다.[8]

1945년 해방 당시, 국내에 거주하는 우리나라 여성 중에서 과학기술 분야의 학사학위를 취득한 여성은 2명 정도에 불과하였다.[9] 일본 홋카이도 제국대학에서 식물학 전공으로 1943년 졸업한 김삼순(1909-2001), 히로시마 대학에서 수학 전공으로 1944년 졸업한 홍임식이었다. 김삼순은 국내에서 균학(菌學) 전문가로 왕성한 연구

〈그림 5-8〉 한국 최초의 학술원 자연계 여성 회원, 김삼순
출처: 경기여고 동창회보

활동을 전개하여, 과학 분야 최초의 여성 학술원 회원으로 선임되었다(〈그림 5-8〉).[10] 일제 시대의 교육제도는 초등교육을 제외하고는 남녀가 철저히 구분되었으며, 유일한 4년제 대학인 경성제국대학에는 여학생의 입학이 허용되지 않았다. 여성의 고등교육 기회는 2년제 여자 전문학교에 한정되어 있었다. 일본에서도 여성의 고등교육 기회는 중등학교 교사 양성과 일부 사립대학에 국한되었다. 국립대학인 제국대학에는 여성의 입학이 허용되지 않다가, 1930년대 말에야 허용되었다.

1962년 출판된 『한국박사록』(정철 1962)에는 의학박사와 명예박사를 제외하고 해방 후에 박사학위를 받은 여성이 약학 2명, 화학 3명으로 총 5명이 수록되어 있는데, 이들은 모두 1960년 이후에 박사학위를 받은 것으로 되어 있다. 약학은 프랑스와 독일, 화학은 모두 미국에서 박사학위를 받았는데, 유럽에서 유학한 약학 전공자들은 귀국해서 대학 교수로 활동했지만, 화학 전공의 미국 유학생들은 모두 미국에서 활동하였다. 초기 여성 유학생들의 귀국 여부에는 국내에서의 활동 가능성에 대한 전망도 중요한 변수가 되었을 것이다(윤정로 2009).

1971년도 과학기술처에서 실시한 「과학기술계 인력 자원 조사」 결과에 의하면, 전국 대학의 이공계 분야 교수 중에서 여성은 18명으로 1.6%를 차지하였는데, 전원이 자연과학 분야였고, 공학 분야에서는 여성 교수가 전무하였다. 자연과학 분야에서는 여성 교수 비율이 4.9%였는데, 압도적인 수가 여자 사립대학의 교수였다(〈표 5-2〉 참조).

〈표 5-2〉 과학기술 분야 여성 교수, 1971-2010년

연도	자연과학		공학		합계	
	명	%	명	%	명	%
1971	18	4.9	0	0	18	1.8
1982	91	5.4	-	-	-	-
1995	219	5.7	44	0.6	263	2.5
2001	-	-	145	1.8	-	-
2010	1,359	18.8	487	3.9	1,846	9.4

출처: 박영자 1983; 윤정로 2000; 한국여성개발원 2002; http://sts.ntis.go.kr(2013년 11월 10일).

1978년에는 유네스코 후원으로 한국, 인디아, 소련, 폴란드, 아르헨티나, 이집트 6개국의 여성 과학자들에 대한 비교 연구가 실시

되었는데, 이 보고서에 한국은 표본 수가 너무 적어서 분석이 불가능하다고 되어 있다. 6개국에서 수집된 표본 중에서 한국의 표본은 대학의 1,195명 중 10명, 공공 연구 기관의 862명 중 10명, 기업 연구 기관의 518명 중 17명으로 총 2,575명 중에서 37명에 불과했다는 사실이 당시 한국에서 여성과학자들이 매우 희귀하였음을 드러낸다(Chakravarthy et al. 1988).

〈표 5-2〉를 보면, 1982년에는 자연과학 분야 여성 교수가 91명으로 그 수는 꽤 증가하였으나, 비율은 5.4%로 1971년과 비교해서 미미한 증가를 보였다. 1995년에는 자연과학 분야 여성 교수가 219명으로 증가하였지만, 비율은 5.7%로 1971년 이후 25년간 1% 포인트 미만의 증가였다. 여성 공학 교수도 44명이 되었지만, 비율은 0.6%에 불과하였다. 1982년에서 1995년 사이에 과학기술 분야 여성 교수의 수가 증가한 것은 당시 대학과 학생의 규모가 대폭 확대된 현상과 관련이 있어 보인다.[11]

〈표 5-3〉에 나와 있는 1982년과 1995년의 여성 교수들의 전공 분야를 살펴보자. 1982년에는 전무했던 지구과학 분야에 3명의 여성 교수가 생기고, 생물학 분야에서 비율이 증가한 것 이외에는, 비율로 보면 감소한 분야도 있다. 여성 교수의 수와 비율은 분야별로 상당한 차이가 있는데, 자연과학에서는 생물학, 화학, 수학순으로 집중되어 있고, 물리학, 지구과학, 공학 분야에는 여성이 극히 드물다. 공학 분야에서는 전체 여성 교수의 60%가 전산·정보 분야에

〈표 5-3〉 과학기술 분야 여성 교수의 전공 분포, 1982, 1995년

	1982년		1995년[1]	
	명	%	명	%
자연과학	91	5.4	219	5.7
수학	27	4.9	61	5.3
물리학	12	3.1	23	2.9
화학	31	7.8	52	6.0
생물학	21	7.6	80	9.5
지구과학	0	0	3	1.5
공학	-	-	44	0.6
전기 · 전자			3	0.3
컴퓨터 · 전산 · 정보			26	2.2
기계 · 설계			2	0.1
화학 · 공정			5	0.6
재료			4	0.7
토목 · 건축			2	0.2
환경 · 자원 · 에너지			2	0.4
	-	-	263	2.5

출처: 박영자 1983; 윤정로 2000: 296.
주: 1) 한국과학재단의 데이터베이스와 한국여성정보인협회 자료를 기반으로 필자가 구성한 자료임.

집중되어 있고, 전산학을 제외한 다른 전공의 여교수는 글자 그대로 한 손에 꼽힐 정도였다.[12]

다시, 〈표 5-2〉에서 보면 여성 교수의 숫자와 비율이 모두 1995년 이후로 대폭 증가했음을 알 수 있다. 2001년 여성 공학 교수는 145명으로, 1995년에 비해 수적으로는 100명 이상, 비율도 1.8%로 3배 이상 증가했다. 2010년에는 자연과학 1,359명(18.8%), 공학

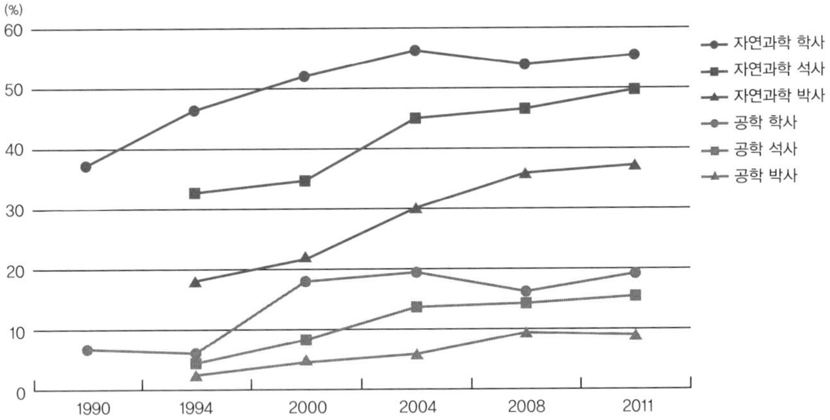

〈그림 5-9〉 과학기술 분야 학위 취득자 중 여성 비율, 1990-2011
출처: 「교육통계연보」 각 연도; 「여성과학기술인력 실태조사 보고서」 각 연도; http://cesi.kedi.re.kr(2013년 10월 27일).

487명(3.9%)의 규모로 증대하였다. 2011년에는 대학의 전임 교수 중 여성의 비율이 자연과학에서는 25.2%, 공학은 5.0%로, 이공계 전체에서는 12.0%를 차지하고 있다. 그러나 조금 더 자세히 살펴보면, 과학기술 분야 여성 교수의 비율이 국공립대학은 7.0%인 반면 사립대학은 14.2%, 4년제 대학은 9.6%인 반면 2-3년제 대학은 2배인 19.2%이다(미래창조과학부·한국여성과학기술인지원센터 2013: 108, 124). 여성 교수가 사립대학과 상대적 지위가 낮은 부문에 집중되는 경향은 계속되고 있다.

〈그림 5-9〉에 있는 1990년대 이후 국내에서 배출된 과학기술 분야의 학사, 석사, 박사 중 여성의 비율과 〈그림 5-10〉의 기관 유형

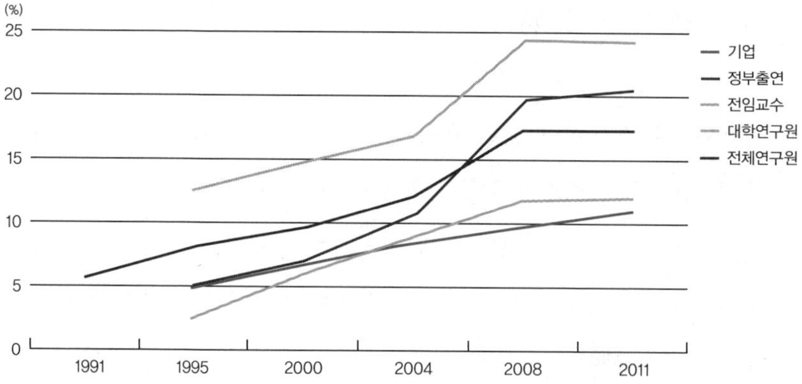

〈그림 5-10〉 과학기술 분야 기관별 여성 연구원 비율, 1991–2011
출처: 「여성과학기술인력 실태조사 보고서」 각 연도; 노정혜 외 2000: 5; 윤정로 2000.

주: 1) 전체연구원 2000년은 1999년 자료로 대체하였음.
2) 2000년 이후의 전임교수는 4년제 대학과 2-3년제 전문대학을 포괄하였음.

별 여성 연구원 비율을 보면, 우리나라에서 활동하는 여성 과학기술자들이 1990년대 후반, 특히 2000년 이후에 빠른 성장세를 보이고 있음을 확인할 수 있다.

그러나 연구개발 활동 이외에 현장 실무 경험을 중시하는 과학기술 분야에서는 여성의 참여가 훨씬 더 저조하였다. 예를 들어, 기술사(技術士)는 1999년 기준으로 전체 2,952명 중 여성이 7명, 즉 0.2%밖에 안 되었다.[13] 여성이 비교적 활발히 진출하고 있는 중·고등학교 교사의 경우에도 수학과 과학 과목에서는 여성 교사의 비율이 낮고, 중학교보다 고등학교에서, 그리고 학년이 높아질수록 그 비율이 낮아진다.

3. 미래의 희망과 과제

역사적으로 여성에 대한 차별과 배제는 과학이 표방하는 '보편주의'의 이념에 위배되는 가장 명백한 증거가 되었다. 교육과 취업 기회에 대한 명시적인 법률적·제도적 차별은 해소되었지만, 아직도 강하게 남아 있는 묵시적 관행과 사회적 분위기, 고정관념은 여성의 과학기술 분야 진출에 걸림돌이 되고 있다. 이런 측면에서 경제학 교수 출신으로 재무장관을 거쳐 하버드 대학 총장에 임명된 로렌스 서머스(Lawrence H. Summers)가 2005년 공개적으로 한 발언은 시사하는 바가 크다. 유전학이 발전하면서 과거에는 부모의 양육이나 환경의 문제에 원인이 있다고 간주되었던 자폐증이 유전적 질환으로 밝혀졌듯이, 수학과 과학 분야로 진출하는 여성의 수가 적은 것도 남녀 간의 생물학적인 선천적 차이에서 기인하는 것으로 보아야 한다는 취지였다. 이 발언의 파장으로 서머스는 총장직을 사임하고, 하버드 대학은 그 후임으로 역사상 최초의 여성 총장을 맞이하게 되었다.

최근 우리나라에서도 사회 전반에 걸친 여성 참여의 확대 추세, 새로운 경제성장동력의 핵심으로서 과학기술력의 중요성에 대한 인식, 이공계 기피라는 분위기 속에서 여성의 과학기술 분야 진출 활성화에 대한 사회적 관심과 지원이 높아지고 있다(이은경 2006). 여기에는 여성의 지위 향상과 양질의 과학기술인력 확보가 일차적인 목표가 된다. 그러나 필자는 여성이 과학기술 분야에 진출했을 때 무엇이 달라질 수 있는지에 대해 보다 진지한 논의가 이루어져야 한다고 본다.

종래에 소외되었던 '여성의 눈'으로 보는 과학기술은 앞으로 어떻게 달라질 수 있을까? 필자는 사회적 약자(minority)였던 여성의 눈을 통하여, 다양한 사회적 약자집단들의 관심과 권익에 부응할 수 있는 새로운 과학기술의 영역과 새로운 발전 방향을 모색할 수 있다고 생각한다. 여성의 눈으로 지금까지 보이지 않았던 집단, 들리지 않았던 목소리에 기울이는 관심이 과학기술의 사회적 책임을 실현하는 데뿐만 아니라, 동시에 국가경쟁력을 높이고 과학기술 속의 여성 문제를 궁극적으로 해결하는 길이 될 수 있을 것이다.

6장 | 과학기술, 여성의 삶을 바꾸는가?

현대 사회에서 과학기술의 발전이 개인의 삶과 사회구조에 심대한 변화의 계기를 제공한다는 것은 언급할 필요조차 없다. 과학기술의 변화에 수반되어 우리의 삶이 어떻게 변화될 것인가의 문제는 호기심과 상상력을 불러일으키는 매혹적인 주제이다. 첨단과학기술이 고도로 발전된 미래 사회의 모습은 소설과 영화뿐만 아니라 다양한 예술 작품의 소재로도 인기를 누리고 있다.

학계에서도 과학기술과 사회 변화 간의 연관성에 대해서 일찍이 관심을 기울여 왔다. 기존의 학문적 논의는 주로 산업 조직과 노동, 경제구조, 정치, 군사, 행정체계 등 공적(公的) 영역에서 나타나는 거시적 변화에 집중되어 있었다. 그러나 과학기술은 이런 거시적 변화와 함께 사적(私的) 영역에서 일상생활을 영위하는 방식에도 커다란 변화를 일으키고 있다. 이런 일상생활의 변화는 다른 어떤 변화에 못지않게 중대한 사회적 함의를 갖고 있다.

가정생활은 사회 구성원 대다수의 일상생활에서 중요한 비중을 차지한다. 과학기술의 발전과 함께 가정생활의 모습에도 커다란 변화가 일어나고 있다. 우리나라에서 현재 보편화된 옥내 상하수도와 전기, 가스시설, 전기밥솥, 세탁기, 냉장고, 전자레인지, 컴퓨터 등 다양한 가전기기들은 고도로 발전된 기술을 구현하고 있다. 이러한 소위 '가사보조기술'(household technology, domestic technology)의 발전과 확산은 거시적 차원에서 이루어진 산업혁명과 정보화가 가정 내에서도 이루어졌음을 의미한다. 빨래통에서 전기세탁기로의 변화는 수직기(手織機)로부터 동력직기(動力織機)로의 변화에 못지않게, 그리고 펌프에서 수도꼭지로의 변화는 수작업(手作業) 계산으로부터 전자계산기로의 변화에 못지않게 중대한 의미를 갖고 있다(Cowan 1976).

우리의 일상생활에 커다란 영향을 미친 가사보조기술, 컴퓨터와 정보통신기술을 중심으로, 과학기술의 발전이 여성의 삶과 가정생활에 어떤 관련을 맺고 있는지 살펴보자.

1. 가정 내의 산업혁명, 여성을 가사노동에서 해방시켰는가?

집 또는 가정이라는 단어는 보통 따뜻함과 휴식의 공간이라는 이미지를 떠올리게 한다. 그러나 집이 가족들의 '쉼터'가 되기 위해 실제로 집에서 해야만 하는 '일'이 수없이 많다. 청소, 빨래, 다리미질, 장보기, 요리, 설거지, 육아 등의 가사노동(housework)이다. 대부분의 가사노동은 거의 매일 반복적으로 수행되어야 하는 '끝이 없는

〈표 6-1〉 미국의 가사보조 및 관련 기술의 발전

1816년	조명용 석탄가스 회사 설립
1877년	벨 전화회사의 전화 서비스 개시
1882년	에디슨 전기회사의 전등 서비스 개시
1886년	전화 가입자 15만 회선 돌파
1892년	장거리(뉴욕-시카고) 전화 개통
1901년	전기 진공청소기 특허 등록(영국)
1904년	최초의 전기세탁기 광고 등장
1908년	가정용 진공청소기 출시, 포드자동차 모델T 출시
1915년	대륙 간(뉴욕-샌프란시스코) 장거리 전화 개통
1910년대 중반	전기냉장고 출시
1925년	GE 전기냉장고 모니터 탑 출시
1941년	미국 전체 가구의 보급률: 전기 80%, 전기다리미 79%, 전기세탁기 및 전기냉장고 52%, 전기 진공청소기 47%

일'(work without end)이다(Oakley 1974). 가사노동에는 고된 육체노동뿐만 아니라 친교 활동과 집안 대소사 챙기기, 육아처럼 다양한 종류의 관리 및 경영 능력이 필요하고 무거운 책임이 따르는 광범위한 활동이 포함되어 있다. 전통적으로 가사노동은 대부분 여성들이 담당해 왔다. 일찍이 일터에서의 기술 발전에 의한 산업혁명으로 생산노동에 변화가 일어나고 나아가서는 전체 사회의 구조가 바뀌게 되었듯이, 각종 가사보조용 설비와 가전제품의 도입에 의한 가정 내의 산업혁명도 가사노동뿐만 아니라 여성의 삶, 그리고 가정생활

전반에 근본적인 변화를 가져왔다는 것이 통념이다.

이런 가정 내 산업혁명은 언제 어떻게 일어난 것일까? 각 나라마다 사정이 다르지만, 미국의 경우를 중심으로 살펴보자(〈표 6-1〉 참조). 먼저 가정 내 산업혁명의 기반시설인 가스, 전기, 수도부터 살펴보자.

가스의 경우, 1816년 조명용으로 쓰이던 양초와 석유등을 대체하기 위해서 '석탄 가스'를 생산하는 회사가 설립된 이래 단기간 내에 여러 회사들이 생기고 호황을 누렸지만, 19세기 말에는 미국 내의 유전(油田)개발과 전등의 발명 등으로 경쟁이 심화되었다. 1880년대에는 잠시 '가스등'의 인기가 치솟았지만, 가스회사들은 경쟁 대응책으로 난방, 취사 등으로 가스의 용도를 확대하는 노선을 취함으로써 레인지, 난로, 보일러 등 다양한 제품을 시판하게 되었다. 특히 20세기에 들어서는 전기가 보급됨으로써 가스조명의 경쟁력에 대한 전망이 더욱 어두워졌다. 기업들은 난방과 취사를 위해 다양한 제품을 개발하고 구매에 보조금을 지급하였으며 천연가스로 전환하여 가스 요금도 낮추었다. 1899년 미국 전체 가스 생산량에서 조명용이 차지하는 비율이 75%였지만, 1919년에는 21%로 감소하고 난방용이 54%를 차지하였다. 1930년에는 취사용으로 가스를 사용하는 가구 수가 1400만, 석탄과 나무는 770만, 석유 640만, 전기 87만 5천 가구 정도로, 가스가 주된 취사용 연료가 되었다. 난방용 가스 보급은 취사용보다 늦게 이루어졌다(Cowan 1983: 89-91).

백열전구를 발명한 에디슨은 1882년 뉴욕의 금융 중심지 월가(Wall Street) 인근 펄가(Pearl Street)에 발전소를 세우고 전기조명 서비스를 개시한 후, 곧 발전기와 전구도 생산하고, 20세기에 들어서는 가전제품까지 생산하게 되었다.[1] 또한 기차용 공기 브레이크를 생산하던 거대기업 웨스팅하우스(Westinghouse)가 전기산업에 진입하면서, 전기 보급에 가속도가 붙었다. 전체 가구 중 전기를 사용하는 비율이 1907년에는 8% 정도였으나, 1912년에 두 배가 되었고, 1920년에 다시 그 두 배가 넘는 34.7%가 되었다.[2] 1920년대 말에 이르면 도시에서는 대부분의 가정에 전기가 공급되었고, 1941년에는 미국 전역의 80% 가구에 전기가 공급되었다(Cowan 1983: 91-95; Nye 1990: 238-286).

도시 지역의 중산층에서는 20세기가 시작될 때 이미 대부분의 가정에 수도시설이 보급되었으며, 가스시설의 보급과 함께 1920년대 말까지는 부엌, 화장실, 목욕탕 등 집안 전체에 24시간 냉온수가 공급되는 시설이 갖추어졌다. 도시 빈민층과 농촌의 가정에도 1930년대에 냉온수 공급시설이 보급되었다(Cowan 1983: 87-88).

집안에 상하수도와 가스, 전기시설이 갖추어지면서, 이런 기반시설을 이용하여 가사노동에 도움이 되는 다양한 제품들이 개발되었다(〈그림 6-1〉 참조). 가사노동 중에서도 세탁은 가장 힘겨운 노동에 속하기 때문에 일찍부터 빨래를 손쉽게 하려는 시도들이 이어져 왔고, 19세기 말에는 크랭크를 돌리는 수동식(手動式) 세탁기가 사용되

수동식 세탁기, 19세기 말

'여성의 친구'(Woman's Friend), 1890년

독일의 초기 전기세탁기

수동식 진공청소기, 1910년

'행복한 날' 세탁기 광고, 1910년

Miele 짤순이/
펄순이 전기세탁기, 1930년

Hoover 진공청소기, 1908년

GE 모니터 탑(Monitor Top)
냉장고, 1925년

〈그림 6-1〉 19세기 말, 20세기 초의 가사보조 및 가전제품

출처: https://en.wikipedia.org/wiki/Washing_machine(2015년 12월 6일), https://en.wikipedia.org/wiki/Vacuum_cleaner(2015년 12월 6일), https://en.wikipedia.org/wiki/Refrigerator(2015년 12월 6일).

어 '여성의 친구'(Woman's Friend)라는 명칭이 붙기도 하였다. 전기 서비스가 개시되면서 〈그림 6-1〉의 '행복한 날' 전기세탁기처럼 수동식 크랭크에 전기 모터를 달아서 세탁기를 자동으로 움직이게 하려는 시도가 다수 이루어졌다. 1904년 최초의 전기세탁기 광고가 등장하고, 1910년대에는 일체형 전기세탁기가 출시되었다. 재봉틀에도 세탁기와 비슷하게 전기 모터를 설치하려는 시도가 이루어졌다. 진공청소기는 1901년 영국에서 개발되었고, 미국에서는 1908년부터 가정용 진공청소기가 시판되기 시작하였다.[3] 1910년대 중반에는 전기냉장고도 출시되었지만, 대단히 높은 가격과 낮은 품질로 인하여 극소수 부유층의 '장난감' 정도에 그쳤다.

그러나 1920년대에 들어 대량 생산기술의 도입으로 가격이 저렴해지고, 여러 기업의 경쟁적인 제품개발과 다양한 디자인으로 성능과 품질이 대폭 향상되면서, 전기세탁기와 재봉틀, 진공청소기가 널리 보급될 수 있게 되었다. 냉장고는 1925년, 에디슨 전기회사의 후신 GE가 출시한 '모니터 탑'(Monitor Top) 모델이 대중적으로 인기를 얻었고, 1930년대에는 여러 제조업체들 간에 치열한 경쟁이 전개되면서 가격이 더욱 저렴해졌다.[4] 또한 믹서, 토스터, 온수기, 난로 등의 가정용 전기기기의 인기가 높아지고, 취사용 오븐에서도 전기가 가스와 대등한 경쟁력을 갖게 되었다. 1941년 자료에 의하면, 미국 가정의 가전제품 보유율이 전기다리미 79%, 전기세탁기와 전기냉장고 52%, 진공청소기 47% 정도인 것으로 나타난다

(Cowan 1983: 94). 요컨대, 19세기 말부터 보급된 상하수도와 중앙난방 및 온수, 가스, 전기 공급 서비스와 더불어 가스와 전기를 이용한 가사보조용 기술이 발전하고 가전제품들이 확산되면서, 20세기 중반에 이르러 가사노동 수행방식에 커다란 변화가 일어나기 시작하였다.

그러면, 가사보조기술의 발전과 확산이 가사노동과 여성의 삶에 구체적으로 어떤 영향을 미쳤을까?

> "요즘 여자들은 살기 편해졌어. 수도꼭지만 틀면 찬물, 더운물 다 나오지, 버튼만 누르면 밥도 되고 요리도 되지, 설거지는 식기세척기 사용하면 되지, 세탁기가 빨래 다 해 주지, 청소도 진공청소기만 밀고 다니면 되잖아. 로봇청소기는 가만 놔두기만 해도 척척 청소해 주고. 장보기도 홈쇼핑 전화 한 통이나 인터넷으로 컴퓨터 자판만 두드리면 집으로 배달까지 해 준다니까. 게다가 요즘은 남자들도 거리낌 없이 부엌에 들어가서 설거지하고, 청소 도와주고, 아기 기저귀까지 갈아 주니까 말이야. 그러니까 여자들이 시간이 남아돌고, 몰려다니면서 쇼핑으로 시간을 보내지."

주위에서 흔히 들을 수 있는 이야기다. 가전제품의 개발과 보급은 가사노동의 육체적 강도와 시간을 덜어 주고, 여성만이 아니라 남성도 별다른 어려움 없이 가사노동에 참여할 수 있게 만든다. 예를 들어, 세탁과 청소에 예전의 빨래판이나 손걸레 대신 전기세탁기와 진공청소기를 사용하게 되면, 그 작업이 육체적으로 훨씬 수월해지고 시간도 절약된다. 또 이런 기계는 특별히 숙련된 기법이나 노하우 없이도 간단히 작동할 수 있고, 손에 물을 묻히고 바닥에 쪼그려 앉거나 등을 구부린 자세로 일하지 않아도 되기 때문에, 남성들도 심리적 부담 없이 손쉽게 세탁과 청소를 하게 된다. 따라서 여성들이 보다 많은 여가 시간을 누리고 가정 밖의 사회 활동에 참여할 수 있게 되면서, 가정 내에서뿐만 아니라 가정 밖에서도 성별 분업과 불평등이 완화되고 해소되는 방향으로 나아간다는 것이 통념으로 자리 잡게 되었다.

가전제품들은 도입 초기에 '노동 절약'효과를 중심으로 대대적인 마케팅이 이루어졌다. 앞의 〈그림 6-1〉에 있는 수동식 세탁기 광고에는 '행복한 날'(happy day)이라는 제목과 함께 시간 절약, 노동 절약, 의복 절약, 긴장과 피로 절감 등의 효과를 내세우면서, '우울한 월요일'(blue Monday)에서 벗어날 수 있는 기계임을 강조하고 있다. 〈그림 6-2〉의 1920년대 전기세탁기 광고는 빨래에 지쳐서 피곤하고 우울한 부인과 '전기세탁기를 사용하여 너무 행복한 부인'을 대비하면서, "어떤 부인이 있는 집으로 돌아오는 것이 더 좋겠느냐?"고 질문하고 있다. 시간 절약, 노동 절약이 되는 전기세탁기를 사서 아내도, 남편도 빨리 행복하게 지내라는 광고 내용이다. 사람들은 이렇게 편리하고 손쉬운 가전제품을 사용하면 당연히 가사노동 시

〈그림 6-2〉 1920년대 세탁기 광고

출처: Kramarae 1988: 166

간도 줄어들 것으로 예상하였다.

1960년대 이후 미국에서 흑인 민권운동과 더불어 여성운동이 활발해졌음은 익히 알려진 사실이다. 페미니스트들은 1960년대 이후 가정 내 여성의 경험과 가사노동에 대해서 학문적 관심을 확장하기 시작하였다. 당시에 여성들은 결혼 후에 전업주부로 사는 것이 일반적이었는데, 이 가정주부들이 무언가 심각하지만 도대체 '이름이 없는 문제'(problem with no name)에 시달리고 있다는 주장이 나왔다. 도시 교외의 말끔히 단장된 단독주택에 살면서, 자동차도 몰고, 안정된 직장에 다니는 남편과 자녀들을 돌보면서 지내는, 행복하지 않을 이유가 없는 중산층 가정의 주부들이 가사노동과 육아로 쳇바퀴처럼 돌아가는 생활 속에서 실제로는 행복을 느끼지 않는다는 것이었다(Friedan 1963). 또한 가사노동이 '끝이 없는 노동'이고, 주부들은 행복할 것으로 여겨지지만 실상은 집안에서 포로처럼 갇혀 지내는 '유폐된 아내'(captive wife)라는 지적이 나왔다(Gavron 1966; Oakley 1974).

이러한 지적들이 나오는 가운데, 여성 경제학자 바넥(Joann Vanek)이 1974년 발표한 주부들의 가사노동 시간에 대한 실증적 연구 결과는 충격적이었다. 바넥의 분석 결과는 가사보조기술의 가사노동 절감 효과에 대한 통념을 뒤엎는 것으로, 1926년부터 1966년까지 40년간 미국에서 미취업 여성, 즉 전업주부들이 가사노동에 사용하는 시간에 거의 변화가 없다는 것이었다.[5] 1924년 52시간이었던 미취업 여성들의 주당 가사노동 시간이 1960년대에는 55시간으로 늘어났다. 그 시간은 이 기간 중 51-56시간의 범위 내에서 오르락내리락 움직였는데, 이것은 당시 취업 노동자의 주당 평균 노동 시간보다 길었다.

도시와 농촌 주부의 가사노동 시간에 별 차이가 없다는 점도 예상을 뒤엎는 것이었다. 농촌보다는 도시에 분명 가전제품이 더 많이 보급되고 생활양식도 더 간편해졌을 터인데, 왜 주부의 가사노동 시간에 차이가 없는지 의문이 들지 않을 수 없다.[6]

대조적으로, 취업 여성의 경우에는 주당 평균 가사노동 시간이 26시간 정도였다. 계층, 가족 구성, 혼인 상태를 통제해도, 미취업 여성과 취업 여성의 평균 가사노동 시간에는 확연한 차이가 났다. 흥미로운 점은 미취업 여성과 취업 여성의 가사노동 시간이 주중에는 하루에 5시간 정도의 차이가 나는데, 주말에는 그 차이가 1시간 정도로 현저히 감소한다는 것이다. 주말에는 미취업 여성이든 취업 여성이든 상관없이 여성이 가사노동을 많이 한다는 것을 알 수 있다.

이러한 분석 결과들은 소위 '상식'에 어긋나는 것이었다. 생활양식의 도시화, 외식(外食)의 증가, 출산율의 감소 등 여러 가지 사회 변화와 더불어, 무엇보다도 상하수도를 비롯한 편리한 설비와 각종 가전제품의 보급은 가사노동 시간을 줄이는 효과를 낼 것으로 기대되었기 때문이다.

바넥은 미취업 여성의 가사노동 시간의 총량은 줄어들지 않았지만, 가사노동의 구성과 특성에는 변화가 일어났다고 하였다. 쇼핑과 가계 관리, 육아에 드는 시간은 증가한다. 전 기간에 걸쳐 가장 많은 시간이 드는 가사노동은 조리와 설거지인데, 그 양은 시간이 지나면서 약간 감소하는 추세를 보이지만 청소에 드는 시간은 거의 변화가 없었다.

그런데 가장 의외의 분석 결과는 세탁 작업에 소요되는 시간

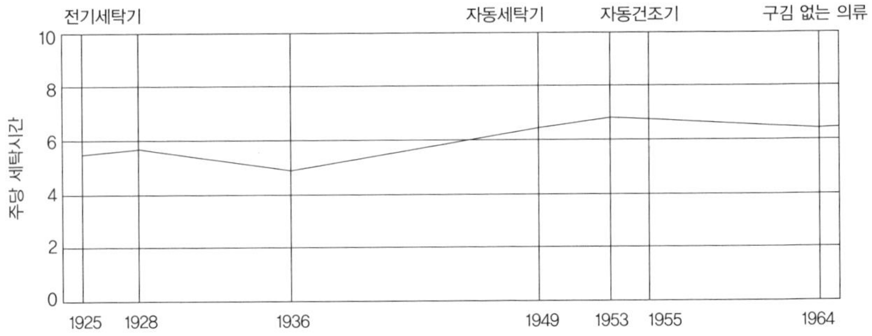

〈그림 6-3〉 세탁 소요 시간, 1925-1965년
출처: Vanek 1974: 119.

이 오히려 늘어났다는 점이다. 세탁은 가사노동 중에서 육체적으로 가장 힘든 작업으로 여겨졌으며, 〈그림 6-3〉에서 볼 수 있듯이 세탁에 관련된 많은 기기와 상품들이 개발되었다. 그림 상단부에는 각각의 제품이 널리 보급된 연도가 표시되어 있다. 전기세탁기 1925년, 전자동 전기세탁기 1949년, 자동 건조기 1955년, 구김살이 가지 않아 툭툭 털어 입을 수 있는 섬유 1964년 등이다.[7] 세로축에는 1주일간 세탁에 소요된 시간이 표시되어 있는데, 40년간 거의 변화가 없고 오히려 약간 증가하는 추세를 보인다. 실내에 수도와 온수 공급시설이 설치되고, 자동 전기세탁기와 전기건조기, 다양한 종류의 세제, 간편하게 사용할 수 있는 전기다리미, 구김살과 손질이 덜 가는 새로운 섬유 등이 개발됨으로써, 세탁 작업이 가장 크게 수월해지고 시간도 절감되는 가사노동이라는 통념과 배치되는 결

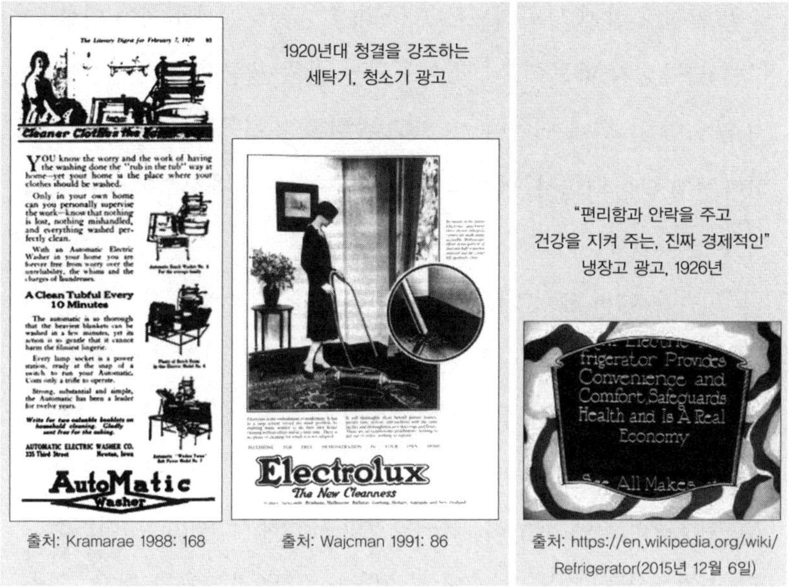

출처: Kramarae 1988: 168

출처: Wajcman 1991: 86

출처: https://en.wikipedia.org/wiki/Refrigerator(2015년 12월 6일)

〈그림 6-4〉 가사노동의 수준 향상 효과를 강조하는 가전기기 광고

과였다. 그 이유는 세탁물의 양과 세탁 횟수가 증가하였기 때문일 것으로 추정된다.

바넥의 시간사용분석 결과는 학계의 주목을 받았고, 여러 학자들이 여성의 가사노동 시간 총량에 변화가 없는 이유에 대해서 설명하였다. 가사기술의 발전으로 일부의 가사노동이 용이해지고 소요되는 시간도 감소한 것은 사실이다. 그러나 세탁 작업의 경우, 과거에 비해서 각자 보유한 옷가지가 점점 늘어나고, 세탁과 관련된 기술의 발전과 함께 사회적으로 요구되는 청결과 옷매무새에 대한 기준이 높아졌기 때문에, 예전보다 훨씬 자주 세탁하고 다림질도 하지 않으면 안 되게 되었다. 요리도 손쉬운 조리기구가 발전하고 슈퍼마켓이 확산되면서, 매끼 식탁에 오르는 음식 가짓수와 조리기법이 훨씬 복잡해졌다. 청소도 마찬가지다.

〈그림 6-4〉의 세탁기와 청소기 광고는 청결효과를 강조하고, 냉장고 광고는 가족들의 건강을 지켜 주는 효과를 강조하고 있다. 세탁기 광고는 "집에서 세탁기를 사용하면 훨씬 깨끗해진다. 전문적으로 빨래하는 사람이나 공용 세탁시설에 맡기면 위생에 나쁠 수가 있는데, 우리 집에서 우리 식구들 것만 세탁해서 좋고, 또 편리하니까 더 자주 세탁을 하면 위생에 좋다"는 점을 강조하고 있다. 청소기 광고도 '새로운 청결'을 강조한다. 냉장고 광고는 극장에서 영화 상영 전에 나오는 자막인데, "편리함과 안락함을 주고 건강을 지켜 주는, 진짜 경제적인 냉장고"라는 문구가 쓰여 있다. 이것도 냉장고를 사용함으로써 음식도 더 잘, 더 위생적으로 만들 수 있고, 따라서 가족들의 건강도 지킬 수 있으니 정말로 경제적이라고 강조한다. 결국, 이러한 가전제품을 사용하면 가사노동의 질이 높아진다는 광고이다.

또한, 다른 한편으로는 쇼핑, 운전, 공과금 처리와 은행 업무 등 새로운 종류의 가사노동이 출현하였다. 자동차가 생기면서 자녀들을 자동차에 태워 이동시키는 일이 생겼는데, 이 새로운 일은 거의 어머니가 담당하게 되었다. 쇼핑은 가사노동이 아니라 여가 활동이라고 생각하는 사람들도 있지만, 가정주부의 입장에서는 경제적인 구매를 통해서 가정경제에 도움이 되도록 하는 '일'이라고 생각된다. 이처럼 기존의 가사노동에 대한 기대가 높아지고 새로운 종류의 가사노동이 추가됨으로써, 결국 가사노동 시간의 총량에는 거의 변화가 없게 되었다는 것이다.

발전된 가전제품 덕분에 과거에는 남성이 담당하거나 남녀가 공동으로 하던 가사노동마저 오히려 전적으로 여성의 몫으로 전가되기도 한다. 각 가정에 놓인 세탁기는 예전에 빨래터에 모여 수다 떨고 스트레스를 해소해 가며 빨래할 수 있었던 재미를 앗아가기도 한다. 더구나 서구에서는 20세기 초에 가전제품이 급속히 확산되면서, 주부의 가사노동이 귀찮고 힘든 허드렛일이 아니라 가족에 대한 애정과 헌신의 표현으로 미화되는 이데올로기의 재구성이 수반되었다. 과거에는 허드렛일로 여겨져 경제적 여건이 허락되면 당연히 고용인을 두거나 삯일로 맡기는 것으로 알았던 가사노동이, 이제 아내와 어머니, 더 나아가서는 여성으로서의 정체성과 결부되는 것이다. '이상적'인 아내와 엄마로서 요구되는 가사노동의 질적 수준에 대한 기준도 높아졌다. 결국 가사기술의 발전은 역설적이게도 '어머니들에게 더 많은 일'(more work for mother)을 만들어 주었다 (Cowan 1976; 1979; 1983; Kramarae 1988; Reiger 1985; Vanek 1974; 1978; Wajcman 1991).

요컨대, 눈부신 가사보조기술의 발전에도 불구하고 가사노동에 소요되는 시간과 효율성, 가사노동 담당자의 성(性)—여성이 가사노동을 전담한다는 사실—이나 만족도, 사회적 지위에는 본질적으로 변화가 일어나지 않았으며, 오히려 그 기술이 여성을 얽매는 모성(母性) 이데올로기를 강화하는 방향으로 작용하였다는 것이다. 이렇게 '가사노동의 항상성'(constancy of housework)을 주장하는 관점은 서구의 페미니스트 학자들로부터 호응을 받았다.

그러나 가사노동의 항상성에 대하여 반박하는 입장도 강하였다. 대표적으로, 바넥이 이용한 미국 자료와 거의 맞먹을 만한 1930년대와 1950년대 영국의 자료에 대한 분석이 이루어졌다. 이 분석 결과에 의하면, 가사노동 시간은 처음에는 증가하고 일정 기간이 지나면 안정적으로 유지되다가, 다시 감소하는 추세를 나타낸다. 이후 미국, 캐나다, 북유럽의 자료를 분석한 결과, 1960년대 이후에는 여성의 가사노동 시간이 계속 감소하고 남성의 가사노동 참여가 증가한다고 한다. 이런 추세는 여성의 취업률 증가와 가족 규모의 축소 등 사회구조적 변화를 통제해도 마찬가지로 나타난다고 한다. 이런 변화의 원인으로는 가사노동과 여성의 가사노동 부담에 대한 사회적 인식의 변화와 전자레인지, 식기세척기 등 '시간 절약' 기능을 가진 새로운 가사보조기술의 도입을 들고 있다(Gershuny and Robinson 1988). 그러나 페미니스트들에 의하면 이런 분석 결과는 가사노동의 범위를 청소, 세탁, 요리 등 규칙적으로 해야 하는 육체노동, 즉 '틀에 박힌'(routine) 작업에만 국한하고, 육아나 쇼핑, 운송 등 '서비스 노동'을 제외하였기 때문에 나온 것이며, 결국 가사노동 시간의 배분에 변화가 있었다는 점을 지적한 바넥의 분석 결과에 배치되는 것이 아니라고 비판하였다(Wajcman 1991).

앞서 소개한 가사보조기술과 가사노동의 관계에 대한 연구들은 모두 사용된 자료에 한계가 있었다. 그 이유는 각 가정에 도입된 가사보조기술(가전제품)의 유형과 양에 대한 직접적인 정보를 결여한 채, 시간의 경과를 가사보조기술 도입이 증가하는 추세의 대용지표(proxy)로 사용했기 때문이다.

이런 문제점을 보완하기 위해서, 각 가정에서 보유한 가전제품의 종류와 가족 구성원들의 시간 사용에 대한 정보가 함께 수집되어 있는 1997년 호주의 자료를 분석한 연구가 있다. 연구 결과는 부엌에서 사용되는 전자레인지, 냉동고, 식기세척기 등의 가전제품의 보유가 여성의 가사노동 시간을 줄여 주지 못한다는 것이다. 세탁은 여전히 여성이 전담하는 일이고, 세탁기를 보유한 가정에서는 여성들이 세탁에 사용하는 시간이 늘어나는 경향을 보인다. 결론적으로, 가사보조기술의 보급은 가사노동 시간이나 가사노동의 전통적인 성별 분업에 변화를 일으키지 않고 있으며,[8] 가사노동 부담이 줄어드는 경우에 그 수혜자는 보통 남성이 된다. 여성의 가사노동 시간보다는 남성의 가사노동 시간이 훨씬 더 많이 감소되기 때문이다. 또한 결혼 생활에 있어서 매일 가사노동을 하는 것이 여전히 아내와 어머니 역할과 정체성의 주축을 이루고 있다고 한다(Bittman, Rice and Wajcman 2004).

그러면 우리나라에서는 가사보조기술의 보급과 가사노동이 어떤 관계를 맺고 있을까? 통계청에서 실시하는 전국 '가구 소비실태 조사' 결과에 의하면, 1991년에 우리나라 전체 가구의 보유율이 냉장고 99.9%, 가스레인지 98.5%, 세탁기 80.9%, 전기 보온밥솥 79.1%, 전자레인지 23.8%, 진공청소기 23.6%였다. 1975년의 보유율은 냉장고 6.5%, 세탁기 1.0%에 불과하였다. 보유율의 변화 추이를 보면, 냉장고는 1975-1985년, 세탁기는 1985-1990년 사이에 가장 급속히 증가한 것으로 나타난다(통계청 1993; 1994). 따라서 우리나라에서는 1980년대에 가정 내의 산업혁명이 급속히 진행된 것으로 볼 수 있다.[9]

우리나라에서는 생활시간에 대한 통계 자료의 한계 등으로 인하여, 가정 내 산업혁명과 가사노동의 관계에 대한 포괄적인 실증 연구가 많이 축적되지 못하였다.[10] 1970년대부터 가사노동에 관심을 기울여 온 가정학 분야의 연구를 보면, 1975년의 설문 조사에서 가사노동의 강도와 시간을 줄이기 위해 주부들이 갖기를 원하는 품목에서 세탁기가 압도적인 우위를 차지하였다. 1989년 서울에 거주하는 주부를 대상으로 한 조사에 의하면, 세탁기 사용이 손세탁보다 시간이 덜 드는 것은 아니지만, 손세탁보다 힘이 덜 들고 세탁기가 돌아가는 동안 다른 일을 할 수 있다는 점에서 노동 절약효과에 대하여 긍정적으로 평가되었다. 그러나 세탁기의 보급이 주부가 세탁 작업 자체에 들이는 시간과 노고를 덜어 주고 가족원들에게 보다 청결한 의생활을 가능하게 해 준 반면, 세탁물의 양과 세탁 빈도, 작업의 단조로움과 고립감, 다중 작업을 증가시킴으로써 세탁 관련 가사노동의 부담이 오히려 증가되었다고 지적한 연구 결과도 있다(김선미 · 이기영 1989; 김성희 1996; 윤복자 1975).

필자는 1995년에 실시한 설문 조사에서 세탁기의 보유 여부, 사용 정도 및 일상생활에 미치는 영향에 대한 자료를 수집한 적이 있다. 이 조사 결과에 의하면, 남성과 여성 모두 세탁기는 가사노동 시간을 줄여 준다고 믿고, 학력과 생활 및 소득 수준이 높을수록, 학생과 화이트칼라 직종 종사자, 그리고 비교적 젊은 여성들이 세탁기의 기여에 대해서 더욱 긍정적으로 평가하였다. 그러나 세탁기의 이용 정도와 실제로 확보하는 여가 시간 사이에는 부의 상관관계가 나타났다(윤정로 2000: 378-380). 청소기의 경우에도, 로봇청소기를 구입한 가정의 남성들은 기존에 해 오던 청소 도와주기를 중단하는 경향이 있고, 로봇청소기는 여전히 여성(주부)들만 사용하며 청소에 사용하는 시간도 줄어들지 않는다. 스팀청소기를 사용하는 일부 가정에서는 청소 횟수가 증가하는 경향도 나타난다(박혜경 2010). 이런 결과는 우리나라에서도 가사노동의 항상성 명제가 어느 정도 설득력이 있음을 시사하는 것으로 볼 수 있다.

2. 디지털 혁명, 가정생활에 혁명을 일으키는가?

20세기 초 가정에서의 산업혁명과 마찬가지로, 20세기 말부터 정보화는 가사노동에 또 다른 혁명적 변화를 몰고 올 것으로 예상되었다. 1세기 전 가전제품의 개발로 가능해진 기계화(mechanization) 단계에서 더 나아가 가사노동의 자동화(automation)를 가능하게 함으로써, 여성들이 진정으로 가사노동에서 해방된다는 것이다. 가사노동에서 해방된 여성들은 정보화 덕분에 집 밖에서뿐만 아니라 집 안에서도 다양한 공적·사적 활동에 자유롭게 참여할 수 있게 된다.

우리나라의 광고에도 등장할 만큼 유명한 미국의 미래학자 토플러(Alvin Toffler)는 '전자오두막'(electronic cottage)이라는 비유를 사용하면서, 산업혁명 이전의 가내수공업(cottage industry) 시대에 모든 가정에서 물레를 사용했던 것처럼, 정보화 시대에는 집안에 설치된 컴퓨터와 네트워크를 이용해서 생계 활동과 일상생활을 영위하게 된다고 하였다. 산업화 이전에는 집안에서 모든 생산과 소비를 해결하다가, 산업혁명 이후 집과 일터가 분리되면서 사람들은 생산 활동을 위해서 공장과 직장으로 나가야만 하게 되었는데, 정보화를 통해 이 모든 활동이 다시 집안으로 들어오게 된다고 한다. 전자민주주의, 재택 근무, 재택 교육, 홈쇼핑, 홈뱅킹, 홈엔터테인먼트 등 다양한 사회적 기능을 집안으로 끌어들임으로써, 이전에는 일터에 집중되어 있던 생산 활동이 각 가정으로 확산되고, 가정이 정보화의 전진기지이자 사회의 중심이 된다는 것이다. 이렇게 되면 개인의 권한이 확대(empowerment)되고 사회가 분권화(decentralization)되는 거대한 사회혁명이 일어난다고 한다(Forester 1989; Toffler 1980).

그러나 정보화가 가정생활에 지대한 변화를 가져온다는 전망과는 달리, 실제로는 정보화에 관한 대부분의 논의에서 가사노동은 거의 도외시되었고 가장 낙후된 영역이었다. 우리가 가정에서 사용하는 가전제품을 흔히 '백색(white)가전'과 '갈색(brown)가전'으로 구분한다. 백색가전은 일상적인 가사노동에 사용하는 것으로, 세탁기, 냉장고, 오븐 등을 지칭한다. 오늘날 실제로는 흑색(black)가전이 되어 버린 '갈색가전'은 텔레비전, 오디오, 비디오, 캠코더 등 주로 오락과 여가 활동에 사용되는 가전제품으로, 대개 신기술 제품으로 인식되어 왔다. 가사노동과 관련된 백색가전은 주로 여성 고객을 대상으로 하고, 여가 시간과 관련된 갈색가전은 남성 고객 위주로 마케팅을 해 왔다. 정보화 초기에 먼저 자동화·디지털화된 것은 텔레비전이나 비디오, 디비디 플레이어였지, 세탁기나 냉장고가 아니었다. 1980년대 서구에서 집안의 정보화를 내걸고 등장한 '스마트 하우스' 프로젝트의 주된 관심은 가사노동을 줄이는 것이 아니었다. '어떻게 하면 집안에 최첨단의 멋진 홈바(home bar)를 만들 수 있을까, 어떻게 하면 더 멋지게 홈엔터테인먼트를 즐길 것인가'에 관심이 집중되어 있었다.

또한 '전자오두막'에 대한 높은 관심에도 불구하고, 그 논의는 주로 교육, 의료, 통신, 직업 및 경제 활동에 집중되었다. 즉, 이전에는 집 밖에서만 가능했지만 정보기술의 도입으로 집 안으로 끌어들일 수 있게 된 이른바 공적 영역의 활동은 정보화의 중요하고 적절한 대상으로 인식되는 반면, 가사노동의 정보화는 '사소'하거나 거의 '낭비'에 가까운 것으로 치부되었다.[11] 앞에서 언급한 필자의 1995년 설문 조사에서, 다양한 종류의 기술개발에 대한 우리나라 성인들의 태도를 물어 보았다. 초고속 여객기, 화상전화 등 다른 신기술에 비해서 가사보조용 로봇의 개발에 대한 지지도는 상당히 떨어지는 것으로 나타났다. 가사노동의 성격과 수행방식에 혁신적인 변화를 가져올 기술에 대해서 상대적으로 중요성을 낮게 인식하였던 것으로 보인다(윤정로 2000: 372-377).

미국의 여성 발명가 프랜시스 게이브(Frances GABe, 1915-?)는 27년에 걸쳐 가사노동을 현저히 줄일 수 있는 '자동청소형 주택'(Self-Cleaning House)을 고안했다. 더러워진 것을 깨끗이 만든다는 종래의 청소 개념과는 달리, 집안의 물건과 공간이 제자리에서 스스로 세척되도록 함으로써 깨끗한 것을 깨끗한 채로 유지한다는 아이디어다. 예를 들면, 보통의 식기세척기는 식기를 세척한 후에 찬장으로 옮겨야 하는 불편이 있다. 게이브는 그릇을 놓아두면 그 자리에서 설거지가 되어 그릇을 꺼내 다시 정리할 필요가 없는 식기세척기, 사람이 움직이면서 사용하는 진공청소기 대신 벽이나 바닥, 천장에서 일정한 압력의 기화(氣化) 온수를 뿜어내서 집안을 자동으로 청소하는 장치 등을 고안한 것이다. 이런 장치는 기존의 기술로 실현 가능하며 건축 비용도 크게 늘어나지 않는다. 그러나 실제로 이런 아이디어를 구현한 집을 짓는 데 어려웠던 점은 건축허가를 내주는 공무원, 건축설계사, 건축업자들의 부정적 반응이었다고 한다. 대부분 남성인 건축 관련 분야 종사자들은 '쓸모없어' 보이는 이런 시설이 도대체 왜 필요한지 납득할 수 없다는 반응을 보여 설득하기가 힘들었다고 한다(GABe 1983).

정보화가 진전되면서, 가정이 새로운 디지털 혁명의 무대로 등장하였다. 백색가전제품에 디지털기술이 접목되면서 "집안일 알아서 척척 해 주는" **스마트** 기기로 진화하였다. 집안의 기기와 홈네트워크, 모바일 통신기기들이 연결되면서, 집 밖에서도 집안일을 처리할 수 있는 **스마트** 또는 **인텔리전트** 하우스가 되었다고 한다. "잘 잤다 한 마디에 커피포트 물이 끓고," 안에 들어 있는 식재료의 품목으로 만들 수 있는 음식의 레시피까지 알려 주는 냉장고도 나온다고 한다.

새천년이 시작되는 2000년 1월, 우리나라 최대 일간신문에 "세상을 바꾸는 힘—디지털 ○○"라는 문구와 함께 전면 컬러로 실린 〈그림 6-5〉의 광고를 보자. "행복이 가득한 ○○ Digital Family"라는 제목으로, 모두 고운 한복을 차려입고 디지털 가전제품을 사용하고 있는 가족들의 모습이 양면 가득히 펼쳐져 있다. 사진 중앙의 거실에서는 가장으로 보이는 남성이 소파에서 화상전화기로 통화하며

〈그림 6-5〉 2000년 디지털 가전제품 신문광고
출처: 조선일보 2000년 1월 1일

활짝 웃고, 오른쪽 바로 옆에서는 아들이나 사위로 보이는 젊은 남성이 한 손에 신문을 든 채 안락의자에 앉아서 핸드폰으로 웃으며 전화하고, 그 옆에서 남자 어린이가 컴퓨터로 인터넷을 사용하며 웃고 있다.

그런데 거실 중앙에서 왼쪽으로 보면, 미혼으로 보이는 젊은 여성이 음악을 들으면서 "두드려서 청소하는" 진공청소기로 이리저리 바닥을 청소하고, 거실 바닥에는 '분홍색' 한복 차림의 여자 어린이가 엎드려서 '분홍색' 카세트 플레이어로 무언가를 들으며 '분홍색' 그림책을 본다. 사진 맨 왼쪽 부엌에서는 며느리나 결혼한 딸로 보이는 젊은 여성이 "요리사가 집으로 찾아가는" 가스오븐레인지와 "품격 높은 생활의 파트너" 식기세척기 옆에서 가족사진이 나오는 냉장고에 있는 오렌지 주스를 따르고 있다.

이 사진에서 디지털 혁명 덕분에 바뀐 가정생활이 무엇일까? 디지털이 세상을 바꾸는 힘이라는 광고 카피와는 달리, 거실과 서재에는 남자들이 앉아 있고, 여자들은 서 있거나 엎드린 자세로 청소기, 냉장고와 같은 가전제품을 중심으로 가사노동 공간에 배치되어 있다. 디지털 가전제품으로 가득한 이 집안의 남자와 여자는 예전과 다름없이 서로 분리된 공간에서, 남자들은 편안히 앉은 자세로 최첨단 사교와 여가를 즐기고, 여자들은 전통적인 집안일을 하고 있다. 이 광고에 따르면, 새천년이 되어도 디지털이 가사노동에서 여성을 해방시킨다고 보기는 어려울 것이다.

우리나라의 2009년 생활시간 조사를 분석한 결과에 의하면, 우리나라의 20-49세의 기혼 남녀 중에서 평일 기준으로 여성은 가사노동에 276.1분을 사용하는 반면, 남성은 33.5분을 사용한다. 여성의 가사노동 시간은 남성의 8배에 달하며, 남성의 가사노동 분담률이 OECD 국가 중 최하라고 한다. 일요일의 경우, 남성이 86.4분으로 상당히 증가하고 여성은 282.2분으로 거의 변화가 없어, 남성의 분담률이 늘어나기는 한다. 취업자의 경우에도 평일에 여성은 178.6분을, 남성은 29.3분을 가사노동에 사용한다. 일요일에는 남녀가 각각 86.4분, 247.5분을 사용하여, 남녀 간 차이는 줄어든다(박종서 2012).[12] 2012년 8,309가구의 기혼 남녀에 대한 설문 조사에서도 87.6%가 가사노동과 육아를 주로 여성이 담당한다는 응답 결과가 나왔다(김승권 외 2013). 20세기 가정 내에서의 산업혁명과 마찬가지로, 21세기 디지털 혁명의 경우에도 가사노동의 특성과 부담을 근본적으로 바꿀 수 있을 것이라는 낙관적 전망은 아직 실현되지 않고 있다.

3. 정보화, 여성의 일자리와 권한을 증대시키는가?

정보화가 가져오는 편익과 새로운 삶의 모습에 대해서 우리는 익히 듣고 이미 널리 체험하고 있다. 정보화를 통해서 여성의 사회참여가 대폭 확대되고 성별 불평등이 해소됨으로써, 여성이 정보화의 최대 수혜자가 되고 여성에게 무한한 가능성을 열어 주는 시대가 된다고 한다. 정보화 시대에는 '골든칼라'(golden collar) 직종, 즉 육체적 힘 대신 지식과 아이디어가 요구되는 직종이 각광을 받고, '3F,' 즉 여성성(feminine), 감성(feeling), 허구(fiction)라는 것이 사회 활동에서 중요한 요인이 된다는 주장이 21세기로의 전환기에 대단히 광범위하게 확산된 바 있다.

그러면 실제로 정보화, 디지털 혁명을 통해서 여성의 취업과 권한에는 어떤 변화가 일어났는가? 정보화와 정보통신기술은 본질적으로 여성에게 유리한가? 먼저 19세기 말 발명된 기술로 여성의 삶에 커다란 변화를 가져온 것으로도 알려져 있는 타자기와 전화의 예를 들어 보자.

아래 인용한 것은 미국에서 1868년 타자기를 발명하여 상품화한

〈그림 6-6〉 숄스 발명 타자기, 1868년
출처: https://en.wikipedia.org/wiki/Typewriter(2015년 12월 6일)

숄스(Christopher L. Sholes, 1819-1890)가 서거하기 직전 며느리와 나눈 대화라고 한다(〈그림 6-6〉 참조).

"아버님, 세상을 위해서 정말 훌륭한 일을 하셨습니다."
"글쎄 세상을 위한 것이었는지는 잘 모르겠다. 하지만 언제나 그렇게 힘들게 일해야만 했던 여성들을 위해서는 상당히 좋은 일을 했다는 생각이 드는구나. 내가 만들어 낸 타자기 덕분에 여성들이 더 쉽게 생계를 해결할 수 있겠지."

자신이 발명한 타자기 덕분에 여성들이 타자수로 취업할 수 있는 기회가 생겼다는 것이 숄스의 생각이었다. 숄스뿐만 아니라 많은 사람들이 타자기 보급의 결과, 미국에서 여성의 사무직 취업이 급속히 증가하고, 더 나아가서 여성의 취업에 수반하여 광범위한 사회적 변화가 일어나게 되었다는 인식을 갖고 있다. 그들은 타자수의 대다수가 여성이었다는 사실이 이런 견해를 뒷받침하는 증거라고 생각한다.

그러나 실제로 19세기 후반 미국의 역사를 보면, 타자기가 발명되기 전부터 이미 사무직이 급증하였고, 남성 노동력의 부족 때문에 다수의 여성이 사무직에 진출하고 있었다. 남북 전쟁이 종결된 후 남과 북의 경제가 통합되면서 미국의 경제, 정부의 규모가 대폭 확대되고 다수의 새로운 대기업들이 출현하게 됨에 따라, 사무직에 대한 수요도 급증하게 되었다. 전쟁으로 남성 노동력의 공급은 줄어드는데 사무직에 대한 수요는 늘어나면서, 전에는 남성 전유의 직종이었던 사무직에 불가피하게 여성의 진출을 허용하지 않을 수 없었던 것이다. 처음부터 타자수 직종에 여성들이 진출하였던 것일까? 초창기의 타자수 중에는 남성들이 많았다고 한다. 즉 급속한 사무직의 확대와 여성의 진출이 타자기 때문에 일어난 것은 아니었다. 타자기는 하나의 촉진 요인이었을 뿐이었다. 사회구조적 변화로 인하여 상업적으로 성공한 타자기의 대량 생산과 보급이 가능해졌다고 보는 것이 오히려 타당한 해석이다.

혹자는 타자기 때문에 사무직 업무가 기계화되고 세분화되어서 여성이 온종일 자판만 두드리는 단순노동을 맡게 되었다는 주장을 한다. 물론 타자기의 도입으로 기계화가 가능해졌다는 사실은 수긍할 수 있다. 그러나 여성들이 세분화된 단순반복 작업에 배치된 것이 타자기의 본질적 속성 때문이라고 할 수는 없다. 작업이 세분화된 것은 당시 기업에서 구사한 경영 전략 때문이었고, 여성들이 세분화된 하급사무직에 집중적으로 배치된 것은 당시 여성들이 다른 부문에서도 열악한 사회적 지위에 처해 있었기 때문이다(윤정로 2000: 319-320; Davies 1988).

19세기 말에 발명된 전화와 관련해서도 비슷한 논의를 할 수 있다. 전화는 과연 여성을 위한, 여성에게 유리한 기술이었을까? 집안일과 자녀 양육 때문에 집안에 고립된 여성들에게, 전화는 만나기 어려운 가족이나 친구들과 대화를 나누고 가사 처리와 다양한 정보를 입수하는 데 긴요한 수단이 되었다. 타자기와 마찬가지로, 교환수와 전화번호 안내원을 비롯하여 전화와 관련된 하급사무직에도 대부분 여성이 취업함으로써, 여성의 취업 기회 확대에 기여했다는 인상을 주고 있다.

전화는 1876년 벨(Alexander Graham Bell, 1847-1922)이 미국에서 특허를 출원하고, 1877년 벨 전화회사(Bell Telephone Company)를 설립하여 서비스를 개시하였다.[13] 10년 후인 1886년의 전화 가입자는 15만 명 규모가 되었고, 1892년부터 뉴욕에서 시카고로 장거리 전화가 개통되었으며, 1915년에는 뉴욕과 샌프란시스코, 즉 대륙 간 장거

〈그림 6-7〉 뉴욕-시카고 장거리 전화 개통식, 1892년
출처: https://en.wikipedia.org/wiki/Alexander_Graham_Bell(2015년 12월 6일)

리 전화가 개통되었다. 그런데 전화가 발명, 보급되기 시작하는 단계에서 여성은 안중에 없었다. 발명자인 벨이나 전화회사에서는 전화를 전보(電報)보다 더 신속하고 편리한 대용품이 될 것으로 의식했고, 따라서 주로 남성들이 업무용으로 사용할 것으로 보았다. 〈그림 6-7〉의 1892년 장거리 전화 개통식 사진에서, 전화 통화를 하고 있는 벨 주변에 여성은 한 명도 보이지 않는다.

전화가 널리 보급되면서부터 비로소 여성들의 전화 사용이 급격히 늘어난 것이 확인되었다. 당시 여성들은 긴 치마 차림에 교통수단도 불편했기 때문에 먼 거리로 외출하는 일이 쉽지 않았다. 따라서 집에 전화가 설치되자 여성들이 집안에서 다른 사람들과 통화하

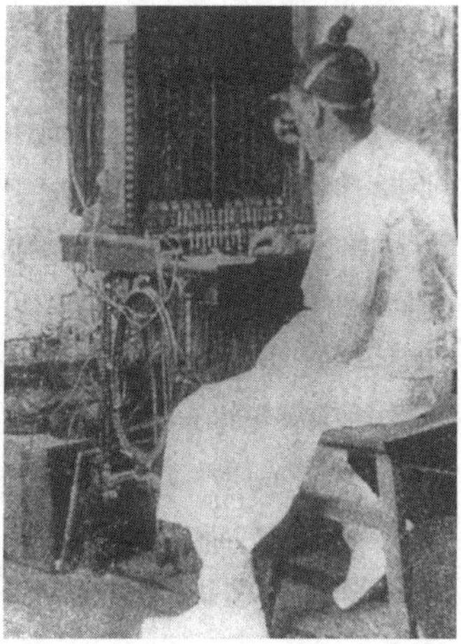

〈그림 6-8〉 우리나라 전화도입 초기의 남자교환수

는 경우가 급격히 늘어났던 것이다. 처음에는 비즈니스용으로, 편리한 전보 대용으로 생각되었던 것이 다른 사람과 손쉽게 이야기를 주고받는 사교용으로 전환되는 상황이 발생하였다.

그러자 전화회사에서는 이러한 용도의 전환이 영업에 큰 도움이 된다는 것을 간파하게 되었다. 전기와 마찬가지로, 장거리로 설치해 놓은 유선통신망을 계속 사용하지 않는 것은 전화회사에게 큰 손실이었다. 전기회사가 24시간 전기를 사용하는 냉장고의 개발에 열중하였듯이, 전화회사도 전화를 사용해서 오랫동안 일상사를 얘기하는 데 적합한 방향으로 기술과 요금체계를 비롯한 마케팅 전략을 개발하였고, 이것은 통신산업이 획기적으로 성장하는 계기가 되었다. 공급자의 본래 의도에 상관없이, 소비자들이 새로운 용도를 개발하고 그것이 새로운 기술 발전으로 이어지는 현상을 '기술 혁신가로서의 소비자'(users as innovators)라고 한다. 전화는 바로 여성들이 이런 혁신적인 소비자로서 기술이 재구성되는 데 영향력을 발휘한 사례이다(윤정로 2000; Fischer 1998; Rakow 1988).[14]

우리나라에서는 덕수궁과 명성황후의 능 사이에 처음으로 전화 가설이 시작되었다고 전해지며, 1896년 덕수궁과 인천 간 전화가 개통되었다.[15] 〈그림 6-8〉의 사진에서 보듯이, 전화 개통 초기의 교환수는 모두 남성이었다. 1919년에야 비로소 여성 교환수, 즉 '할로 걸'로 불리던 미혼의 '전화 교환양'이 등장하였다. 일제 치하였던 1926년 서울 중앙전화국 광화문 분국의 40명 전화 교환수 중 조선 여성이 11명이었는데, 〈그림 6-9〉처럼 1956년에는 전국 1,200여 명의 전화 교환수가 모두 여성으로 바뀌었다(강준만 2009: 37-93, 116-118). 전화 교환수가 첨단기술 직종으로 사회적으로 좋은 대우를 받던 시절에는 그 자리를 남성이 독점하다가, 사회적 위신과 대우가 낮아지면서 여성의 직업으로 바뀌게 된 것이다.

타자기와 전화가 보급되기 시작한 지 100년이 지나 정보화가 진전되면서, 20세기 말부터 여성들이 차지하고 있던 타자수, 비서, 교환수 등 하급사무직에 큰 변화가 일어났다. 개인용 컴퓨터와 문서 작성을 비롯한 사무용 소프트웨어가 대중화되면서, 타자수와 단순 업무에 종사하던 비서직은 일자리가 없어지거나 그 지위와 처우가

〈그림 6-9〉 1950년대 시외전화 교환실

더욱 낮아지게 되었고, 일부의 전문직 비서만이 남게 되었다. 전화 교환수는 사라졌고, 전화번호 안내와 콜센터 관련 업무는 인건비를 낮추기 위해서 해외로 이전되는 경우도 드물지 않았다.

정보화 예찬론자들의 장밋빛 전망과는 괴리가 있는 것이 아직 우리 여성들의 현실이다. 종래 문자매체 위주로 움직인 사회에서는 글을 읽고 쓸 줄 아는 문자구사능력(literacy)이 사회 구성원으로서의 권리를 찾는 데 필수조건이었다. 마찬가지로, 정보화 시대에는 정보통신기술의 구사능력(computer literacy)이 사회 구성원 누구에게나 요구되는 기본적인 자질이 된다. 부와 권력, 사회적 영향력 또한 컴퓨터와 모바일, 네트워크를 매개로 창출되고 배분된다. 역사적으로 여성들이 문맹(illiteracy)으로 인하여 사회적 불이익을 당했듯이, 정보화 시대에 여성은 다시 컴맹(computer illiteracy)으로 불이익을 당하게 된다.

현실적으로 컴퓨터와 정보통신기술에 대한 접근과 활용능력에는 성, 연령, 계층, 국가에 따라 구조적인 차이가 있고, 이런 차이를 정보 격차 혹은 정보 불평등(information gap, digital divide)이라고 한다. 거의 모든 국가에서, 최소한 정보화 초기에는 여성이 정보화에 상대적으로 뒤떨어졌다. 우리나라의 경우, 1996년 20세 이상 성인 인구의 정보화 지수는 남성을 100으로 했을 때 여성은 32 정도에 불과하였다. 1990년대에 실시된 다양한 정보화 실태 조사를 보면, 전업주부가 농림어업, 생산직 종사자와 함께 정보화 수준에서 최하위 집단을 이루고 있다. 1994년 국내 정보통신망 이용자 중 여성 비율은 20%에 불과하였다. 남녀 간 정보 격차는 노동시장에서의 성별 격차로 나타난다. 1994년 우리나라 전체 노동력에서 여성의 비율이 40%임에도 불구하고, 정보처리 및 기타 컴퓨터 운용 관련 산업에서는 여성 노동력의 비율이 11%에 불과하였다(김애실 1995; 윤정로 2000: 323-324, 352).

이러한 남녀 간의 정보 격차가 과도기적 현상이며, 정보화는 사용자의 편의를 중심으로 누구나 쉽게 이용할 수 있는 방향으로 나아가는 추세이기 때문에 조만간 성별 정보 격차는 소멸될 것이라는 주장도 있다. 물론 인터넷이나 모바일 기기 이용에 있어 성별 격차, 특히 젊은 세대의 성별 격차는 이미 현저히 감소된 것으로 보인다. 그러나 인터넷진흥원의 정보화 실태 조사 결과에 의하면, 2011년에도, 그리고 20-30대의 젊은 층에서도 소프트웨어 다운로드나 업그레이드, 구직 활동을 위해서 여성보다 남성이 더 적극적으로 인터

넷을 사용하며, 30대에서는 남녀 간 차이가 20대보다 더 벌어지는 것으로 나타난다.[16]

우리나라에서 한 구청의 공무원 150명을 대상으로 2008년 말 실시한 설문 조사 결과, 여성의 컴퓨터와 인터넷 이용도가 더 높고, 그 이유는 정보화 활용 교육 덕분에 높아진 컴퓨터 자기효능감 때문이라는 분석이 나왔다. 그러나 이 분석 결과는 연령, 직급 등 주요 변수가 고려되지 않아 탐색적 성격을 띠고 있으며, 향후 보다 정밀한 자료 수집과 분석이 필요하다고 본다(정철현 · 김종업 2010).

정보화는 여성의 권한과 경제적 지위를 향상하였는가? 이 질문에 대한 답을 제공할 정확한 통계 자료는 구하기 어렵다. 그러나 정보화를 계기로 새로운 기업가들이 탄생하고 새로운 부의 창출 기회가 마련된 것은 분명하다. 세계적으로뿐만 아니라 국내에서도 신흥 거부들이 다수 출현하였고, 이들의 영향력은 경제 분야를 넘어 사회 전반에 미치고 있다. 미국의 마이크로소프트, 애플, 구글, 이베이, 아마존, 트위터, 페이스북을 비롯해서 일본의 소프트뱅크, 국내의 네이버, 다음, 넥슨, 안랩 등의 회사와 그 창업자 및 고위 경영자들이 그 예다. 그러나 이들 중에서 여성은 아직 소수에 불과하다.

1990년대에 널리 유행한 용어로 '정보고속도로'(information superhighway)라는 비유가 있다. 고속도로가 생기면 누구나 그곳을 이용할 수 있듯이, 정보고속도로에서는 모든 정보가 자유롭게 달릴 수 있고 누구라도 그 정보를 이용할 수 있을 것이라고 보는 것이다. 그런데 고속도로는 누가 더 많이 이용할까? 노약자보다는 건강한 사람, 여성보다는 남성이 고속도로를 더 많이 이용할 것이다. 사우디아라비아에서는 법적으로 여성의 운전이 금지되어 있다가, 2012년에야 허용되었다. 고속도로를 아무리 많이 건설한다 해도, 여성에게 운전이 허용되지 않은 사회에서는 여성에게 혜택이 돌아가기 어렵다. 고속도로가 뚫리면서, 전에는 지척에서 바로 걸어갈 수 있었던 논밭을 멀리 돌아서 가야 하거나 아예 접근할 수도 없게 된 농부들이 생기기도 한다. 마찬가지로, 정보화에 대해서도 정보에 대한 접근권이 제한되거나 허용되지 않은 개인과 집단이 생긴다. 급격한 기술 변혁의 시기에는 여성을 비롯한 사회적 약자들의 지위가 오히려 상대적으로 악화된다는 주장도 있다.

여성의 가사노동 시간을 줄이고 정보 격차를 해소하는 데는, 가사보조기술의 도입이나 컴퓨터와 인터넷 성능의 향상이 아니라 여성의 취업 여부가 가장 큰 변수로 작용했다. 2000년대에 들어 미국에서는 취업자에 관한 한 성별 정보 격차가 거의 사라진 반면, 일본에서는 성별 정보 격차가 온존하고 있는 것으로 나타나는데, 그 이유는 일본에서 여성들이 주로 비정규직에 고용되어 있기 때문이라고 한다(Ono and Zavodny 2005).

'잘 잤다' 한마디에 커피포트의 물이 끓을 만큼 가사노동이 수월해지고 자동화된다 하더라도, 그 '잘 잤다'라는 말을 여성이 해야 하는 한, 여성이 가사노동의 부담에서 벗어나기는 어렵다.

제 3 부

—

현대 과학기술의 명암

7장 | 과학기술과 위험, 어떤 관점에서 보는가?

1. 현대 과학기술에 대한 경고

"왜 우리는 미래에 필요 없는 존재가 될 것인가?"(Why the Future Doesn't Need Us?) 21세기에 들어선 2000년 4월, 미국에서 발행되는 월간지 「와이어드」(*Wired*)에 실린 글의 제목이다. 「와이어드」는 첨단 과학기술 관련 분야에서 세계적인 영향력을 갖고 있는 잡지였고, 이 글의 필자는 유명한 컴퓨터 과학자이면서 미국의 대표적인 IT 기업 선마이크로시스템즈(Sun Microsystems)사의 공동 창업자이자 최고기술책임자인 빌 조이(William Nelson "Bill" Joy)였다.[1] "현대 컴퓨터 역사에서 가장 영향력 있는 사람 중 하나"(글래드웰 2009: 53)로 알려진 과학기술 전문가가 이렇게 도발적인 제목으로 기고한 글은 전 세계적으로 커다란 반향을 일으켰다.

빌 조이에 의하면, 유전공학(genetic engineering), 나노기술(nano technology), 로봇기술(robotics) 등 21세기의 새로운 기술들(이하 GNR 기술)은 세상을 개조할 수 있는 강력한 힘을 갖고 있으며, 인류에게 종래의 과학기술과는 근본적으로 다른 위험을 초래할 것이라고 한다. 20세기 대량파괴무기에 사용되어 위협적이었던 NBC 기술, 즉 핵(nuclear), 생물(biological), 화학(chemical) 기술은 강력하기는 했지만, 대규모 시설과 희귀한 원료를 필요로 했고 대부분 정부 기관의 통제하에 있었기 때문에, 비교적 모니터링하기가 쉽고 관리가 가능하였다. 대조적으로, 21세의 GNR 기술은 대규모 투자 없이도 지식만 있으면 되기 때문에 소규모의 분산된 시설에서 개발이 가능하고, 이런 기술들이 대부분 상업적 용도로 기업에서 만들어지고 있다. 더욱이 이런 GNR 기술은 이전의 기술들과 달리 자기복제가 가능하기 때문에, 빠른 속도로 증식되어 위험성도 엄청나게 증폭되고, 통제도 불가능하게 된다는 것이다. 빌 조이는 GNR을 비롯한 첨단기술들의 발전에 의해 결국 인간이 절멸되는 위험에 처할 가능성이 다분하다고 경고하면서, 위험한 지식 추구와 기술개발에 제동을 걸어 '포기'하는 것만이 현실적으로 유일한 대처방안이라고 주장하였다.

현대 과학기술은 우리에게 축복인가, 아니면 재앙을 몰고 올 것인가? 우리는 현대 과학기술의 수혜자가 될 것인가, 아니면 희생자가 될 것인가? 이는 너무 단순화된 질문이고, 대답하기도 어려운 문제이다. 우리에게 중요한 질문은 "현대 과학기술의 발전이 우리 모두에게 더 많은 혜택을 주고, 재앙을 몰고 오지 않게 하려면 우리는 무엇을 어떻게 해야만 하는가?"의 문제일 것이다. 비관적인 전망을 편 빌 조이가 궁극적으로 주장하고 있는 바도, 문제의 핵심은 과학기술 전문가를 포함한 현대인 모두가 매일매일 일어나는 과학기술의 발전과 새로운 생활방식에 너무 익숙해진 나머지, 과학기술의 발전이 품고 있는 사회적 의미와 위험에 대해 당연시하고 의문을 제기하지 않는다는 사실에 있다. 또, 과학기술의 위험에 맞서기 위해서는 우선 과학기술에 대한 애착이나 두려움, 선입견 없이 다양한 배경을 가진 사람들이 진지하게 토론을 해야 한다는 것이었다.

오늘날 과학기술이 사회적으로 중요한 관심을 끄는 이유는 무엇보다도 막대한 경제효과와 사회적 파급효과를 갖고 있기 때문일 것이다. 과학기술의 경제효과에 대한 관심이 최근에 생겨난 것은 아니다. 인류 역사상 수많은 전쟁에서 과학기술이 승패를 결정하는 요인으로 작용하였고, 국가를 통치함에 있어서도 과학기술은 중요한 역할을 담당해 왔다. 널리 알려져 있듯이, 오늘날 우리가 알고 있는 근현대 과학기술은 17세기 유럽에서 일어난 '과학혁명'에 뿌리를 두고 있다. 과학자들 ―당시의 용어로는 '자연철학자'들― 은 이전의 기독교적 세계관과 종교적 권위에 기반을 둔 지식에서 벗어나, 인간의 경험적 판단을 바탕으로 자연 세계를 설명할 '새로운' 지식을 추구하고자 하였다. 자연철학자들은 자신들이 추구하는 '새로운 과학'의 결정적 특징으로 현실적 효용성을 꼽았다. "아는 것이 힘"(scientia est potentia)이라는 프랜시스 베이컨(Francis Bacon, 1561-1626)의 유명한 금언에서 아는 것이란 과학적 지식, 힘이란 실용적 목적에 맞게 자연을 조작할 수 있는 능력을 의미한다.

'새로운 과학'을 추구하던 과학자들은 새로운 지식의 축적과 확산을 촉진하기 위해서 단체를 결성하였고, 런던왕립학회는 이런 과학자 단체의 효시로 알려져 있다. 1660년 창립되어 1662년 찰스 2세로부터 공인을 받은 런던왕립학회는 아이작 뉴턴을 비롯해서 영국뿐만 아니라 유럽과 북미 전역의 과학자들에게 활동 무대를 제공하였다. 이렇게 '새로운 과학'의 기치를 건 런던왕립학회의 초창기였던 17세기 말 회의록을 분석해 보면, 발표된 연구 주제의 대부분이 실용적인 목적을 염두에 두었고, 실용성과 별 관련이 없는 소위 순수 연구는 41% 정도에 불과한 것으로 나타난다(1장 참조; Merton [1938] 1970: 238). 찰스 2세의 재위 기간 중 영국의 그리니치 천문대가 건설되었는데, 그 일차적인 목적은 원거리 항해의 위험을 줄일 수 있도록 지구의 경도(經度)와 위도(緯度) 측정을 정확히 하기 위한 것이다. 루이 14세의 절대왕정 치하에서 재상 콜베르의 지휘로 1666년 왕립과학아카데미를 창립하고 국가에서 과학자들을 적극적으로 지원했다고 알려진 프랑스에서도 영국과 마찬가지로 국부와 국력의 증대에 유용한 항해술 등에 주된 관심을 두었다(Bowler and Morus 2005: 23-53, 319-328).

19세기에 들어서는 과학이 점점 더 산업의 발전과 깊은 관련을 맺게 되었고, 과학에 대한 각국 정부의 관심이 증가하게 되었다. 1789년 프랑스대혁명 이후 프랑스에서는 정부 주도로 에콜 폴리테크니크(공과대학), 고등사범학교 등 과학 연구 및 교육을 위한 새로운 기관들이 세워지면서, 과학기술이 국익에 기여하는 실용적인 목적을 갖고 있다는 인식이 자리 잡게 되었다. "과학에는 국경이 없지만, 과학자에게는 국적이 있다"는 프랑스 과학자 루이 파스퇴르(Louis Pasteur, 1822-1895)의 발언도 이런 맥락에서 이해할 수 있다. 독일 대학에서 이루어진 과학 연구는 19세기 후반부터 화학염료 생산 등 당시의 최첨단산업 발전으로 직결되었으며, 이런 대학의 연구 활동이 확산되어 오늘날 우리가 알고 있는 연구중심대학의 모델로 정립되었다. 전문가 집단으로 등장한 유럽과 미국의 과학자들도 자신들의 활동에 대한 사회적 관심과 지원, 특히 정부 차원의 재정 지원을 확보하기 위한 근거로서 과학 연구의 실용적 가치를 강조하기 시작하였다(Ben-David 1971; Bowler and Morus 2005: 329-337).

20세기에 겪은 두 차례의 세계대전은 과학의 효용성에 대한 인식을 완전히 바꾸어 놓았다. 특히 제2차 세계대전 중 레이더와 원자폭탄 등의 무기개발에 다수의 과학자들이 참여하여 전쟁의 승패에 결정적인 기여를 하면서, 전 세계적으로 과학기술에 대한 지원은 정부의 당연한 임무로 받아들여지게 되었다. 확대된 정부 지원과 함께 20세기 후반기에 과학기술은 거대과학(big science)으로 변모하는 추세를 모였다. 대규모 자금과 고가의 연구 장비, 시설을 이용해서 다수의 과학자들이 체계적이고 조직적인 연구 활동을 벌이게 된 것이다. 원자폭탄과 미사일의 개발, 대규모 입자가속기나 천체 망원경을 이용하는 물리학, 우주 탐사나 인간유전체 프로젝트 등을 거대과학의 대표적인 사례로 들 수 있다(Galison and Hevly 1992).

21세기에 들어 과학기술은 다시 새로운 양상을 보이고 있다. 이제 거대과학을 넘어 초거대과학(mega science)으로 지속적으로 규모가 확대되고 있다. 과학기술 지식은 점점 더 전문화되고 분야가 세분화되는 추세가 지속되고 있다. 동시에 다른 한편에서는 전통적인 전문분과의 구분이 흐려지고 여러 분야의 지식이 융합되는 추세가 가속화되고 있다. 또한 전통적인 과학과 기술의 구분, 기초 연구와 응용 연구, 기술개발의 구분이 흐려지고, 실험실의 연구 결과가 바로 실용화로 이어지는 추세가 뚜렷해지고 있다. 빌 조이가 주목했듯이, 이런 현상은 특히 정보통신, 나노(nano), 바이오 등 첨단과학기술 분야에서 두드러지고 있다. 최근 과학기술학 분야에서 과학과 기술을 별도로 구분하지 않고 '기술과학'이라는 개념을 사용하고, 종래의 R&D(research and development, 연구개발) 대신 R&BD(research and business development, 연구·사업개발)라는 용어가 등장하여 자주 사용되기 시작한 것도 이런 추세와 무관하지 않다.

현대 사회에서 과학기술이 엄청난 위력과 실용성, 역동성을 지닌 생산력이자 경제성장의 도구라는 것은 명백한 사실이다. 우리나라에서도 과학기술이 주목을 받기 시작한 것은 1960년대 경제개발계획을 성공적으로 추진하기 위해서 정부 주도하에 조직적인 과학기술 진흥정책이 수립되면서부터였다. 정부의 과학기술에 대한 관심은 과학기술의 개발과 공급을 통해서 산업경쟁력을 제고함으로써 경제성장의 목표를 달성하는 데 집중되었다. 1960년대 과학기술 분야를 전담하는 행정부처의 설치를 건의한 정부 보고서에 의하면, "과학기술을 최대한으로 도입하여 최단 시일 내에 최대한의 경제효과"를 거두는 것이 목표로 설정되어 있다(과학기술처 1987: 18). 정부의 정책뿐만 아니라 일반 시민, 심지어는 과학기술 전문가들 사이에서도 과학기술에 대해서 이러한 경제중심적이고 도구적인 시각이 깊이 자리 잡게 되었다.

2. 과학기술과 위험

최근 '위험'(risk)이라는 개념이 여러 가지 사회 현상을 파악하는 데 자주 사용된다. 위험이라는 용어는 17세기 무렵 유럽에서 '원양 진출을 위한 모험적인 원거리 항해에 부수되는 난관'이라는 의미로 사용되기 시작하였고, 이후에는 부를 얻기 위해서 감수해야 하는 난관과 위험이라는 의미를 갖게 되었다고 한다. 일찍이 보험 분야에서 위험의 개념이 널리 사용되기 시작했는데, 이는 보험제도가 사업이 실패할 경우의 금전적 피해를 줄이기 위해서 여러 사람이 조금씩 돈을 모아 자금을 조달해 주는 방식에서 비롯되었기 때문이라고 한다.

오늘날 위험은 다양한 방식으로 규정되고 있다. 국제위험통제협회(International Risk Governance Council)의 방식에 의하면, 위험(risk)과 위해 요인(hazard, danger)을 구분한다. 위해 요인은 위험 인자(risk agent) 및 그에 관련된 과정에 내재된 속성을 의미하고, 위험은 위해 요인이 인간이나 생태계 등 구체적 대상에 미치게 될 잠재적 영향력(potential effect)을 의미한다. 영국의 왕립학회, 호주 정부 등에서 사용하는 정의를 보면, 대체적으로 위해(harm)는 인간의 건강, 재물, 또는 환경에 미치는 피해를 의미하고, 위해 요인은 위해의 잠재적 근원을 의미하며, 위험은 위해가 발생할 확률과 이에 따르는 결과의 심각성을 포괄하는 개념으로 볼 수 있다(이재열 2010). 위해 요인은 인간의 개입을 통해서 위해로 현실화되지 않을 수도 있으며, 위해의 정도가 약화될 수 있다. 예를 들면 독감 바이러스는 위해 요인이지만, 예방접종 등의 조치를 통해서 독감 환자 수와 증세의 심각성 등 대규모 독감 발생의 위험을 줄일 수 있다는 것이다. 잠재적 영향력은 필연적인 것이 아니라 인간의 노력과 개입을 통해서 통제할 수 있으며, 따라서 위험은 인간의 의지와 노력의 영역으로 들어오는 것이다.

전통적으로 위험의 유형을 그 원인에 초점을 맞추어서 자연적 위험, 기술적 위험, 사회적 위험으로 구분하는 방식이 널리 사용되었다. 자연적 위험은 홍수, 태풍, 지진 등 천재지변이나 자연조건의 변화로 인해 발생하고, 기술적 위험은 대기 오염, 교량 붕괴, 비행기 추락사고 등의 인공물이나 기술체계의 실패로 인해 발생하며, 사회적 위험은 사기, 절도 등 순수하게 인간의 행동으로 인해 발생하는 것으로 구분하였다. 그러나 최근에는 산업화 등 인간의 활동이 자연조건에 변화를 일으켜 지구온난화를 초래하는 것으로 알려지고 있으며, 유독물질 유출이나 교량 붕괴 등 기술적 위험도 설계나 운용방식에 있어 소위 시스템 실패(system failure)나 인간의 실수(human failure) 등 인재(人災)의 요인이 중요하게 작용한다는 인식이 확산되었다. 자연적·기술적 요인과는 전혀 무관한 것으로 여겨졌던 폭력, 사기 등 사회적 위험의 형태도 악성 댓글이나 보이스 피싱(phishing) 등의 사례처럼 최근에는 과학기술의 발전과 밀접한 연관성을 갖게 되었다. 이런 맥락에서 보면, 현대 사회의 위험은 자연적·기술적·사회적 요인이 연결된 복합적 형태로 나타나며, 기본적으로 기술-사회적 성격을 갖게 된다(정근모·이공래 2001: 39-41; Petroski 1992).

세계적으로 커다란 영향력을 미치고 있는 영국의 사회이론가 앤서니 기든스(Giddens 1990)는 위험을 '외부적 위험'(external risks)과 '만들어진 위험'(manufactured risks)으로 구분한다. 외부적 위험이란 가뭄이나 지진 등 자연계에서 발생하는 위험을 지칭하며, 만들어진 위험은 자연계에 인간의 지식과 기술을 적용함으로써 발생하게 되는 위험을 가리킨다. 기든스가 특히 주목한 지구온난화 등의 문제는 현대 사회에서 만들어진 위험으로 본다. 시스템 이론가로서 최근 우리나라에서도 그 이론이 널리 소개되고 있는 독일의 사회학자 니클라스 루만(Niklas Luhmann)도 기든스와 비슷한 맥락에서, 현대 사회에서는 외부적인 위해 요인이 사회체계 안으로 들어와 내부화된 위험(internalized risks)이 되어 사회체계를 지배하게 된다고 본다. 최근 여러 분야에서 이루어지는 '위험'에 대한 연구에서 공통적으로 나타나는 특징은 위험의 사회적 차원이 강조된다는 점이다.

현대 과학기술과 관련된 '위험'에 대한 논의에서는 불확실성(uncertainty)의 측면이 주목을 받고 있다. 위해 요인이 비교적 분명하게 드러나고 그것이 미치는 영향을 어느 정도 측정 가능한 경우와 위해 요인의 내용과 범위, 영향력과 발생 가능성 등을 측정하기 어려운 경우로 구분해야 한다는 주장들이 나온다. 보통 측정 가능한 경우는 위험으로 보고, 측정 불가능한 위험은 불확실성으로 본다. 국제위험통제협회에서는 위험의 유형을 단순형, 복합형, 불확실형, 모호형으로 구분하고, 유형에 따라 상이한 해결 전략을 제시하였다. 단순형 위험은 법률과 규제로써 해결 가능하며, 복합형 위험은 과학적인 전문 지식을 토대로 위험숙지형, 또는 견고성(robustness)의 전략이 필요하다. 견고성이란 완벽하게 예측할 수 없는 위험 상황에 대처할 수 있는 위험감소방안의 신뢰성을 의미한다. 불확실형 위험에 대응하기 위한 사전예고형 또는 대응중심 전략은 결정적인 상황에서 사전예고를 통해 상황을 반전시키거나 기습적인 위험에 대한 대응능력의 제고를 목표로 한다. 원인과 결과가 명확히 드러나지 않은 모호형 위험을 해결하기 위해서는 갈등하는 의견과 가치에 대한 상호 이해와 수용성을 높일 수 있는 담론형 전략이 유효하다(이재열 · 정진성 2010: 273).

근대 과학에는 '수상쩍은'(spurious) 확실성, 즉 모든 문제에는 정확하고 올바른 답이 존재한다는 믿음이 뿌리 깊게 박혀 있으며, 따라서 불확실성의 문제를 효과적으로 관리하지 못한다는 비판도 제기되었다. 이런 근대 과학의 한계는 특히 탈정상과학(post-normal science)의 상황에서 문제가 된다. 탈정상과학이란 오늘날 지구온난화 문제에 대응하는 기후과학 분야와 같이, 알려진 사실은 불확실하고 가치에 대해서는 논란이 벌어지고 있는데, 중대한 이해관계와 위험이 걸려 있기 때문에 긴급히 의사결정을 해야만 하는 상황에 처한 과학을 의미한다(Funtowicz and Ravetz 1990, 1991). 결국, 현대 과학기술의 위험과 불확실성에 대한 대응방식은 달라져야 하고, 위험을 더 세분화하여 차별화된 대응방식을 강구하는 것이 효과적일 것이다.

3. 위험사회론

1980년대 이후 위험의 문제가 주로 유럽의 대표적인 사회이론가들 사이에서 본격적으로 논의되기 시작하였다. 이러한 위험에 대한 사회과학적 관심은 현실에서 발생한 비극적인 사건들과 무관하지 않았다. 널리 알려진 사례를 보면, 우선 1976년 이탈리아 북부 세베소(Seveso)의 농약공장에서 다량의 유독물질이 방출되는 사고가 발생하였다. 이 공장은 스위스의 다국적기업 로슈(Roche)에서 운영하고 있었고, 이 사고로 인하여 수많은 동물들이 폐사하고 주민들은 피부병에 시달렸으며, 토양 오염으로 인하여 결국 마을이 폐쇄되는 사태에 이르게 되었다. 이 사건을 통해서 유독성 화학물질의 위험에 대한 경각심이 높아졌고, 1982년 유럽연합 차원에서 산업안전에 대한 규제 지침(Seveso Directive)을 제정하는 계기가 되었다. 1984년 12월 인도 보팔(Bhopal)에 있던 미국의 다국적기업 유니온 카바이드의 공장에서 발생한 폭발사고는 더욱 충격적이었다. 인체에 치명적인 화학물질이 누출되면서, 사고 이후 2주 만에 사망자가 1만 명, 피해자가 50만 명에 이르게 된 대참사였다. 1986년 4월 발생한 우크라이나 체르노빌 원자력발전소 폭발사고는 전 세계를 충격에 빠뜨리면서 두고두고 잊을 수 없는 사건이 되었다. 이러한 사건들은 두말할 나위 없이 '만들어진' 위험이었다.

위험에 대한 이론에서 가장 선구적이고 널리 알려진 학자는 독일의 사회학자 울리히 벡이었다.[2] 벡은 근대화 과정에 의해서 19세기에 봉건사회의 구조가 해체되고 산업사회가 출현하게 된 것과 마찬가지로, 20세기 말에는 산업사회가 해체되면서 종래와 구별되는 새로운 근대성과 새로운 사회가 출현하고 있다고 본다. 20세기 말 새로운 근대성과 함께 출현한 사회는 바로 '위험사회'(risk society)라고 한다. 산업사회와 위험사회는 뚜렷이 구분된다(〈표 7-1〉, 〈그림 7-1〉 참조).

〈표 7-1〉 산업사회와 위험사회의 특성 비교

	산업사회	위험사회
출현 시기	19세기	20세기 말
중심 관심사	좋은 것/재화(goods)의 배분	나쁜 것/위해 요인(bads)의 배분
주요 역할	사회계급, 노동조합	개인화된 사회
연대의 기반	욕구와 필요(needs)	불안(anxiety)
이상	평등(equality)	안전(safety)
목표	적극적 목표: 더 많은 재화(goods)의 획득	소극적/방어적 목표: 최악(the worst) 예방
캐치프레이즈	"I am hungry!"	"I am afraid!"
근대성	단순한(simple) 근대성	성찰적(reflexive) 근대성

우선, 산업사회에서 가장 중요한 사회적 이슈는 영어 표현으로 'goods,' 즉 좋은 것 또는 재화를 어떻게 분배할 것인가의 문제이며, 이러한 분배 과정에서 사회계급(class)이 중요한 역할을 담당한다. 산업사회에서는 계급이나 노동조합 등의 집단이 개인의 정체성과 의식에 중요한 요인으로 작용하며, 이런 집단 구성원들 간에 공유되어 있는 욕구와 필요(needs)에 근거하여 연대가 형성되고, 이들이 집단행동을 취하면서 실현하고자 하는 이상은 평등(equality)이다. 다시 말하면, 산업사회에서 사회 구성원들이 지향하는 목표는 '좋은 것'(goods)을 더 많이 획득하겠다는 적극적인 목표이며, 이런 목표를 성취하기 위해서 내거는 구호는 '나는 배가 고프다!'(I am hungry!)라는 것이다.

〈그림 7-1〉 위험사회 이론가, 울리히 벡
출처: wikipedia

대조적으로, 위험사회에서는 나쁜 것(bads) 또는 위해 요인의 배분이 사회적으로 중요한 이슈가 되는데, 산업사회에서는 개인들에게 보호막의 역할을 담당했던 계급 정체성이나 노동조합의 조합원 자격이 더 이상 기능을 수행하지 못하게 된다. 즉 위험사회란 사회계급이나 노동조합을 비롯한 여타 집단의 영향력이 감소된 채, 개인적 차원에서 모든 위험에 대응해야만 하는 '개인화된' 사회라는 것이다. 개인화된 사회에서 개인들은 불안(anxiety)에서 벗어나기 위해 다른 사람들과 연대를 맺게 되고, 이들이 집단행동을 통하여 실현하고자 하는 이상은 안전(safety)이다. 산업사회에서 더 좋은 것(the better), 더 많은 것(the more)을 추구했던 적극적인 목표가 위험사회에서는 위험을 완전히 제거할 수는 없기 때문에 '최악의 것'(the worst)을 막겠다는 소극적이고 방어적인 목표로 전환되며, '나는 두렵다!'

(I am afraid!)는 구호로 이런 정서를 나타낸다.

벡이 주목하는 위험과 위험사회의 특성을 조금 더 자세히 살펴보자(Beck 1992: 22-24). 첫째, 현대 사회의 위험은 인간의 통상적인 지각능력을 완전히 벗어나 있다. 그 위험이 눈에 보이지 않고 그 영향력은 돌이킬 수가 없다. 방사능이나 유독성 화학물질, 대기 또는 수질(水質) 오염의 정도를 생각해 보면 쉽게 이해가 된다. 2011년 3월 일본에서 지진과 해일로 인하여 발생한 후쿠시마 원자력발전소 사고에서 다량의 방사능물질이 누출되었고, 특히 방사능 동위원소 세슘-137은 인체 건강에 유해하다고 알려졌다. 또한 우리나라 여러 지역의 초·중·고등학교 교실에서 라돈이라는 방사능물질이 장기적으로 학생들의 건강에 위해를 미칠 정도의 수준으로 높게 검출되었다는 뉴스도 있었다. 그러나 이런 방사능물질은 인간의 오감(五感)으로는 감지할 수 없으며, 건강에 위해 요인인지 아닌지, 그리고 그 위험의 수준이 어느 정도인지에 대해서는 전문 지식이 없으면 알 도리가 없다.

이처럼 현대 사회의 위험은 인간의 일반적인 지각능력이나 상식으로는 판별할 수 없기 때문에, 위험의 종류와 범위, 정도는 전문적인 지식을 근거로 규정될 수밖에 없다. 결국 위험이 사회적으로 '구성'되고 '규정'될 가능성이 매우 높아지는 것이다. 따라서 위험에 대한 지식을 보유하고 위험을 규정할 수 있으며, 이런 정보를 전달할 수 있는 권한과 책임을 가진 전문가들, 즉 과학이나 법률, 대중매체 등의 분야에 종사하는 전문가들이 이런 위험을 파악하는 데 주도적인 역할을 담당하게 되고, 결국 이들이 핵심적인 사회적·정치적 집단으로 등장하게 된다.

둘째, 위험은 모든 사회 구성원들에게 동일한 영향을 미치는 것이 아니라, 사회경제적 위치에 따라 그 영향이 달라지며, 위험의 배분을 둘러싸고 국내적·국제적 차원에서 새로운 불평등체계가 형성된다. 예를 들어, 대기 오염이 악화되면 부유한 사람들은 공기가 더 좋은 곳으로 이사를 해서 위험을 줄일 수 있지만, 경제적 능력이 없는 사람들은 그 위험을 줄일 수 없다는 것이다. 위험사회에서는 이러한 '위험지위'(risk position)가 중요한 불평등의 차원이 된다.

그러나 다른 한편으로, 현대 사회의 위험에는 부메랑 효과가 있다. "빈곤에는 위계질서가 있지만, 매연은 민주적"(poverty is hierarchic, smog is democratic; Beck 1992: 36)이라는 문구가 의미하듯이, 궁극적으로는 어느 누구도 위험에서 벗어날 수 없다. 위험사회는 결국 전 지구적 위험사회(world risk society)가 될 수밖에 없다.

셋째, 위험의 확산은 자본주의와의 결별을 의미하는 것이 아니라, 자본주의를 새로운 단계로 전환하는 계기가 된다. 승자의 관점에서 보면 위험은 거대한 사업거리(big business)이다. 위험이 상업화되면서, 밑 빠진 독과 같은 수요를 창출하고 무한한 자기생산이 가능해진다는 것이다. 최근 급격히 성장하고 있는 생수산업이 좋은 사례가 된다. 생수산업은 수질과 관련된 위험을 기반으로 만들어진 새로운 사업거리이고, 어떤 물이 더 좋은 물인가에 대한 기준과 관련하여 광천수, 암반수, 심해수 등 계속 새로운 수요와 사업거리가 만들어지고 있다.

넷째, 부(富)는 소유할 수 있지만, 위험은 부정적인 영향을 받을 뿐이다(afflicted by risks). "계급에서는 존재가 의식을 결정하지만, 위험집단에서는 의식이 존재를 결정한다." 즉, 계급 위주로 움직이던 종래의 산업사회에서는 개인이 처한 사회경제적 조건이 개인의 의식에 영향을 미쳤지만, 위험사회에서는 개인이 위험과 관련하여 어떤 의식을 갖고 있느냐에 따라 현실적으로 위험에 대처하는 방식이 달라진다는 것이다. 따라서 위험에 대한 지식은 정치적 의식과 행동으로 표출될 잠재력을 지니게 된다.

다섯째, 사회적으로 인정된 위험은 정치적 폭발력을 지니게 되고, 이제까지 비정치적인 것으로 여겨지던 것이 정치적인 것으로 변환된다. 위험은 사회적 · 경제적 · 정치적 파급효과를 내게 되며, 위험이 현실화되면서 발생하는 재난은 기존의 권력과 권위 구조를 뒤바꿀 수 있는 엄청난 정치적 잠재력을 갖고 있다. 1986년 영국에서 광우병이 최초로 보고된 이후 1988년 말까지 2,180건이 발견될 정도로 급격히 확산되고, 1990년대 중반부터 광우병과의 연관성이 의심되는 소위 인간광우병 환자가 발생한 위기 상황에서, 영국 정부의 대응에 대한 국민적 신뢰의 붕괴는 결국 1997년 보수당 정권이 붕괴하고 토니 블레어가 이끄는 노동당이 집권하는 정권 교체로 귀결되었다(김기흥 2009: 187-228). 또한 이런 지적은 우리나라의 2008년 광우병 파동이나 2014년 세월호 참사의 여파를 상기해 보면 쉽게 이해가 된다.

벡에 의하면, 이런 위험사회가 출현하게 된 것은 과학기술의 급속한 발전과 깊은 연관을 맺고 있다. 위험은 근대화 과정의 불가피한 결과물이며, 위험사회는 근대화의 실패가 아니라 성공의 소산인데, 과학기술이 바로 이런 근대화와 근대성(modernity)의 근간을 이루고 있는 것이다. 그러나 현대 위험사회의 더 근본적인 문제는 과학기술 자체가 아니라 현대 사회의 의사결정 과정에 있다고 본다. 1970년대부터 정치적인 것과 비정치적인 것 사이의 구분이 사라지게 되면서, 사회적으로 중요한 영향을 미치는 의사결정이 정당이나 국회 등 전통적인 정치제도나 시스템에서 벗어나, 종래에는 정치와 무관한 것으로 여겨졌던 과학기술이나 경제 등의 영역으로 옮겨 가게 되었다. 과학기술, 경제 분야가 하위정치체계(sub-political system)로 등장하게 된 것이다.

현대 사회에서 우리의 미래는 과학자들의 실험실과 기업 경영진의 집무실에서 간접적으로, 그리고 부지불식간에 만들어지고 있다. 과학기술 실험실에서 지식의 진보를 목표로 삼아 일상적으로 수행하고 있는 연구 활동, 그리고 기업의 이익 추구를 위해서 일상적으로 이루어지는 의사결정이 사회의 구조적 변화에 중요한 영향을 미치게 되었다. 벡의 표현에 의하면, 첨단과학기술 연구실과 기업이

'혁명의 세포'가 되었다고 한다. 그런데 이렇게 중요한 의미를 갖는 활동들에 대해, 현대 민주주의제도와 의사결정체계의 근간을 이루는 의회 바깥에서, 제도와 체계에 반대해서가 아니라 단지 그냥 그것들을 무시하면서 의사결정이 이루어지고 있다는 사실이 바로 문제의 핵심이다. 오늘날 미래 사회에 대한 대안은 의회에서 제안하는 새로운 법률이나 그에 대한 토론보다는 전자공학, 유전공학, 정보 미디어 등 첨단기술의 발전과 활용을 통해서 나올 가능성이 더 높을 것으로 보인다.

그러면 이런 위험사회에 대해서 벡이 제시하는 대처방안은 무엇인가? 첫 번째는 과거 산업사회의 방식으로 회귀하는 것이다. 현재의 위험은 미래를 위한 도전일 뿐이며, 과학기술의 진보를 통해서 해결되어야 한다는 것인데, 이런 방식은 불가능하다고 본다. 두 번째는 '민주화'의 방식으로, 과거 정치체계에서 효과가 입증된 민주주의원칙을 과학기술 분야의 의사결정에 확대 적용하는 것이다. 이런 방식은 국가의 개입하에 적절한 규제 장치를 정비하여 위험에 대응할 수 있는 효과도 있지만, 과도한 관료주의와 과학적 권위주의로 흐르게 될 위험도 내포하고 있다. 서구 여러 나라에서 복지제도의 운용 과정에 나타난 관료제와 권위주의의 증폭 현상이 이런 부작용을 잘 드러내고 있다. 세 번째 방식은 '차별화된 정치'(differential politics) 혹은 '정치의 해방'(unbinding of politics)이다. 이것은 민주화된 사회에서 다양한 형태의 정치적 과정이 폭넓게 공존하는 상태를 의미하며, 벡이 가장 바람직한 방향으로 생각하고 선호하는 방식이다.

벡은 차별화된 정치 또는 정치의 해방이 이루어지기 위해서는, 강력하고 독립적인 사법제도와 미디어가 존재해야 하고, 이런 배경 조건하에서 전문가들과 조직 내부에 자기비판을 할 기회를 부여하며 이를 제도화해야 할 필요성이 있음을 다음과 같이 역설한다.

> 의학이 의학에 대해 반대하고, 핵물리학이 핵물리학에 대해 반대하며, 정보기술이 정보기술에 대해 반대할 때, 시험관에서 배양되고 있는 미래에 대해서도 비로소 외부 세계에서 이해하고 평가할 수 있게 된다. 자기비판을 허용하는 것은 위험 요인이 아니라, 조만간 우리의 세계를 파괴할 수 있는 인간의 과오를 미리 찾아낼 수 있는 거의 **유일한** 길이다(Beck 1992: 234).

벡에 의하면, 합리성에 대한 과학의 독점은 자기회의(self-skepticism), 즉 성찰성(reflexivity)을 배제하게 된다. 그러나 "사회적 합리성 없는 과학적 합리성은 공허하고, 과학적 합리성 없는 사회적 합리성은 맹목적"일 뿐이다. 결국, 위험사회의 해법은 '성찰적'인 과학적 합리성, 그리고 다양한 시민사회의 적극적인 참여를 통해서 '성찰적 근대성'(reflexive modernity)을 확보하는 것이다.

8장 | 질주하는 과학기술, 어떻게 대비할 것인가?[1]

1. 생명과학기술의 새로운 도전

21세기에 들어선 2000년 6월 26일, 미국 백악관에서는 빌 클린턴 미국 대통령과 토니 블레어 영국 수상의 공동 기자회견이 열렸다. 인간유전체 프로젝트(Human Genome Project)를 통해서 인간유전체 지도의 초안(draft)이 만들어졌다는 소식을 발표하기 위한 것이었다. 〈그림 8-1〉에서 기자회견 단상에 앉아 있는 두 사람은 과학자들이다. 왼편은 벤처기업 셀레라 지노믹스의 사장 크레이그 벤터 박사, 오른편은 미국 국립보건원 산하 국립인간유전체연구소(NHGRI, National Human Genome Research Institute) 소장 프랜시스 콜린스 박사다. 블레어 수상의 모습은 인터넷으로 연결된 모니터 화면에서 보인다. 과학사에 길이 남을 이 역사적 장면이 사회적으로는 어떤 의미를 갖고 있을까?

인간유전체 프로젝트는 미국 정부의 예산 지원을 받아 1990년에 공식적으로 출범하였다. 당초 계획으로는 총 30억 달러의 정부 연

〈그림 8-1〉 2000년 6월 26일 인간유전체 프로젝트 성공 발표 기자회견
출처: https://www.youtube.com/watch?v=slRyGLmt3qc

구비를 투자하여, 15년에 걸쳐 인간의 DNA 23쌍의 염기서열 정보를 해독하는 것이 목표였다.[2] 당시 미국뿐만 아니라 여러 나라에서 인간유전체 연구에 대한 관심이 높았고, 이미 1988년에 인간유전체 기구(HUGO, Human Genome Organization)라는 국제학회도 결성되었다. 따라서 인간유전체 프로젝트는 미국 이외에 영국, 프랑스, 독일, 일본, 중국, 인도 등의 과학자들이 참여하는 국제 공동 프로젝트로 추진되었고, 그 성과를 미국 대통령과 영국 총리가 공동으로 발표하게 된 것이었다.

또한 인간유전체 프로젝트는 공적 지원금으로 수행되는 기초 연구라는 인식을 바탕으로, 1996년에는 연구 결과를 누구나 이용 가능하도록 공개한다는 취지의 「버뮤다 성명」이 채택되었다. 그런데,

전직 국립보건원 연구원에서 벤처기업가로 변신한 과학자, 크레이그 벤터 박사가 1998년 폭탄선언을 하였다. 벤처기업인만큼 민간 투자를 통해서, 불과 3억 달러의 비용으로 인간유전체 프로젝트를 앞질러 2001년까지 인간유전체 지도를 완성하겠다는 것이었다. 물론 이 성과를 통한 이익 창출이 그의 목적이었다. 양측의 열띤 경쟁이 벌어지는 가운데, 결국 미국 정부의 중재로 인간유전체 지도를 사유화(私有化)하여 영리 목적으로 사용하지 않는 대신, 양측 모두의 과학적 업적을 인정한다는 타협안에 합의하게 되었다. 이런 연유로 양측을 대표하는 콜린스와 벤터가 클린턴 대통령의 좌우에 배석해서 발표하게 된 것이었다.[3]

2000년 기자회견 당시 클린턴 대통령은 인간유전체 프로젝트의 성공을 '생명의 책'(book of life)[4]을 해독한 "금세기 최고의 과학적 업적"이라고 치켜세우면서, '유전의 청사진'이 밝혀지게 됨으로써 질병의 예방, 진단, 치료에 새로운 시대가 열리게 될 것이라는 장밋빛 전망을 내놓았다. 그러나 거기에 단서를 달았다. 유전정보가 결코 개인이나 집단을 차별하는 데 사용되어서는 안 된다는 것이었다. 인간유전체 연구의 과학적 성과가 갖는 중대한 사회적 파급효과를 의식한 발언이었다. 인간유전체 프로젝트는 정치경제적 이해관계가 개입될 뿐만 아니라 심대한 사회적·윤리적 함의를 갖고 있는 현대 과학기술의 성격을 보여 주는 상징적인 사례이다. 인간유전체 프로젝트의 기획과 출범 과정을 가까이에서 지켜본 쿡디간은 이 프로젝트를 '사회학적 현상'으로 규정하였다(1994: 8).

보다 근원적인 차원에서, 당시 「네이처」(*Nature*)에서는 인간 유전정보의 해독이 인간을 어떤 존재로 볼 것인가의 문제에 중대한 변화를 가져올 것이라고 하였다. 인류 역사에서 지난 2,000년간은 종교, 그리고 19세기에 나온 진화론이 인간의 정체성과 존엄성 문제에 대해 가장 커다란 영향력을 행사해 왔는데, 인간 유전정보의 해독을 계기로 향후에는 인간관에 있어 종교와 진화론의 영향력에 맞먹을 정도의 중대한 변화가 일어나게 될 것이라는 해석이었다. 인간유전체 연구를 비롯한 생명과학기술, 나노, 로봇, 뇌신경과학 등 첨단과학기술의 발전은 인간의 삶의 질을 높일 수 있는 새로운 가능성을 열어 주지만, 동시에 인류 역사상 유례가 없는 새롭고 복잡한 윤리적·사회적 문제를 야기할 위험을 내포하고 있다.

앞서 기술했듯이, 울리히 벡을 비롯한 사회과학자들이 위험의 문제에 관심을 기울이게 된 것은 주로 과학기술의 발전에 의해서 야기된 환경 문제와 생태계 파괴의 심각성에 대한 각성에서 출발하였다. 그러나 1980년대 이후에는 생명과학기술이 첨단과학기술의 발전에 동반되는 위험에 대한 사회적 담론과 정책, 예술적 상상력과 대중문화 이미지에서 전면으로 부상하게 되었다. 예를 들어 1994년 개봉된 영화 〈쥬라기 공원〉은 영화사상 당시까지 전 세계적으로 최고의 흥행 기록을 세웠으며, 2009년 개봉된 〈아바타〉도 마찬가지였다. DNA를 구성하는 네 가지 물질의 첫 글자를 조합한 제목으로 화제를 모았던 1997년 영화 〈가타카〉(Gattaca) 또한 흥행성과 예술성 측면에서 모두 좋은 평가를 받았다. 이 영화들은 모두 생명과학기술의 발전으로 가능해질 미래의 모습을 상상하여 그린 것이었다. 이것은 20세기 후반 생명과학기술이 폭발적으로 발전하면서, 21세기가 '바이오테크 시대'가 될 것이라는 인식과 연결되어 있다(리프킨 1999; Elzinga and Jamison 1995: 572-597).

우리가 살고 있는 지구에는 인간을 비롯해서 온갖 종류의 생명체가 존재한다. 생명체들은 각각의 종류에 따라 서로 다른 고유한 특성을 나타내며, 부모가 자식에게 특성을 물려주는 유전 현상을 통해서 그 특성이 대대로 이어지고 종(種)이 유지된다. 그런데 갖가지 종의 다양성에도 불구하고, 모든 생명체는 대단히 중요한 한 가지 공통점을 갖고 있다. 모든 생명체의 유전 현상은 세포 속에 있는 DNA 분자에 의해서 이루어진다는 것이다.

모든 생명체의 DNA는 아데닌(adenine), 타이민(티민, thymine), 구아닌(guanine), 사이토신(시토신, cytocine)이라는 네 가지 염기 화학물질로 구성되어 있고 반드시 아데닌(A)은 타이민(T)과, 구아닌(G)은 사이토신(C)과 연결되어 있다. 생명체의 종류에 따라 DNA 내에는 일정한 수의 염기쌍이 일정한 순서로 배열되어 있다. 예를 들어 인간의 DNA는 약 30억 개의 염기쌍으로 이루어져 있다. DNA는 동일한 구조를 가진 두 가닥의 긴 줄이 옆으로 연결되어 돌돌 감긴 모습을 하고 있으며, 이런 모습을 바로 '이중나선'(double helix)이라고 한다.[5] 우

〈그림 8-2〉 DNA의 이중나선구조 발표 장면

리 속담이 알려 주듯 "콩 심은 데 콩 나고 팥 심은 데 팥 나는" 지구상 모든 생명체의 특성은 바로 네 가지의 염기 화학물질로 이루어진 DNA에 담겨 있다. 온갖 생명체의 종의 다양성은 바로 DNA 안에 있는 염기쌍(A, T, G, C)의 개수와 배열이 다르기 때문에 나타난다. 네 가지 염기쌍이 배열된 순서, 즉 염기서열에 모든 생명체의 유전정보가 담겨 있다.

1953년 DNA의 이중나선구조가 밝혀진 이래 생명과학기술은 급속하게 발전하고 있다. 최근 생명과학기술의 핵심은 DNA에 있는 유전정보를 해독하고 유전자와 세포를 인위적으로 조작하는 데 있다. DNA를 생명체 밖으로 꺼내서 자르고 다시 붙이는 유전자 재조

〈그림 8-3〉 합성생명체를 설명하는 조지 처치 교수, 2010년 TED 강연
출처: wikipedia

합(recombinant DNA), 염기서열 분석(sequencing), 줄기세포(stem cell), 복제(cloning) 등 다양한 기술이 개발되면서 생명과학기술은 놀라운 발전을 거듭하고 있다. 인간유전체 프로젝트는 인간 한 명의 유전체 염기서열을 해독하여 유전체 지도를 만드는 데 여러 나라의 수많은 과학자들이 동원되어 30억 달러의 비용이 들어갈 것으로 계획하였다. 그러나 2005년 미국 하버드 의과대학의 유전학 교수인 조지 처치(George Church)는 각 개인의 유전체 염기서열을 밝히는 개인게놈 프로젝트(personal genome project)를 추진하기 시작하였고, 유전체 연구를 기반으로 새로운 생명체를 만드는 합성생명체 프로젝트도 진행하였다(〈그림 8-3〉 참조).[6]

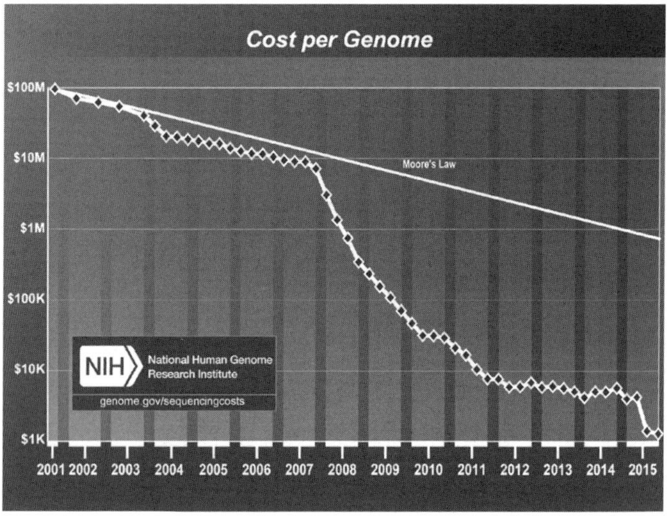

〈그림 8-4〉 인간유전체분석 비용

출처: http://www.genome.gov/sequencingcosts/(2015년 6월 25일)

새로운 기술의 발전과 함께 유전체분석 비용은 가히 기하급수적으로 하락하고 있다. 〈그림 8-4〉의 미국 국립유전체연구소에서 제공하는 자료에 의하면, 한 명의 인간유전체분석에 소요되는 비용이 2001년 9월 약 1억 달러 정도에서 2015년 1월에는 4천 달러 이하로 내려갔다. 컴퓨터에 사용되는 반도체의 집적도가 2년마다 2배가 될 것이라고 예측한 '무어의 법칙'보다 더 급격하게 염기서열 분석 비용이 하락하기 시작한 지가 이미 10년이 넘었고, 이제 1,000달러 이하의 개인별 유전체분석의 실현이 코앞으로 다가왔다.[7]

그런데 이런 생명과학기술이 기술적으로는 생명체의 종류에 상관없이 어떤 생명체에도 적용될 수 있다는 사실은 충격적이다. 몇 가지 예를 들어 보자. 1978년 영국에서 최초로 성공한 이후 오늘날 널리 이루어지고 있는 시험관아기 시술은 동물의 품종개량을 위해 사용되던 시험관 수정과 배아이식 방식을 인간에게 적용한 것이었다. 셀레라 지노믹스사의 크레이그 벤터는 인간유전체 프로젝트에 도전장을 던지며 샷건(shotgun)이라는 새로운 염기서열 분석방식을 이용하겠다고 하였다. 당시 샷건은 박테리아의 DNA를 분석하는 데 사용된 기법이었는데, 인간 DNA를 분석하는 데 적용하여 더 빨리, 더 저렴한 비용으로 해독을 완성하겠다고 한 것이다. 2012년 노벨 생리의학상 수상자는 영국의 존 거든(John Gurdon)과 일본의 야마나카 신야(山中伸彌)였다. 거든은 1962년 체세포 복제방식을 이용해서 개구리를 복제하는 데 성공한 업적을 남겼다. 1997년에는 복제양 돌리(Dolly)의 출현이 전 세계에 충격을 던졌다. 돌리는 체세포 복제방식으로 복제된 최초의 포유류 동물이었는데, 포유류 같은 고등 동물에 대한 체세포 복제가 현실화됨으로써, 인간복제 가능성에 대해 심각한 우려를 불러일으켰던 것이다.[8] 야마나카는 2006년에 생쥐의 체세포, 그리고 2007년에는 인간의 체세포(피부)에서 줄기세포를 만들어 내는 데 성공하였다. 2012년 「사이언스」지에 일본 연구진이 생쥐의 피부세포로 난자를 만들고, 이 난자를 생쥐의 일반 정자와 인공수정해서 건강한 새끼를 낳게 했다는 발표가 있었다. 이 방법은 기술적으로는 인간에게도 적용할 수 있으며, 따라서

쥐 피부세포로 난자 만들어 새끼 출산
"복제인간 만드는 새로운 방법 될 수도"

日 교토대 연구팀 세계 최초

지난해엔 정자도 만들어
이론적으로는 사람도
짝 없이 홀로 출산 가능
현 기술 수준으로는 어려워

피부 세포에서 태어난 생쥐

줄기세포(stem cell)

쥐의 피부세포로 출산한 새끼
출처: 조선일보 2012년 10월 6일 A2면

복제양 돌리

〈그림 8-5〉

이를 보도한 우리나라의 신문기사에 "복제인간 만드는 새로운 방법 될 수도"라는 제목이 붙게 되었다(〈그림 8-5〉 참조). 결국, 인간을 직접 대상으로 하지 않은 생명과학기술이라고 하더라도 인류에게 중대한 윤리적·사회적 의미를 함축하고 우리의 상상을 초월하는 위험을 내포하고 있는 것이다.

2. 인간유전체 연구와 유전정보의 보호

인간유전체 연구는 사회적으로 대단히 주목을 받을 뿐만 아니라 그 파급효과도 중대한 첨단과학기술이다. 이런 인간유전체 연구가 인간의 존엄성과 인권, 자유가 존중되는 가운데 이루어져야만 한다는 것은 두말할 나위 없이 지당한 명제이며, 이에 대해 전 세계적으로 광범위한 합의가 이루어져 있다. UN 산하기구인 유네스코에서는 1997년 전 세계 회원국의 합의로 「인간유전체(게놈)와 인권에 관한 보편선언」을 채택하였고, 2003년 「인간 유전정보에 관한 국제선언」, 2005년에는 「생명윤리와 인권에 관한 보편선언」을 잇달아 채택하였다.

우리는 인간유전체 연구의 결과물로 개인의 유전정보를 얻게 된다. 인간의 유전정보는 개인정보의 일종이며, 개인정보란 특정 개인을 식별할 수 있는 정보를 말한다. 이름, 주소, 생년월일, 주민등록번호, 전화번호 등이 흔히 사용되는 개인정보이며, 현대 사회에서는 일상생활 속에서 점점 더 다양한 개인정보가 생성되고 있다. 운전면허를 취득하고, 병원 진료를 받으며, 인터넷 회원으로 가입하고, 신용카드를 만들어 쇼핑을 하거나 교통카드를 이용하면서 수많은 개인정보가 생성되는 것이다. 피부색, 키, 몸무게와 같이 겉으로 보이는 개인의 신체적 특징과 건강에 관한 정보는 모두 정도에 차이는 있지만 유전과 관련이 있으며, 이런 외형적 유전정보들이 오랫동안 개인의 식별과 질병 치료에 이용되어 왔다.

그러나 염기서열 분석 등 최근의 인간유전체 연구를 통해서 얻게 된 유전정보는 여타 개인정보와 구별되는 특징을 갖고 있다. 첫째, 개인은 각자 고유한 유전정보를 갖고 있지만, 동시에 각자의 유전정보는 본인뿐만 아니라 부모, 형제, 자식, 사촌 등 혈연관계가 있는 광범위한 집단의 정보를 포함하고 있다. 가까운 친척들뿐만 아니라 고립된 지역에 사는 소수민족같이 대규모 집단에 대한 정보를 알려 줄 수도 있다. 따라서 어느 가족이나 혈연집단에 속한 한 개인의 유전정보를 통해서 친자관계나 입양, 타인의 정자를 사용한 인공수정 등 가족관계의 비밀이나 다른 개인에 대한 정보가 알려질 수 있다.

둘째, 유전정보는 과거와 현재의 상황뿐만 아니라 미래의 상황에 대해서도 예측할 수 있게 한다. 특정 유전병의 발병과 관련성이 높은 유전자를 갖고 있다면, 지금은 환자가 아니라 할지라도 앞으로 그 병에 걸릴 가능성이 있다는 것을 말해 준다. 유방암과 관련이 깊은 유전자를 가진 미국의 영화배우 안젤리나 졸리가 유방암 진단을 받지 않았음에도 불구하고 예방 차원에서 유방절제 수술을 받은 이유가 여기에 있다.

셋째, 그러나 절대로 잊어서는 안 되는 중요한 사실은 유전정보가 제공하는 예측 가능성은 단지 통계적 확률의 문제라는 것이다. 대부분의 경우 특정 질환을 유발하는 유전자를 갖고 있더라도 실제로 발병이 될지는 확실하게 예측할 수 없다. 단일한 유전자가 원인이 되는 질병은 극히 소수에 불과하고, 이런 질병조차도 언제 발병이 되고 어느 정도로 심한 증세를 보일지는 개인에 따라 차이가 있으며, 발병 시기와 정도를 확실히 예측하기가 어렵다. 대부분의 질환은 다수의 관련 유전자들이 상호작용하여 발병하게 된다. 바로 이런 이유로 안젤리나 졸리의 성급한 유방절제 결정이 논란거리가 되는 것이다.

넷째, 유전정보의 해독은 아직 완결되지 않았다는 점이다. 유전정보를 분석하기 위해서 수집된 혈액 등의 검사 대상물에서 아직은 완전히 해독하고 밝혀내지 못했지만, 앞으로 연구가 더 진전되면서 추가적인 정보들이 추출되고 알려질 가능성도 있다.

다섯째, 개인의 유전정보 수집은 매우 쉽게 이루어질 수 있다. 우리 몸의 모든 세포가 유전정보를 갖고 있으며, 극히 소량의 검사 대상물로도 유전정보를 추출할 수 있기 때문이다. 피 한 방울, 머리카락 한 올, 침을 발라서 붙인 우표 한 장만 있으면 한 개인의 유전정보 전체를 얻을 수 있다. 따라서 본인이 모르는 상태에서도 개인의 검사 대상물을 획득하여 유전정보를 보유할 수 있고, 보관하기도 쉽다. 더구나 유전정보는 평생 변함없이 유지되고, 앞서 지적한 대로 새로운 기술과 지식이 개발되면 계속 새롭게 분석하고 이용할 수 있다.

이런 유전정보에 대한 지식은 인간의 질병 퇴치와 삶의 질 향상에 이용하는 것을 목표로 하지만, 인권을 침해할 소지도 있다. 개인의 유전정보가 노출됨으로써 현실적으로 발생할 가능성이 높은 문제로는 개인의 사생활(私生活, 프라이버시) 침해와 인공 임신중절, 각종 보험과 고용에서의 차별대우를 들 수 있다. 우선, 유전정보는 혈연관계를 고도로 정확하게 판별해 주기 때문에, 당사자들이 밝히기를 원하지 않는 친자관계나 입양, 배우자 이외 타인의 정자를 사용한 인공수정 등 가족관계와 출생의 비밀이 노출됨으로써 사생활이 침해되고 가족관계가 깨지는 상황까지도 발생될 수 있다. 두 번째 문제로, 임신 중에 유전자 검사를 통해서, 질환 또는 열등하다고 여겨지는 형질 관련 유전자를 보유한 태아에 대한 인공 임신중절이 무분별하게 이루어질 수도 있다. 과거 혈우병의 유전 위험성이 있는 임산부를 대상으로 처음 실용화된 양수천자 검사가 태아의 성별을 감별하는 데 널리 사용되면서 우리나라에서 1980년대부터 심각한 신생아의 남초(男超) 현상, 즉 성비불균형이 발생하였듯이, 유전정보가 심각한 문제를 일으킬 소지가 있다.[9] 또한, 어떤 사람이 특정 질병과 관련성이 높은 유전자를 갖고 있다는 사실이 알려지면, 그 사람이 현재 건강하다 할지라도 언젠가는 그 병에 걸릴 것으로 예상되는 예비 환자 또는 '증상 없는 환자'로 낙인이 찍히고 취업이나 보험 가입에서 불이익과 차별을 당하는 경우도 생길 수 있다.[10] 질병에 걸릴 가능성이 낮은 근로자를 고용하면 의료비 부담과 병가 일수가 줄어 생산성을 높이고 비용은 절감할 수 있기 때문에 고용

주가 근로자 채용과 승진에 유전정보를 이용하려는 유혹을 받을 수 있다.

개인의 유전정보는 이처럼 매우 민감한 개인정보이며, 유전정보가 부당하게 오·남용되지 않도록 각별한 주의와 보호 조치가 필요하다. 유럽과 미국을 비롯한 세계 각국, 그리고 유네스코나 유럽연합 등의 국제기구에서는 일찍이 유전정보의 오·남용 방지와 보호를 위한 규정과 법률, 제도를 도입하였다. 개인의 사생활 보호는 우리나라 헌법에도 명시되어 있을 만큼 중요한 인권에 속하며, 최근에는 개인정보의 보호가 매우 중요한 사안으로 여겨지고 있다.[11] 우리나라에서는 수년간의 뜨거운 논란 끝에 법률로 제정되어 2005년부터 시행된 '생명윤리 및 안전에 관한 법률'(생명윤리법)에 주로 의거해서 인간유전체 연구의 윤리성과 유전정보 보호에 대한 규제가 이루어지고 있다.[12]

구체적으로 유전정보 보호는 어떻게 이루어져야 하는가? 유전정보를 얻기 위해서는 혈액이나 침, 머리카락, 조직세포 등의 검사 대상물을 수집해서 분석하는 유전자 검사가 시행되어야 한다. 유전자 검사는 임상 진료와 연구, 범죄 수사나 미아 찾기, 혈족과 친자 확인을 위한 개인식별 등 다양한 목적과 경로를 통해서 이루어지고 있다. 따라서 유전정보 보호는 첫째, 유전자 검사 단계에서 시작되어야 하고, 무엇보다도 먼저 유전자 검사가 과학적·의학적 타당성과 신뢰성, 정확성이 확보된 상태에서 시행되도록 해야만 한다. 최근에는 영리 목적의 유전자 검사 벤처기업들도 출현했는데, 예를 들어 매스컴이나 광고에 나오는 지능이나 롱다리 유전자 검사는 현재까지는 과학적 타당성이 없다. 우리나라 생명윤리법에는 비만이나 우울증, 폭력성 등 신체 외관이나 성격에 관한 유전자 검사를 금지하고, 대통령령으로 금지되는 유전자 검사의 종류를 명시하고 있다. 유전자 검사 기관은 보건복지부에 신고해야만 하며, 2007년 한국유전자검사평가원을 설립하여 유전자 검사 기관의 질을 평가함으로써 무분별하고 부정확한 유전자 검사를 방지하는 조치를 취하였다.

둘째, 유전자 검사는 진료와 연구, 어떤 목적이든 검사 대상자의 동의를 받아서 이루어져야만 한다. 병원에서 수술을 받아야 할 때, 환자 본인이 직접 수술동의서에 서명을 하도록 되어 있다. 환자가 미성년자이거나 판단능력을 발휘하기 어려운 상황에서는 환자를 위해서 최선의 결정을 내릴 수 있는 친권자나 법정대리인이 동의서에 서명을 한다. 의료행위와 마찬가지로 연구 활동에서도 인간을 대상으로 할 경우에는 연구 대상자의 동의를 받아야만 한다. 이것은 개인이 자신과 관련된 중요한 결정을 내릴 수 있는 권리, 즉 자율성(autonomy)의 원칙을 존중하기 위한 것이다. 자율성의 원칙은 전 세계적으로 통용되는 생명윤리의 원칙 가운데 첫 번째로 꼽힌다.[13]

개인이 자율적인 결정을 내리기 위해서는 그 사안에 대해서 충분한 정보를 갖고 이해하는 가운데 판단을 해야 한다. 그러나 의료행위나 생명과학 연구처럼 전문 지식이 요구되는 분야에서의 판단에 필요한 충분한 정보를 일반인들이 스스로 얻기는 현실적으로 매우 어렵다. 따라서 환자나 연구 대상자의 자율권을 보장하기 위해서는 전문 지식을 갖고 있는 의료진이나 연구자 측에서 필요한 정보를 제공해 주어야 할 책무가 있으며, 전문 지식이 없는 환자나 연구 대상자가 쉽게 이해할 수 있는 방식과 언어를 사용해서 정보를 제공해야 한다. 요컨대, 검사 대상자가 충분한 정보를 갖고 자유로운 상황에서 판단을 내린 동의(informed consent)가 필수적이라는 것이다.

셋째, 유전자 검사 결과 수집된 개인의 유전정보는 검사 대상자가 동의한 범위 내에서만 이용할 수 있으며, 검사 대상자의 신원이 밝혀지지 않도록 보관해야 한다. 인간유전체 연구를 수행하기 위해서는 다수의 검사 대상물과 유전정보를 확보하고 보관하는 것이 필수불가결하다. 이런 유전정보의 데이터베이스는 유전자은행(gene bank), 바이오뱅크(biobank), 유전자보관소(repository), DNA 데이터베이스 등 다양한 명칭으로 불리고 있으며, 바이오정보학의 발전으로 그 유용성이 증대되고 있다. 개인 유전정보의 외부 유출을 막기 위해서는 그것을 익명화(anonymization)된 형태로 보관해야 한다. 보통 유전정보를 개인식별정보(성명, 주민등록번호, 주소 등), 의료정보(진료기록, 처방내역 등)와 분리해서 보관하면서 개인식별이 불가능하도록 부호나 번호를 붙이고, 각각의 정보를 코드화해서 별도로 보관하면서 각기 정보의 관리책임자도 서로 다른 사람으로 한다.

유전정보는 그 사람의 의료정보나 직업, 생활환경, 생활양식 등 다양한 정보와 결합되어 분석할 때 유용성이 커지는 경우가 많다. 연구의 목적을 위해서 불가피하게 유전정보와 다른 개인식별정보나 의료정보를 결합할 필요가 생길 경우에는 검사 대상자의 동의와 함께 생명윤리심의위원회의 심의 등 적절한 감독 절차를 거쳐 필요한 범위 내에서 접근할 수 있도록 허용한다. 미국이나 EU 국가들과 마찬가지로 우리나라에서도 인간을 대상으로 하는 연구, 특히 인체에서 채취한 조직, 세포, 혈액 등과 이로부터 분리된 염색체, DNA 및 유전정보를 이용하는 연구에 대해서는 이런 연구를 수행하는 기관에 반드시 생명윤리심의위원회를 설치하고 심의하도록 생명윤리법에 규정하고 있다. 사전에 제출받은 연구계획서에 대해서 생명윤리심의위원회는 그 윤리적·과학적 타당성, 동의의 적법성, 검사 대상자의 안전과 정보 보호 대책을 심의하며, 그 구성에 있어 반드시 해당 기관에 종사하지 않는 '외부인사'와 의·생명과학 분야에 종사하지 않는 '비전문가'가 각각 1명 이상씩 위원으로 포함되어야 한다. 이것은 같은 기관이나 분야에 종사함으로써 발생할 수 있는 이해관계의 충돌을 방지하고 전문가가 아닌 사람들의 다양한 관점에 입각해서 평가할 필요가 있음을 의미한다.

그러나 생명윤리법 등의 법률 제정이나 생명윤리심의위원회 심의 과정 등에 의한 규제가 개인의 인권과 유전정보의 보호 조치로서 충분한 것은 아니다. 유전자 검사와 유전정보 보관이 다양한 기관에서 다양한 목적으로 행해지고, 검사 대상물과 검사 결과가 매우 쉽게 국경을 넘나들 수 있는 형편이기 때문이다. 이에 따라 여러 나라에서 추가적인 보호 조치들을 내놓았다. 그러나 가장 중요한 것은 연구자를 비롯한 관련자들이 유전정보 보호의 중요성을 인식하고, 강요된 규제가 아니라 자발적으로 규정을 준수하는 것이다. 더 나아가서는 전문가들이 전문적인 지식과 경험을 바탕으로 보호 조치를 마련하는 데 적극적으로 참여하는 것이 바람직할 것이다(윤정로 2011: 340-344; 윤정로 외 2012: 25-63).

3. ELSI 연구의 가능성과 한계

생명과학기술의 상징이 된 인간유전체 프로젝트에서 첨단과학기술의 위험과 사회적 충격에 대비하기 위한 새로운 시도가 이루어졌다. 1988년 미국 국립보건원 산하에 인간유전체연구단이 설립되고 초대 단장으로 제임스 왓슨(James Watson)이 임명됨으로써, 인간유전체 프로젝트는 본격적인 출범을 예고하였다.[14] 1953년, 약관 25세에 DNA의 이중나선구조를 밝혀내 생명과학의 새로운 패러다임을 연 과학계의 거두 왓슨은 인간유전체 프로젝트의 구상과 기획 단계에서 강력한 영향력과 지도력을 발휘하였다. 왓슨은 취임 기자회견에서 인간유전체 연구는 과학적 연구뿐만 아니라 그 윤리적·사회적 영향을 탐구하고 대비하는 데 각별한 노력을 기울여야 한다고 강조하면서, 이에 소요되는 비용을 인간유전체 프로젝트 연구비에서 직접 지원하겠다고 공표하였다. 이것은 인간유전체 프로젝트의 기획 단계부터 그 사회적 충격과 위험에 대한 공감대가 널리 확산되어 있었고, 이에 대한 대처방안을 강구하라고 강력히 촉구한 미국 의회의 요구를 반영한 것이었다(미국 의회는 예산 배정권을 갖고 있었다).

2년간의 기획을 거쳐, 1990년 인간유전체 프로젝트의 출범과 동시에 '윤리적 · 법적 · 사회적 함의'(Ethical, Legal, and Social Implications)를 탐구하는 ELSI 프로그램이 공식적으로 가동되었다. 인간유전체 프로젝트와 마찬가지로 ELSI 프로그램도 국립보건원과 에너지부, 두 기관에서 지원을 받았다. ELSI 프로그램에는 인간유전체 프로젝트 연구비 총액의 3~5%가 할애되었다. ELSI 프로그램은 인간유전체 연구가 야기할 것으로 예상되는 문제점들을 찾아내고 연구하는 것은 물론, 현실적인 정책대안과 법률적 조치, 관련 전문가 및 일반 시민들을 대상으로 하는 교육 프로그램 등 다양한 활동을 지원하였다. 특히 유전자 검사, 개인 유전정보 이용에 있어서의 프라이버시와 공정성의 문제, 보험과 고용에서의 차별 방지, 지적 재산권의 보호, 임상 적용의 안전성 등의 문제에 중점적으로 관심을 기울였다. ELSI 프로그램에는 국립보건원이나 에너지부 소속 전문가들뿐만 아니라 철학, 생명윤리, 법률, 정책, 교육, 사회학, 심리학, 역사학, 보건의료, 유전학 등 다양한 분야의 외부 전문가들이 참여했고, 그

성과물도 학술논문이나 책뿐만 아니라 웹사이트, TV 및 라디오 프로그램, 박물관 전시물, 교재개발 등 다양한 형태를 취하고 있다(윤정로 2002; Drell 2000; Wolfe 2000).

ELSI 관련 프로그램은 유럽, 캐나다, 국제기구로 급속히 확대되었다. 유럽의 여러 나라는 생명과학기술 연구와 함께 일찍이 생명윤리의 문제에 관심을 기울이고 사회적 규제 장치를 마련한 전통을 갖고 있으며, 각국의 역사적·사회문화적 맥락에 따라 연구의 방향과 규제방식에 차이가 난다. 또한 유럽에서는 각국의 독자적인 조치뿐만 아니라 EU 차원의 공동 규약과 대응이 중요한 비중을 차지한다. 인간유전체 프로젝트의 진행을 지켜본 전문가들은 과학자와 정책입안자들이 얼마나 신속하게 ELSI 프로그램의 도입을 당연한 규범으로 받아들이게 되었는지 놀라웠다고 한다(쿡디간 1994: 267-327).

1992년 개시된 캐나다의 인간유전체 프로젝트에서는 보다 적극적으로 전체 예산의 7.5%를 ELSI 연구에 배정하였다. 1988년 유럽공동체(European Community) 차원에서 인간유전체 프로젝트와 유사한 '예측의료 프로그램'(Predictive Medicine Program)을 구상하였을 때, 윤리적 이슈가 충분히 고려되지 않았다는 이유로 독일과 덴마크 등 일부 회원국들의 반대에 부딪혀 좌초된 바 있었다. 이를 수정하여 1990년부터 시행한 '인간유전체분석 프로그램'에서는 약 7%의 연구비를 윤리적 이슈에 배정하기로 하였다. 또한 1994년부터는 유럽집행위원회(European Commission)에서 인간유전체에 국한하지 않고 생명과학기술의 광범위한 영역을 포괄하여 ELSA(Ethical, Legal, and Social Aspects) 프로그램을 수행하면서, 총 연구비의 약 2% 정도를 할애하였다.

영국은 생명과학기술 육성에 대단히 적극적인 입장을 취하면서, 생명윤리 관련 분야에 대한 활발한 연구와 함께 기술 발전에 신속하고 유연하게 대처할 수 있는 규제 장치를 확보하고자 노력하였다. 대규모 민간 공익재단인 웰컴기금(Wellcome Trust)은 1997년부터 총 500만 파운드의 예산으로 5년간 운영되는 생의학윤리(biomedical ethics) 프로그램을 신설하여 ELSI 연구를 지원하고, 2001년부터는 6년간 1500만 파운드로 지원 규모를 대폭 확대하였다. 웰컴기금과 영국 정부의 공동 지원으로, 2006년부터 40-69세, 남녀 50만 명에 대한 DNA 샘플과 의료정보 수집을 목표로 한 'UK Biobank' 프로젝트는 프로젝트가 시작되기 전에 이미 공개 토론 및 자문(public consultation) 과정을 거쳐서 2003년 '윤리·거버넌스 프레임워크'를 만들고, 2004년부터는 독립적으로 운영되는 '윤리·거버넌스 위원회'를 설치하여 프로젝트 수행 과정을 감독하는 체제를 구축하는 등 적극적인 ELSI 연구와 실천에서 중요한 이정표적 사례로 자리매김하였다(http://www.ukbiobank.ac.uk/ethics/, 2015년 12월 6일).

독일은 생명윤리 문제에 대해서 규제가 가장 엄격한 나라로 알려져 있으며, 1980-1990년대 여론 조사 결과에 의하면 독일인들은 최첨단 유전공학에 대해서 유럽에서 가장 부정적인 인식을 갖고 있다. 독일에서 1995년부터 연간 300만 달러의 비교적 소규모로 출발한 인간유전체 프로젝트에는 시작부터 ELSI 프로그램이 포함되었다는 점이 그 사실을 증명한다. 스웨덴은 1995년부터 상당히 체계적으로 ELSA 프로그램을 운영하고, 연구뿐만 아니라 미래의 연구자를 발굴하는 데도 중점을 두었다. 스웨덴에서는 과학자와 의료인들이 윤리적 문제에 대해서 적극적으로 참여하는 전통이 확립되어, 일찍이 1982년 '유전자 윤리위원회'가 구성되었다. 이 위원회에서 1984년에 발표한 보고서를 토대로 수년간의 공론화 과정을 거쳐, 인간의 수정란을 사용하는 연구에 있어 인체 기관으로 분화되기 시작하는 원시선(原始線, primitive streak)이 출현하기 이전인 수정 후 14일까지의 수정란(배아)에 대해서 연구가 허용될 수 있다는 법률이 1991년 제정되었다. 이러한 스웨덴의 규정이 현재까지 세계 각국에서 일반적으로 통용되는 기준으로 자리 잡게 되었다(윤정로 2002).

우리나라에서는 1997년 돌리의 탄생 이후에 생명윤리에 대한 관심이 일어나게 되었고, 2000년대에 들어 ELSI 연구에 대한 지원이 시작되었다. 인간유전체, 줄기세포, 이종(異種) 간 장기이식 분야에서 새롭게 추진되던 21세기 프론티어사업 등 정부에서 지원하는 대규모 연구개발 프로젝트의 일부로 ELSI 연구를 편입하여 지원하는 방식을 취하였다. 당시 우리나라의 ELSI 연구는 과학자들이 그 중요성을 인식하여 자발적으로 지원을 결정하였기보다는, 인간유전체 프로젝트 등 선진국의 사례를 모방한 측면이 더 강하였다. 초기의 ELSI 프로젝트는 공통적으로 각 분야의 연구자들을 위한 윤리 지침개발에 주력하였는데, 2005년 1월 생명윤리법이 발효되기까지 각 분야의 연구를 규제할 수 있는 적절한 법규가 없었기 때문에 자율적인 윤리 지침이 시급히 필요하다는 ELSI 연구자들의 인식에서 그 이유를 찾을 수 있다. 그러나 윤리 문제에 대한 과학자들의 무관심, 과학자와 인문사회과학자들의 적극적인 소통의 부재 속에 이런 윤리 지침이 실제로 얼마나 효과가 있었는지에 대해서는 의문을 제기하지 않을 수 없다(Yoon, Cho and Jung 2010).

인간유전체 연구에서 시작된 ELSI 연구는 생명과학기술 전반 그리고 나노, 로봇, 뇌신경과학 등 새로이 부상하는 첨단과학기술(emerging technology) 분야에 광범위하게 도입되었다. 최근에는 범국가적인 유전체 연구의 진전과 긴밀하게 보조를 맞춰 ELSI 연구 성과가 보다 신속하게 정책과 실행 프로그램으로 전환될 수 있도록 하기 위해서 'ELSI 2.0'이 필요하다는 제안이 나왔다. 웹기반의 국제간 공동 협력 인프라를 구축하여, ELSI 연구자, 과학자, 정책결정자, 재정 후원자, 국내 및 국제 기관, 시민단체, 일반 시민 모두가 참여하여 정보를 공유하고 소통하는 것을 기본 방향으로 설정하고 있다(Kaye et al. 2012).

ELSI 프로그램은 첨단과학기술 연구 자체에 일종의 자기비판을 포함시킴으로써 과학기술에 대한 성찰적인 접근을 요구할 뿐만 아니라 과학기술에 동반되는 위험과 지식의 활용에 있어서도 책임을

져야 한다는 점을 분명히 했다는 데서 중요한 의미를 갖고 있다. 그러나 ELSI 프로그램에 대한 비판 또한 만만치 않은 것이 사실이다. 무엇보다도, 과학기술 연구 프로젝트에서 지원을 받아 수행하는 ELSI 프로그램은 본질적으로 이해관계 충돌의 소지를 품고 있다. 생명과학기술과 밀착된 ELSI 연구는 수임료를 지불하는 의뢰인의 이해관계를 대리하는 변호사처럼, 결국 그 비판적 기능을 상실하고 생명과학기술 측의 입장을 대변하며 정당화해 주는 역할로 전락할 수 있다는 것이다. ELSI 프로그램에 대규모 자금이 지원됨으로써, 포함되지 못한 중요한 연구 주제들이 소외될 수 있다는 비판도 있다. 과학자들은 또한 ELSI 프로그램이 과학적 근거와 상관없이 인간유전체 연구에 대해서 과도한 사회적 관심과 우려를 불러일으키는 부작용을 포함한다고 불만을 나타내기도 한다(Salter and Salter 2007; Wolfe 2000). 그러나 다른 한편으로, ELSI 연구는 그 연구 대상과 유리되어서는 지속적으로 발전하기 어렵다는 점도 지적되어야 한다. 우리나라에서는 아직도 생명윤리나 ELSI 연구자의 저변이 크게 확대되지 못하였다. 연구의 폭과 깊이에 한계를 보이고 있는 것은 과학기술자와 인문사회과학자 간의 소통과 협력이 활성화되지 못한 데도 이유가 있을 것이다.

앞 장에서 소개한 사회이론가 기든스와 벡 이외에도 인문사회과학 분야의 대표적인 학자들이 생명과학기술을 비롯한 첨단과학기술이 내포하고 있는 위험과 대응방안에 대해 깊은 관심을 기울이고 있다. 독일의 사회학자 하버마스(2002)는 생명과학기술의 발전으로 부상하게 될 우생학의 문제에 대해, 미국의 정치학자 후쿠야마(Fukuyama 2002)는 바이오테크놀로지 혁명의 결과 인간의 본성이 변화될 수 있다는 데 대해 경고한다. 마이클 샌델(Sandel 2007)은 유전자 조작에 의한 인간 개조 가능성, 즉 '디자이너 베이비'(맞춤 아기)의 문제를 비판하고, 우리나라에서 베스트셀러가 된 『정의란 무엇인가』를 비롯한 여러 저서에 생명과학기술과 관련된 사례를 적극적으로 활용하고 있다. 국제정치학자 싱어(2011: 581-601)는 로봇기술의 발전에 따라 변화되는 국제 분쟁과 전쟁의 양상에 다각적으로 주목하면서, 구체적으로 인간유전체 프로젝트의 사례와 같은 ELSI 연구를 이런 새로운 상황에 대처하기 위한 하나의 대안으로 제시하고 있다.

물론 이런 인문사회과학 분야의 작업이 과학기술의 위험에 적극적으로 대처할 수 있는 구체적이고 실천적인 대안을 제시하는 데 있어서는 취약하다는 비판이 많다. 그러나 질주하는 과학기술, 그리고 인간의 오만(hubris)에 대한 경고의 가치는 충분히 인정되어야 한다. 우리나라에도 첨단과학기술에 대한 인문사회과학적 탐구의 질적 도약이 필요하다는 점을 다시 강조하고자 한다. 넓은 의미의 ELSI 연구는 우리나라 인문사회과학, 더 나아가 지성계에서 개척해야 할 새로운 영역이다.

9장 | 과학기술에 우리의 미래를 맡기려면?

1. 과학기술에 대한 예측과 평가

인간은 미래에 대해서 알고 싶어 한다. 앞으로 자신의 인생에 어떤 행운과 불운이 기다리고 있을까? 어떤 배우자를 만나게 될까? 사업은 잘 될까? 자식이 좋은 대학에 들어갈 수 있을까? 사람들은 개인의 미래뿐만 아니라 자신이 살고 있는 사회의 미래에 대해서도 궁금해 한다. 10년, 50년, 100년 후 사회는 어떤 모습을 하고 있을까? 동서고금을 막론하고 사람들이 갖고 있던 미래에 대한 궁금증과 불안을 해소하기 위해서 다양한 예측방법들이 나왔다. 사주, 관상, 손금, 별자리, 카드 읽기 등등 미래의 길흉을 예견하는 각양각색의 점복술(占卜術)이 존재하고 최근에는 컴퓨터까지 동원되며, 아직도 신문에는 매일 '오늘의 운세'가 실린다. 일찍이 동서양 고대 사회에서 공통적으로 행해진 천문학, 즉 천체의 움직임에 대한 관찰은 체계적인 자료에 근거하여 미래를 예측하고자 하는 시도였다.

근대 사회학의 창시자로 알려진 오귀스트 콩트(Auguste Comte,

1798-1857)는 "새로운 과학에 의해 유도된 결론이 합리적 예측을 가능하게 하고, 이를 통해 사회 개조에 힘을 갖게 된다"고 설파하였다. 미래에 대한 전망을 얻기 위해서 현재의 상황에 대한 분석이 필요하고, 궁극적으로는 더 나은 미래의 모습을 만들어 가는 데 기여함을 목표로 한다는 주장이다. 결국 미래에 대한 관심은 사회분석의 사명과 불가분의 관계에 있는 것이다. 오늘날 현대 사회에서 인간 생활의 거의 모든 영역이 과학기술에 의해 영향을 받아 변화되고 있다는 사실은 새삼 언급할 필요조차 없다. 따라서 과학기술의 문제가 인간 사회의 미래를 예측하고 대비하는 데 있어 중요한 요인이 될 수밖에 없다.

1963년 케네디(John F. Kennedy) 대통령은 미국 과학학술원(National Academy of Science) 창립 100주년을 맞이하여 다음과 같이 연설하였다.

> 과학자 여러분들이 주요한 발명을 해낼 때마다, 우리 정치인들은 그 발명에 대응할 수 있는 새로운 제도를 발명해 내야만 합니다. 현대 과학의 파괴적인 잠재력에 대해 정복하기(master) 시작하면서, 우리는 새로운 시대로 나아가고 있습니다. 이 새로운 시대에 과학은 그 창조적인 약속을 실현할 수 있고 유사 이래 가장 행복한 사회를 이룩하는 데 도움을 줄 것입니다(Pytlik et al. 1985: 279).

이 연설문은 당시 미국과 유럽의 선진 산업국에 널리 퍼져 있던 과학기술에 대한 사회적 기대와 낙관적 전망을 잘 나타내고 있다. 제2차 세계대전 중에 과학기술의 전략적 중요성이 부각되면서, 1945년 종전 후에는 정치적·사회적 목표를 달성하기 위한 수단으로서 과학기술에 거는 기대가 높아지고 정부 지원이 대폭 확대되었다. 각국에서 기초과학 지원제도와 전담 기관들이 만들어지고, 대규모 자금과 시설, 인력이 요구되는 거대과학 프로젝트들에 집중적인 투자가 이루어졌다.[1] 자본주의와 사회주의 진영의 첨예한 대립, 즉 동서냉전(東西冷戰, Cold War) 속에서 우위를 확보하기 위한 군사기술, 원자력의 평화적 이용을 위한 에너지기술, 1957년 소련의 스푸트니크 인공위성 발사 후의 우주기술개발이 대표적인 사례로 꼽힌다. 1960년대에 들어서는 과학기술이 노동이나 자본과 맞먹는 생산 요소로 부각되고, 과학기술의 경제적 효과가 일차적 관심사로 부상하였다. 기초과학이 기술 혁신의 모태가 되고, 기술 혁신을 통해서 경제성장과 사회 발전이 이루어질 것이라는 전망이 지배하게 되었다. 이렇게 낙관적인 시각은 당시 세계 경제가 유례없는 호황기를 누리고 있었던 사실과 무관하지 않았다(Nelkin 1977b: 393-395; Elzinga 1988: 213-221; Salomon 1977: 43-56).

그러나 1960년대 후반에 접어들면서 상황이 바뀌었다. 미국의 흑인 인종차별에 반대하는 민권운동은 베트남 전쟁 반대운동과 여성운동으로 확대되었으며, 유럽에서도 기성체제에 반기를 든 학생운동이 확산되었다. 기술 발전과 경제성장에 동반되는 환경 파괴의 문제점에 대한 의식이 높아지고, 경제성장의 한계에 대한 논의가 활발해졌다. 이런 사회적 분위기 속에서 과학기술에 대한 비판의 목소리도 높아졌다. 한편에서는 과학기술이 진정으로 긴요한 사회적 요구는 무시한 채, 소위 군산복합체의 시녀(侍女)로서 대량살상무기의 개발과 군비 경쟁, 자연 및 사회 환경의 악화, 무분별한 경제성장을 조장하는 악역을 담당하고 있다고 맹렬히 비판하였다. 다른 편에서는, 시민들의 세금으로 지원되는 과학기술 연구가 소수 전문가들의 호기심을 만족시키는 값비싼 취미 활동에 불과할 뿐 실제적으로 산업 발전이나 경제에 기여하는 바가 없다는 비판이 일었다. 또한 과학기술의 사회적 기능에 대한 종래의 비판에서 더 나아가, 기술은 물론 과학의 특성 그 자체에 권력관계와 사회적 모순이 내재되어 있다는 비판도 나오기 시작하였다.

이런 비판과 함께 과학기술의 부정적 결과에 대한 우려가 높아지는 방향으로 사회적 인식이 바뀌면서, 과학기술을 사회적으로 적합하고 유용한 목적에 기여할 수 있는 방향으로 유도하고 통제할 제도적 장치의 필요성이 부각되었다. 1960년대 말부터 '연구성과평가'(research evaluation)와 '기술영향평가'(technology assessment)를 체계화하려고 시도한 것을 그 대응방안으로 볼 수 있다. 먼저, 연구성과평가는 사회경제적·정책적 측면에서 과학기술 연구개발 결과가 애초에 기대했던 효용성을 발휘하지 못한다는 인식에서 출발한 것으로, 과학기술 연구개발 계획과 결과의 질에 초점을 맞추었다. 연구성과평가에는 과학기술 정책결정과 연구 지원을 담당하는 여러 기관에서 큰 관심을 보였고, 연구 분야의 우선순위 설정과 자원 배분, 정부와 민간의 투자 비중과 역할 분담, 기초 연구와 목표 지향적 또는 거대과학 프로젝트의 비중, 연구개발의 성과 확산과 활용 전략 등의 이슈에 대한 분석이 많이 이루어졌다. 연구성과평가의 궁극적인 관심은 과학기술의 연구개발능력을 제고하여 국제경쟁력을 강화하는 데 있었으며, 행정관료적 시각이 농후하였다(Elzinga 1988: 229-241; Nelkin 1977b: 395-406; Salomon 1977: 56-61).

기술영향평가(technology assessment)는 특정 기술이 미치는 사회적 충격에 초점을 맞춘 것으로, 즉각적이며 분명히 드러나는 영향뿐만 아니라 이차적이고 간접적인 영향까지 포괄하여 신기술의 도입이나 기존 기술의 확대 적용이 야기하는 총체적인 충격을 밝혀내는 작업을 의미한다. 기술영향평가라는 용어와 제도는 미국 의회의 활동에서 비롯되었다. 하원(下院) 과학·우주항공위원회 산하의 과학연구개발 소위원회는 1967년 과학기술의 사회적 함의와 결과에 대한 분석, 평가, 홍보, 관리 방법을 제공하는 기구를 의회 산하에 설치하자는 법안을 발의하였다. 1972년 기술영향평가법이 통과되었고, 1973년에 미국 의회 산하 조직으로 기술영향평가국(Office of Technology Assessment)이 발족하였다. 기술영향평가는 의회 산하 위원회의 위원장, 이사회 멤버, 또는 이사회의 협의를 거쳐 국장이 발의할 수 있으며, 이사회는 하원의원과 상원의원 각각 6명과 투표권이 없는 국장 등 13명으로 구성되었다. 기술영향평가국은 독자적으로 연구실이나 시험공장, 시험시설을 운영할 수 없도록 법률에 규정되어 있었기 때문에, 실제적인 평가 작업은 대학, 기업, 협회 등 외부 기관이나 개인에게 위탁하여 시행되었다. 기술영향평가국은 의회와 외부 기관의 접촉창구의 역할을 맡는 데 그쳤다.

미국에서는 의회 이외에도, 여러 행정 부처와 산하 기관 및 민간 부문에서 주도하는 기술영향평가 활동이 이루어지고, 다양한 기법도 개발되었다. 예를 들면, 다음과 같은 7단계의 분석틀이 제시되었다: ① 평가 과제의 규정, ② 관련 기술(技術)의 서술, ③ 기술 적용에 영향을 주는 사회적·기술외적(技術外的) 요인의 식별, ④ 충격이 가장 크게 나타날 영역의 식별, ⑤ 평가 대상이 되는 기술이 사회적으로 영향을 미치는 과정의 분석, ⑥ 최대한의 공익(公益)을 거둘 수 있는 다양한 대안 개발과 분석, ⑦ 선택 가능한 각각의 대안에 대한 사회적 영향분석(Coates 1981: 240). 기술영향평가는 기술의 잠재적 영향을 포괄적으로 파악함으로써, 위험과 부작용을 최소화할 수 있도록 정부의 정책과 사회적 의사결정을 유도하고자 하였다. 다시 말하면, 조기경보(early warning) 시스템을 작동하여 부정적 결과가 발생하기 전에 앞질러 통제(anticipatory control)할 수 있는 기반의 구축을 목표로 삼은 것이다(Coates [1974] 1981; Pytlik et al. 1985: 280-281).

그러나 기술영향평가 활동이 실제로 이런 성과를 거두기에는 한계가 있었다.[2] 첫째, 사전 평가와 대비가 목표였음에도 불구하고,

실제로 이루어진 기술영향평가는 이미 개발되어 활용되고 있는 기술에 대한 사후 평가였거나 또는 개발하기로 결정되어 있는 첨단기술이나 대형 프로젝트 위주로 이루어졌다. 둘째, 종합적이고 총체적인 평가 대신 제한된 범위의 특정 기술, 또는 특정 영역에서의 영향에 대한 한정된 분석이 다수였다. 셋째, 기술영향평가는 기술의 사회적 영향을 '객관적'으로 파악하면 '합리적'인 해결책이 나올 수 있다는 가정에서 출발하였다. 그러나 이렇게 가치중립적인 전제와는 달리, 기술영향평가는 사회적으로 바람직한 것과 바림직하지 않은 것에 대한 판단과 관련되어 있기 때문에 본질적으로 정치적인 성격을 띠고 있다. 따라서 기술영향평가가 정책결정과 사회적 의사결정의 수단이 되기 위해서는 정치적 과정이 개입되지 않을 수 없으며, 민주적 참여와 의사결정 장치가 필수적으로 요구된다. 그러나 실제로 이루어진 기술영향평가는 다양한 이해당사자와 시민들의 참여가 배제된 채, 거의 전적으로 소수의 전문가들에 의해 수행되었다(Nelkin 1977b: 427-430; Volti 1992: 263-265).[3]

2. 시민 참여와 과학기술 거버넌스

과학기술은 전통적으로 고도의 훈련을 받은 전문가들이 활동하는 영역으로 간주되었고, 과학기술과 관련된 의사결정은 전문적인 지식과 정보에 정통한 전문가들의 판단에 맡겨야 한다는 게 지배적인 관점이었다. 이러한 관점은 저명한 과학자이자 과학철학자였던 존 자이먼(Ziman 1968)이 제시한 '공적 지식'(public knowledge), 마이클 폴라니(Polanyi 1962)가 주창한 '과학 공화국'(republic of science) 개념에서 찾아볼 수 있다. 자이먼에 따르면, 모든 사람들이 보편적으로 수긍하고 공유함으로써 확실하다고 받아들이는 견해를 공적 지식이라고 할 수 있는데, 현대 사회에서 과학은 바로 이런 공적 지식을 대표한다. 또, 폴라니는 과학자들의 자율성을 공적 지식으로서의 과학 발전에 필수불가결한 요소로 강조하였다. 그에 의하면, 과학자들은 개인의 판단에 따라 연구 주제를 선택하고 수행하지만 동시에 긴밀하게 조직된 과학자 집단의 구성원으로서 상호 협력, 조정 과정을 거치며 미지(未知)의 세계에 대한 불확실한 발견을 추구한다. 그 결과, 마치 탐험가 사회와 같은 이 '과학 공화국'에서, 독립적인 주체이자 사회적 이해관계 및 구속으로부터 자유로운 과학자들의 자율과 자치(self-government)가 과학 발전을 위해 불가결하게 요구된다는 것이다.

전통적으로 이러한 관점이 지배하면서, 과학기술과 관련한 '공적 의사결정'(public decision-making)은 소수의 엘리트 전문가와 정부를 중심으로 진행되어 왔다. 과학의 '대중화,' '대중의 과학 이해'(public understanding of science) 활동 또한 이 관점에 뿌리를 두고 있다. 특히 과학의 대중화 개념은, 일반 시민들이 과학기술에 대해 무지하기 때문에 과학기술을 두려워하고 과학기술에 대해 비호의적인 태도를 보인다는, 이른바 '결핍 모델'(deficit model)의 전제하에 일방적·계몽적 방식으로 추진되었다.[4]

그러나 현대 사회에서 과학기술이 미치는 영향력이 증대되면서, 전문가들의 전유물로 여겨졌던 과학기술 관련 이슈들은 서로 다른 입장들이 첨예하게 대립하는 사회적 논쟁거리가 되고 다양한 이해관계가 각축을 벌이는 정치의 장으로 들어가게 되었다. 1960년대 말과 1970년대에 들어서면서 미국과 유럽에서 과학기술 관련 사회적 논쟁이 분출되기 시작하였다. 원자력발전소와 방사성 폐기물 처리시설, 공항, 고속도로 등의 부지 선정, 가축 사육을 위한 성장호르몬의 사용, 산업재해 기준의 설정, 자동차의 에어백 장착 의무화, 의약품의 인증과 시판 허용 여부 등이 일상생활과 밀접하게 연관되고 널리 알려진 쟁점 사안들이었다. 유전자 재조합(recombinant DNA)이나 태아 연구 등 첨단과학 연구에 대한 규제도 쟁점이 되었다. 이 시기는 미국과 유럽에서 민권운동, 반전운동, 여성운동, 학생운동 등 사회운동이 확산되면서 광범위한 시민들의 사회참여 의식과 사회 변화에 대한 열망이 고조된 때였다. 동시에 다른 한편으로는 기존의 사회제도와 기득권 집단, 그리고 전문가들의 '전문성'(expertise)에 대한 신뢰와 권위가 떨어지는 시기였다. 과학기술의 발전은 사회진보의 상징이라는 종래의 관념이 중대한 도전을 받는 가운데, 과학기술 전문가들은 전문적인 지식을 이용해서 기득권을 누리는 기성체제의 이해관계에 봉사하는 '지식 엘리트'라는 비판이 일게 되었다.

앞서 제시한 사례들을 비롯해서 과학기술 논쟁에 대해 광범위하게 분석한 넬킨(Nelkin 1977a; 1981; 1984)에 의하면, 이런 논쟁에서는 효율성과 형평성, 이익과 위험, 공익을 위한 규제와 개인의 자유 및 선택권, 새로운 과학 육성과 전통적 가치가 서로 충돌하고 대결한다. 그러나 이렇게 서로 다른 진영의 치열한 논쟁과 첨예한 입장 차이에도 불구하고, 비판적 입장이라고 해서 과학기술 자체의 가치를 부정하거나 과학기술에 대한 전면적 규제를 주장하는 것은 아니었다. 비판론자들은 과학기술에 대한 권한이 정부나 기업 등 소수의 거대 조직과 전문성을 주장하는 소수 인사에 집중되어 있는 것이 시민들의 요구와 복리에서 멀어지는 원인이라고 보았다. 또한 과학기술 관련 의사결정에 있어 정당성을 부여하던 전문성이 불확실성을 띠며 입장에 따라 가변적이고 해석이 달라질 수 있음을 보여 주었다. 이런 논쟁에서 자주 등장하는 구호는 '과학자의 공공 책무성,' '전문성의 탈신비화,' '비전문가의 참여'(Nelkin 1981: 271) 등이었다. 결국, 비판의 핵심은 시민들이 자신의 삶에 영향을 미치는 사회적 의사결정에 대해 '참여'하고 영향을 미칠 수 있는 '권리'를 행사해야 한다는 민주주의 이념의 문제였다.

다른 사회 부문과 마찬가지로 과학기술 분야에서도 정부와 기업, 소수 전문가 중심의 정책결정 패러다임에서 벗어나려는 시도가 이루어졌다. 새로운 거버넌스(governance)에 대한 시도였다. 거버넌스란 한마디로, '사회적 의사결정에 있어 다양한 이해관계를 가진 광범위한 이해관계자(stake holders)들이 참여해서 목소리를 내는, 소위 협치(協治)방식'을 의미한다. 전문가와 비전문가를 구분하는 경계가 흐려지면서, 다양한 집단의 '참여'를 통해서 일반 시민들의 요구에 부응하고 대의 민주주의(representative democracy)제도의 한계를 극복하는 것이었다. 이렇게 볼 때, 과학기술 거버넌스는 과학기술과 관련한 사회적 의사결정 과정에 비전문가인 일반 시민의 참여(public participation)를 허용함으로써 이들과의 숙의(deliberation)를 기반으로 공익(public interests)을 도모하는 방향으로의 의사결정을 지향하는 방식이라고 하겠다. 기본적으로 현대 민주주의의 새로운 시민권으로서 '과학기술 시민권'(scientific and technological citizenship)의 개념에 입각한 것이다. 이러한 조류는 과학기술정책 관련 문헌에서 빈번히 사용되는 용어의 변화에서도 뚜렷이 드러난다. 예컨대, '과학기술에 대한 대중인식'(public awareness)에서 '시민 개입'(citizen involvement)으로, '소통'(communication)에서 '대화'(dialogue)로, '과학과 사회'(science and society)에서 '사회 속의 과학'(science in society)으로 바뀌었다(어윈 [1995] 2011; Bucci and Neresini 2008: 457).[5]

1980년대에 들어서 네덜란드, 덴마크 등을 중심으로 '혁신적,' '구성적,' '참여적' 등의 수식어를 붙인 새로운 기술영향평가방식이 도입·확산되었다. 기술영향평가란 기술의 도입과 활용이 사회문화, 정치, 경제, 환경 등에 미치는 광범위한 사회적 영향을 체계적으로 분석하는 것으로 요약된다. 앞 절에서 설명하였듯이, 1960년대 말에 시작되어 1970년대 초에 제도화된 미국의 기술영향평가는, 핵확산과 안전, 태양에너지, 자동화, 유전공학 등 이미 개발되었거나 개발하기로 결정된 첨단기술과 대형 프로젝트의 부정적 영향을 최소화하기 위한 시도였다. 북유럽에서는 미국에서 시도된 전문가들에 의한, 결과 위주의, 사후적이고 소극적인 기술영향평가에서 벗어나, 과학기술과 관련한 의제설정부터 시작하여 개발 과정에 이르기까지 시민들이 적극적으로 참여하여 다양한 대안을 만들고 바람직한 선택과 결과가 구현되도록 개입하고 구성해 나가는 것을 강조한다. 유전공학, 컴퓨터와 자동화기술, 청정기술 등에 적용되었다.

그러나 여전히 기술영향평가에 참여하는 이해관계자 집단, 평가할 수 있는 영향의 범위가 제한되어 있고 기술개발의 후기 단계나 완료된 이후에 실시되는 하류(下流, downstream) 또는 사후 평가적 요소를 피하기 어렵기 때문에, 기술영향평가가 실제로 영향력을 발휘하기 어렵다는 지적들이 나오고 있다. 이에 대해 최근에는 주로 나노기술 등 첨단신기술을 대상으로 하여, 기술개발의 기획 및 초기 단계에서 사회적 영향평가를 실시하는 상류(上流, upstream) 기술영향평가, 기술개발의 매 단계에서 동시에 사회적 영향을 평가하는 실시간(real-time) 기술영향평가, 윤리적 이슈까지 평가에 도입함으로써 보다 포괄적으로 예방의 원칙(precautionary principle)을 적용하고자 하는 접근방식들이 등장하고 있다. 이런 접근방식들은 기술 발전과 사회적 영향에 대한 예측, 광범위한 이해당사자들의 참여, 기술개발과 다양한 이슈의 통합을 시도하고자 하며, 포괄적으로 '선견적 거버넌스'(anticipatory governance)로 불리기도 한다(성지은·송병걸·송위진 2007: 37-40; Barben, Fisher, Selin and Guston 2008).

시민 참여를 기반으로 과학기술 거버넌스를 구현하기 위한 기술영향평가의 구체적인 방식으로는 합의회의, 시민배심원, 과학상점 등이 있다. 또, ELSI(윤리적·법적·사회적 함의) 프로그램도 이런 부류에 속하는 것으로 볼 수 있고, 과거에는 주로 정치적 또는 사회적인 쟁점들과 관련해서 시행되던 주민투표와 청문회, 여론 조사방식도 널리 활용되게 되었다. 방식별 세부 내용을 요약하면 다음과 같다.

첫째, 1987년 덴마크에서 개최되기 시작한 합의회의(consensus conference)는 자발적으로 지원한 일반 시민 중에서 선별된 10-20명 정도의 패널들이, 중대한 사회적 관심사로 떠오른 과학기술 관련 사안에 대해 합의한 내용을 공개하는 방식이다. 구체적인 과정은 시민 패널 선별 → 전문가 의견 청취 및 질의응답 → 시민 패널 내부 토론 → 결론 도출 → 합의 내용 공개의 순서로 진행된다. 합의회의는 전문가들로부터 정확하고 전문적인 정보를 제공받고 심도 있는 학습과 토론, 상호이해, 즉 숙의(deliberation) 과정을 충분히 거친다는 점에서 성숙한 사회적 합의의 기반을 형성하는 데 효과적일 수 있다.

둘째, 시민배심원제(citizen's jury)는 미국에서 재판에 활용되는 배심원제도를 원용한 것으로, 대개 무작위로 선택된 약 15명 내외의 일반 시민들이 며칠에 걸쳐 전문가들의 증언을 듣고 숙의하는 과정을 거친다. 지원자 중에서 뽑힌 독립적인 시민 패널이 모든 과정을 주도하는 합의회의와는 달리, 시민배심원제에서는 질문 만들기, 보고서 작성 등의 과정에서 주최 측이 더 적극적으로 관여한다.

셋째, 과학상점(science shop)은 주로 대학의 연구실과 전문가들이 소외집단과 지역사회가 요청하고 필요로 하는 문제에 대해 연구하는 방식으로, 네덜란드에서 시작되어 지역사회기반 연구로 널리 확산되었다. 과학기술 전문가와 일반 시민 간의 중개 역할을 담당하는 과학상점은, 두 주체 간의 긴밀한 상호작용을 촉진하기 위해 연구를 의뢰하는 시민이나 집단을 가능한 한 적극적으로 연구 과정에 참여시키고자 한다(어윈 [1995] 2011: 265-280).

넷째, ELSI 프로그램은 생명과학기술 연구의 상징이 된 인간유전체 프로젝트에서 과학자 개인과 연구윤리의 차원을 넘어 과학기술의 위험에 대비하고 그것을 통제하기 위한 시도로 새롭게 시작되었다(8장 참조). 미국에서 정부 주도하에 2000년 출범한 국가나노기술개발계획(National Nanotechnology Initiative)에도 공식적으로 ELSI 프로그램이 포함되었고, 2003년 통과된 '21세기 나노기술 연구개발 법률'에서 재확인되었다(http://www.nano.gov/, 2015년 11월 30일; https://www.congress.gov/, 2015년 11월 30일).

다섯째, 주민투표(referendum)는 이해관계가 있는 일정 지역의 주민이나 전 국민을 대상으로 한꺼번에 투표에 참여하도록 하는 방식이다. 보통 특정 사안에 대한 찬반 표시나 한두 가지의 선택지에 대해 투표하는 방식으로 진행되며, 투표 참가자들은 모두가 동일한 비중의 영향력을 행사하고, 투표 결과는 구속력을 갖게 된다.

여섯째, 청문회(public hearing)는 보통 앞으로의 계획과 쟁점 사안에 대해서 공개적으로 발표하고, 이에 관심이 있는 시민과 집단들의 의견을 비교적 오랜 시간에 걸쳐 청취하는 방식이다. 청문회를 통해 제시된 의견이 최종적으로 어느 정도 영향력을 행사하게 될지는 불확실하며 사안에 따라 그 정도가 달라질 수 있다.

일곱째, 최근 과학기술 관련 이슈에 대해서도 여론 조사를 실시하는 경우가 늘어나고 있다. 예를 들면, 1970년대부터 유럽연합 집행위원회(European Commission) 주관으로 실시되는 'Eurobarometer 조사'에는 과학기술과 특히 생명과학기술에 대한 여론 조사가 포함되어 있다. 그러나 과학기술 관련 이슈에 전통적인 설문 조사방식을 적용하는 데 대한 한계가 지적되고 있다. 즉, 설문하고 응답자의 답을 듣는 방식으로 여론을 측정할 경우, 응답자들이 충분한 정보를 갖고 있지 않거나 또는 그 사안에 대한 의견이 정립되지 않은 상태에서 응답할 수 있기 때문에 정확한 여론 측정이 어렵다는 것이다.

이런 한계를 극복하는 방안으로 공론(公論) 조사(deliberative poll)가 제시되었다. 여론 조사에서 사용되는 표본 추출방식을 통해 선정된 응답자들을 대상으로, 조사 대상이 될 주제에 대해 공론화 과정을 실시하고, 이 공론화 과정 전후에 의견 조사를 실시하여 공론의 추이를 파악하는 조사방식이다. 공론화 과정은 보통 선정된 응답자들을 소집하여, 주제에 대한 관련 전문가들의 설명과 질의응답, 토론 과정을 거치게 함으로써, 충분하고 균형 잡힌 정보를 제공하고 숙의할 수 있는 기회를 제공한다. 공론 조사는 표본의 대표성을 유지하면서 응답자의 충분한 정보에 기반을 둔 의견(informed opinion)을 파악하고자 한다. 그러나 많은 비용과 시간이 소요된다는 측면에서 한계를 갖고 있으며, 대표성 확보에도 어려움이 발생할 수 있다(윤정로 · 정규원 · 조성겸 2012: 136-155).[6]

3. 한국의 과학기술 거버넌스

한국에서 과학기술 거버넌스의 문제는 어떠한 상황에 처해 있을까? 1967년 과학기술처 설립의 기반이 된 보고서를 보면, "과학기술을 최대한으로 도입하여 최단 시일 내에 최대한의 경제효과"를 거두기 위해 과학기술 전담 행정 기관의 신설을 건의하고 있다. 이런 기조에 따라, 소수의 엘리트 전문가와 관료들이 고도의 '자율성'을 견지하면서 '효율성'이 높은 정책을 입안하고 집행하는 것이 초기의 주된 의사결정방식이었다.

이런 의사결정방식은 산업화가 진전되면서 과학기술 관련 위험관리의 필요성이 높아지고 민주화의 진전으로 시민들의 권리의식과 참여에 대한 요구가 높아지는 상황에서 한계를 드러내게 되었다. 대표적인 사례로, 원자력발전소에서 나오는 저준위 방사성폐기물 처리시설 부지를 확보하려는 시도가 1986년부터 시작되었지만, 1990년 충남 안면도, 1994년 경기도 굴업도, 2003년에는 전북 부안에 건설하겠다고 발표한 정부의 정책이 주민들의 완강한 저항에 부딪혀 백지화된 사태를 들 수 있다. 결국 거의 20년이 지난 2005년에야 대규모 지역 발전 지원방안을 걸고 주민투표를 통해서 경북 경주로 부지를 선정할 수 있었다.

1990년대 이후에는 해외 여러 국가와의 인적 교류는 물론 인터넷 등 정보통신기술의 급속한 발전에 힘입어 외국의 동향에 대한 정보 유입의 경로가 다양해지고 속도 또한 빨라지면서, 앞 절에서 서술한 새로운 과학기술 거버넌스제도들이 소개되고 '수입'되기도 하였다. 2001년 제정된 '과학기술진흥기본법'에서는 기술영향평가와 시민 참여가 명문화되기까지 하였다. 즉, "정부는 새로운 과학기술의 발전이 경제·사회·문화·윤리·환경에 미치는 영향을 사전에 평가하고 그 결과를 정책에 반영해야 한다"고 법률에 명시하였다. 또 시행령에는 "민간 전문가 및 시민단체 등의 참여를 확대하고 일반 국민의 의견을 모아서" 매년 기술영향평가를 실시하도록 규정하였다. 이 법률에 의거해서, 2003년부터는 과학기술부 산하의 한국과학기술기획평가원(KISTEP) 주관으로 매년 한두 가지의 기술을 대상으로 하는 기술영향평가가 실시되기 시작하였다.[7] 그러나 이런 기술영향평가의 결과가 현실적으로 정책에 얼마나 반영되었는지에 대해서는 회의적이다.

합의회의는 과학기술 거버넌스의 대표적인 사례로 널리 알려져 있는데, 우리나라에서는 1998년 한국유네스코위원회의 후원을 받아 시민단체인 참여연대 산하 시민과학센터 주관으로 유전자조작식품에 대해 최초의 합의회의가 시도되었고, 이후에도 생명복제와 전력정책을 주제로 하여 열렸다. 2006년에는 한국과학기술기획평가원에서 주관하는 기술영향평가 사업의 하나로, 합의회의의 방식을 채택한 시민공개포럼이 유비쿼터스 컴퓨팅기술을 주제로 하여 진행되었다. 그러나 이러한 합의회의 또한 그 현실적 영향력에서 뚜렷한 성과를 거두었다고 보기는 어렵다.

시민배심원제 역시 시민과학센터가 주관하여 2001년 인간 유전정보 보호 문제를 주제로 처음 시도되었다. 2004년에는 울산광역시 북구청의 음식물자원화(음식물쓰레기 처리)시설 설치, 2007년 대통령자문 지속가능발전위원회의 심야전기제도, 2008년 한국과학기술기획평가원 기술영향평가사업의 일부분으로 시민단체에 의뢰한 국가재난질환대응체계—구체적인 주제는 조류독감(AI)이었다—등 국가 기관 또는 시민단체와 협력하여 추진하는 방향으로 진전되었다. 그러나 가장 성공적인 것으로 알려진 울산의 사례도 단발성에 그친 데다 성과도 제한적이어서, 결국에는 시설 가동이 중단되었다

(김소영 2006).

과학상점은 1998년 서울대학교의 이공계 전공 학부와 대학원 학생들이 '과학상점운동 관악학생특별위원회'를 결성해서 소개한 것이 효시였다. 이듬해 전북대에서 대학 측의 주도로 시도되었지만 가시적인 성과는 내지 못하였고, 2002년에는 과학기술 연구 기관과 연구자들이 밀집되어 있는 대덕연구단지에서 '대전과학상점준비모임'이 결성되었다. 이 모임은 2004년 '시민참여연구센터'로 확대 발전하여 창립 회원이 약 100명에 이르게 되었지만, 과학상점의 운영에 가장 유리한 조건을 갖추고 있는 대전에서도 과학상점의 운영과 성과는 한계를 드러내고 있다(정복철 2007: 162-172).

ELSI 프로그램은 2000년부터 시작된 '21세기 프론티어사업' 등 새로운 방식으로 추진되는 대규모 과학기술 연구개발 프로젝트의 일부로 지원되기 시작하였다. 2001년부터 인간유전체기능 연구사업에서 최초의 ELSI 연구를 지원하였고, 이후 줄기세포, 이종 간 장기이식, 뇌과학, 나노기술 등의 분야에서 지원되었다. 8장에서 서술하였듯이, ELSI 프로그램의 도입은 미국과 유럽의 연구프로젝트 선례를 모방한 측면이 강하였다.

이런 한국의 상황과 관련하여, 새로운 과학기술 거버넌스의 도입에 대해 학문적·실천적으로 적극적이었던 연구자들조차 잠재적 가능성은 밝게 보지만 현재까지의 성과에 대해서는 비판적인 평가를 내리고 있다. 과학기술정책에 대한 시민 참여는 여전히 시민 대다수에게 생소하고 혼동과 오해의 소지가 많은 개념으로 남아 있을 뿐만 아니라, 주류 담론으로도 진출하지 못하고 있다는 것이다(박진희·김명진·조아라 2011). 또한 생명공학 감시운동을 중심으로 분석한 바에 의하면, 시민단체들이 활동가들을 재육성하는 데 실패함으로써, 결국 시민운동이 정체기를 맞게 되고 비판적 담론이 확산되는 데 한계를 보이고 있다고 한다(김병수 2011).

기술영향평가를 명시한 '과학기술기본법'이 상징적으로 보여 주듯이, 한국에서 새로운 과학기술 거버넌스 구축과 정착의 당위성 및 필요성에 대해서는 정부를 비롯하여 학계, 시민단체가 모두 공감하고 있다. 그럼에도 불구하고, 구체적인 실천에서는 새로운 거버넌스제도들이 원활히 작동하지 않고 효과도 내지 못하는 것이 한국의 현실이다. 그 원인을 분석하고 해법을 제시하는 작업이 절실히 필요한 것은 두말할 나위가 없다. 미국, 영국, 독일은 비슷한 사회경제적 수준과 자유민주주의 체제를 공유하지만, 각기 다른 문화·역사·정치적 요인으로 인하여 과학기술 지식을 대하는 시민들의 인식과 반응, 즉 '시민적 인식론'(civic epistemology)이 다르게 나타난다. 따라서 생명과학기술 관련 거버넌스 또한 서로 다른 모습을 보인다고 한다(Jasanoff 2005). 한국의 과학기술 거버넌스 문제 또한 이런 문화·역사·정치적 요인이 포함되는 사회적 배태성(social embeddedness)을 고려해서 해결되어야 한다.

한국에서 과학기술 거버넌스가 작동하고 실효성을 갖기 위해서는 무엇보다도 이해관계자들의 인식의 전환이 필요하다. 종래에 과학기술 거버넌스에 대한 논의는 주로 인문사회과학 분야 연구자들이나 시민단체 활동가들에 의해서 주도되어 왔다. 과학기술 전문가나 정부 측에서는 과학기술 거버넌스의 문제를 비전문가들이 제기하는 '쓸데없이 성가신' 공염불로 치부하면서, '선진국'을 따라가는 '겉치레'로 만들어 둔 측면이 있음을 부정하기 어렵다. 여기에서 거버넌스와 관련된 두 가지 논의를 상기할 필요가 있다. 첫 번째는 거버넌스 개념이 서구 사회에서 소위 '고약한 문제'(wicked problem)에 대응하는 방안으로 구상되고 널리 확산되었다는 점이다. '고약한 문제'란 문제의 성격이 너무 복잡하고 불확실하며 복합적이고, 이해관계자들은 문제인식과 세계관에서 극명한 차이를 보이며, 기존에 주어진 대안으로는 해결할 수 없는 문제를 의미한다. 이런 고약한 문제들은 정부의 힘만으로는 해결할 수 없기 때문에, 여러 이해관계자들이 참여하는 협치, 즉 거버넌스의 개념이 제안된 것이었다. 두 번째는 시민들의 참여를 기반으로 한 과학기술 거버넌스제도의 활성화가 여러 나라에서 고약한 문제의 처리뿐만 아니라 과학기술의 발전에 있어서도 성과를 내고 있다는 사실이다. 한국은 이미 과학기술 관련 이슈들이 '고약한 문제'의 속성을 드러내고, 후발주자로서의 모방과 추격의 단계에서 벗어나 새로운 혁신과 창조의 길을 개척해야만 하는 단계에 이르렀다. 따라서 한국의 과학기술 발전에 다양한 과학기술 거버넌스제도의 운용이 기여할 수 있는 가능성에 주목해야 한다.

보다 근본적인 대안으로 과학기술과 인문사회과학 사이의 간극을 일컫는 '두 문화'(two cultures) 극복의 과제를 강조하고자 한다. 첫째, 포용력 있는 시각을 가진 과학기술 전문가와 과학기술의 문제에 관심을 갖고 균형 잡힌 판단을 내리기에 충분한 정보를 갖고 있는 시민, 그리고 그들 사이의 소통, 신뢰, 협력이 있어야만 과학기술 거버넌스가 작동될 수 있다. 과학기술과 관련된 사회적 의사결정에서는 일상생활의 경험에 입각한 시민적, 지역적 지식(lay knowledge, local knowledge)도 무시되어서는 안 되지만, 전문적인 지식이 개입하지 않고서는 좋은 판단을 내리기 어렵다는 점도 반드시 염두에 두어야 한다. 둘째, 과학기술 전문가를 기능적 지식인에서 벗어나 비판적 안목을 갖춘 지성인으로 길러 내야 한다. 셋째, 다른 한편으로는 과학기술 문제에 대한 인문사회과학적 연구의 폭이 넓어지고 수준이 높아져야 한다. 과학기술에 대한 추상적인 비판이 아니라 구체적·참여적 성찰이 필요하다. 과학기술 전문가들에게 대안적인 영감을 제공할 수 있는 새로운 인식틀과 연구방법을 깊이 고민해야 한다.

"만약 시민들이 온전한 분별력을 갖고 통제권을 행사할 수 있을 만큼 충분히 개화되어 있지 못하다고 생각한다면, 그 해결책은 시민들로부터 통제권을 거둬들여 빼앗는 것이 아니라 시민들이 분별력을 갖추도록 알려 주는 것이다"(Volti 1992: 273 재인용).

200여 년 전 토머스 제퍼슨의 주장은 오늘날 과학기술의 현실에 여전히 적실하다.

_주석

1장

1 머튼은 1935년 12월 박사학위 논문을 완성하고, 1936년 2월자로 박사학위를 받았다. 하버드 대학에 제출된 머튼의 박사학위 논문의 제목은 "17세기 영국의 과학 발전의 사회학적 측면"(Sociological Aspects of Scientific Development in Seventeenth Century England)이었으나, 오늘날에는 1938년 과학사 및 과학철학 분야의 학술지 *Osiris*에 단행본 형태로 게재된 논문의 제목인 "17세기 영국의 과학기술과 사회"로 널리 알려져 있다. 머튼은 박사학위 논문을 상당 부분 수정해서 *Osiris*에 게재하였다. 대공황을 겪고 있던 당시, 당사자가 직접 경비를 부담하지 않고는 박사학위 논문이 단행본으로 출판되기가 어려웠다고 한다. 학위논문 심사위원 중 한 명이었던 과학사학계의 태두 사턴(George Sarton) 교수는 머튼의 논문에 감동하여 완성되기도 전인 1935년 10월 머튼에게 축하 편지를 보내면서, 과학사학회의 공식 학술지였던 *Isis*의 자매지인 *Osiris*에 출판할 것을 제안하는 것으로 찬사를 표했다고 한다. 이 두 학술지 모두 사턴에 의해서 창간되었는데, *Osiris*는 뛰어난 과학사학자에게 헌정되는 단행본 형태로 간행되었다(Cohen 1989: 28-40). 머튼의 논문은 1970년에 새로운 서문과 참고문헌을 추가하여 단행본으로 다시 출판되었다. 출판 50주년을 기념하기 위해서 이 논문에서 제시된 주요 명제를 재조명하는 단행본 주석서(Cohen, 1989)가 출판되었다는 사실은 이 논문의 학술적 중요성을 드러낸다. 머튼은 이 주석서에서 후기를 집필하였다. 길필런의 논문도 1970년 증보판이 단행본으로 재발간되었다. 길필런의 논문에서는 부제에 'technic invention'이라는 단어를 사용하고 있다는 점이 주목되는데, 오늘날 널리 사용되는 'technology'라는 용어가 당시까지는 보편화되지 않았음을 알려 주는 것으로 보인다.

2 같은 자료를 다시 25년 간격으로 분류하면, 과학에 대한 최초의 관심은 분기별로 12.8%, 28.2%, 31.4%, 27.6%로 나타난다고 한다. 머튼은 직업을 군대, 미술, 음악, 연극, 시, 산문, 교육, 역사, 의료, 종교, 학문, 법률, 정치, 과학 분야로 분류하여 통계를 작성하였다. 예를 들면, 군대는 1636-1640년 사이에 가장 인기가 좋았고, 의료 분야는 17세기 중반에 대단히 인기가 높아진 이후 계속 유지된 반면, 종교 분야는 지속적으로 하락하였다. 이런 변화는 1638년 영국 상비군의 설립, 의사들의 사회적·학문

적 지위의 상승, 종교인의 사회적 위신 하락과 관련이 있다고 해석하였다. 처음 관심을 갖는 시점과 본격적으로 성과를 내는 시점 간에는 시간차(time lag)가 있기 때문에, 과학적 발견과 발명이 정점에 이르는 시기는 1660-1670년이라고 한다.

3 런던왕립학회(Royal Society of London)는 현존하는 가장 오래된 과학자 단체로서 보통 '왕립학회'로 불리며, 현재 저명한 학자들의 모임인 학술원과 유사한 역할을 한다. 왕립학회는 프랜시스 베이컨이 주창한 '새로운 과학'에 영향을 받은 12명의 지식인들 —오늘날의 과학자에 해당하는 '자연철학자'와 의사들— 이 모여 매주 토론을 벌이는 모임으로 1660년에 시작되어, 1662년에 찰스 2세로부터 공식적으로 인가를 받았다. 1665년부터 이 단체의 기관지로 발간되기 시작한 「철학회보」는 세계 최초의 과학 분야 학술지로 알려져 있다. 왕립학회의 역사는 설립 350주년 기념으로 출판된 Bryson(2010)에 흥미롭게 서술되어 있다.

4 머튼에 의하면, 청교도주의는 금욕적인 개신교의 전형적 표상이라고 한다.

5 종교적 성향에 대한 자료가 기록으로 남아 있는 1663년도 왕립학회 회원 68명 중 43명(62%)이 명백하게 청교도였다는 분석이 인용되어 있는데, 당시 영국의 전체 인구 중 청교도가 매우 소수였다는 사실에 비추어 보면 놀라운 수치이다(Merton 1970: 114).

6 하버드 대학교 사회학과는 러시아 혁명을 피해 미국으로 이주한 피티림 소로킨(Pitirim Sorokin)을 학과장으로 1931년 설립되었다. 사회학과가 설립되면서, 경제학과 강사로 재직하던 파슨스가 사회학과로 옮기게 되었다. 머튼은 소로킨의 지도를 받고자 1931년 하버드 대학교 대학원에 진학하고 소로킨의 연구조교로 일했지만, 학문적으로는 파슨스의 영향을 가장 크게 받고 그와 긴밀한 관계를 유지하였다. 파슨스는 머튼의 논문심사위원 중 하나였으며, 독일 사회학자 막스 베버의 저작을 최초로 영역하였다. 파슨스는 공식적인 교과목 이외에도 소규모의 비공식적인 공부 모임을 수년간 이끌었는데, 로버트 머튼은 물론 킹슬리 데이비스(Kinsley Davis), 윌버트 무어(Wilbert Moore), 매리언 레비(Marion Levy) 등 나중에 구조기능주의 이론의 대표적인 학자들이 된 당시의 학생들이 참여하였다. 독일의 시스템 이론가로 최근 우리나라에서도 대단히 주목받고 있는 니클라스 루만도 1960-1961년에 파슨스의 강의를 들은 적이 있다고 한다(베르크하우스 2012: 17).

7 영국 왕립학회는 설립 초기부터 국제화되었다. 「철학회보」의 부제는 "세계의 여러 중요한 지역의 독창적인 지식과 연구와 노력에 대한 설명"이었고, 창간호부터 독일 사람이 편집인이었으며, 이탈리아, 네덜란드 사람들의 논문을 실었다(Bryson 2010).

8 예를 들어 1961년 미국에서 과학인용색인(SCI, Science Citation Index) 자료가 편찬되기 시작하면서, 인용분석(citation analysis)이 계량분석의 주요한 조류로 부상하였다. 1650-1950년의 학술지를 비롯해서 다양한 종류의 계량분석을 시도한 Price([1963] 1986)는 인용분석의 선구자로 꼽힌다. 인용분석은 서지계량학(bibliometrics), 과학계량학(scientometrics)이라는 별도의 분과학문으로 불리기도 하며, 1978년 *Scientrometrics*라는 국제학술지가 창간되었다.

9 과학제도의 이런 특성은 최근 널리 유행하는 각종 대학 순위 평가, 학술지 평가를 보면 쉽게 이해할 수 있다. 우리나라에서는 SCI 데이터베이스를 통해서 그 학술지에 실린 논문들의 평균 인용빈도를 나타내는 IF(impact factor)를 지표로 하여, *Nature*, *Science*, *Cell* 등을 과학 분야 최상급 학술지로 평가하고 있다. 또한 우리나라에서 과학 분야 노벨상 수상자 배출에 대한 열망을 보면, 과학 분야의 수많은 상 가운데 노벨상이 최고의 영예를 누리고 있음을 알 수 있다.

10 머튼은 이런 부익부 빈익빈 현상을 '마태효과'(Mathew Effect)로 명명하였다. 이 명칭은 성경의 마태복음 25장 29절, "무릇 있는 자는 받아 충족하게 되고 없는 자는 그 있는 것까지 빼앗기리라"라는 구절에서 유래하였다(Merton [1968] 1973: 439-459).

11 과학자의 연구업적은 단순한 인쇄(printing)가 아니라 제출된 원고에 대해 제도화된 동료 과학자들의 심사 과정을 거쳐 출판(publication)된 것을 의미하며, 이런 출판제도는 17세기 런던왕립학회에서 비롯되어 근대 과학의 중요한 장치로 확립되었다(Merton and Zuckerman [1971] 1973: 460-496).

12 마태효과와 같은 맥락이지만 불이익의 누적효과를 지칭하는 대조적인 개념으로 '마틸다효과'(Matilda effect)라는 용어가 사용된다. 마틸다효과는 여성 과학자들이 생존 당시에 인정받지 못하고 무시됨으로써 역사적 기록에서도 이름이 사라지게 되는 현상을 지칭한다. 마틸다는 19세기 미국의 여성 참정권 운동가와 저술가로 왕성한 활동을 벌였지만 현재는 그 이름이 잊혀져 버린 마틸다 게이지(Matilda Gage)의 이름에서 따온 것이다(Rossiter 1993).

13 앞에서 인용된 과학의 보상체계에 관한 경험적 연구들이 대부분 미국 사회학회의 공식 학술지인 *American Sociological Review*에 게재된 사실도 미국 과학사회학의 지적·제도적 배경을 시사해 준다.

2장

1 이런 신생 프로그램의 설립은, 당시 심각한 환경 파괴와 핵무기를 비롯한 대량살상무

기의 개발 경쟁을 목도하면서 나타나게 된 과학기술에 대한 비판적인 분위기, 그리고 과거에 세계 최고였던 과학기술의 발전 수준이 미국에 뒤떨어지는 데 대한 우려가 높아지면서, 그 해결책으로 과학기술에 대한 사회과학적 탐구의 중요성이 부각된 측면과 관련이 있다(Ben-David 1981; Speigel-Rösing 1977).

2 과학지식사회학의 흐름에 대해서는 참고문헌에 수록되어 있는 바와 같이 국내의 여러 학자들이 소개하고 비평하는 논문을 썼다(김환석 2006; 서이종 2005; 송성수 2011; 윤정로 2000; 이상욱 외 2009; 이영희 2000; 홍성욱 2004). 김경만(2004)의 저서는 과학사회학의 다양한 유파에 대해 가장 상세히 소개하였다.

3 섀핀(Steven Shapin)은 1982년 출판된 논문의 말미에 당시까지 이루어진 역사적 과학지식사회학의 경험적 연구 성과 149개의 목록을 유형별로 분류하여 제시하였는데, 여기에는 다음에 논의할 경험적 상대주의 프로그램의 성과도 포함되어 있다(Shapin 1982).

4 과학지식사회학 분야의 대표적인 학술지 *Social Studies of Science*는 1981년 경험적 상대주의 연구 논문 5편과 편집인 콜린스의 서문을 묶어 '지식과 논쟁'이라는 제목의 특별호를 발간하였다. 콜린스는 서문에서, 애초에는 에든버러 학파의 섀핀이 콜린스와 함께 1980년 조직한 학술대회에서 발표된 논문들로 단행본을 출판하자는 아이디어를 제안하고 공동편집하기로 했지만, 현대 과학에 대해 분석한 연구만으로 특별호가 구성되면서 섀핀이 공동편집인의 역할에서 물러났다고 경위를 밝히고 있다(Collins 1981).

5 이 연구는 Collins and Pinch([1993] 1998: 91-107)에 비교적 쉽고 상세하게 소개되어 있다.

6 소아마비 백신의 발명으로 유명한 소크가 1960년 설립한 이 연구소는 미국의 건축가 루이스 칸(Louis Kahn)이 설계한 아름다운 건축으로도 세계적으로 유명하다. 소크는 세계 최고의 탁월한 과학자들을 유치하기 위해서는 아름다운 캠퍼스가 중요하다고 생각하면서 칸에게 설계를 의뢰했고, 연구소는 과학자들이 쉽게 소통하고 협력할 수 있도록 연구실 벽이 없는 구조로 되어 있다고 한다.

7 소크 박사는 라투르와 울가의 책에 매우 흥미로운 서문을 썼다. 라투르와 울가의 견해가 자신의 생각과 다르고 불편하게 느껴지는 점도 있지만, 이들의 연구가 과학자 자신들의 연구와 마찬가지로 '과학적' 에토스를 공유하고 있음을 깨닫게 되었으며, 과학자들과 일반 시민들이 과학 활동에 대해 이해하는 데 도움이 된다고 평가하였다. 필자가 재직하고 있는 KAIST의 동료 교수인 과학자들도, 실험실에서는 다양한 장

비 —설거지 도구, 펜치, 망치 등 일상생활 용품을 포함한— 를 사용하는데, 장비를 갖추고 실험하는 과정은 매우 복합적이고 혼란스러운 상황이며, 순간적인 상황판단이 필요하다고 하였다. 또한 연구 성과가 나오는 '결정적'인 순간도 그다지 화려한 것이 아니라 "전문가들만이 알 수 있는 희미한 결과"에 불과하다고 한다. 또한 "설계를 할 때 같은 문제에 대해서 여러 가지 답이 나올 수 있고, 그 답들이 모두 맞을 수도 있는데, 선택을 해야 하는 실제 상황에서는 어디에 초점을 둘 것인가에 따라 선택이 달라진다"고 한다.

3장

1 미국에서 과학사 분야의 학술지 *Isis*는 1912년부터 출판되기 시작하고, 1924년 하버드 대학 교수였던 사턴(George Sarton), 헨더슨(Lawrence Joseph Henderson) 등이 주도하여 과학사학회(History of Science Society)가 설립되었다. 1958년 과학사학회지 *Isis*에서 기술사 논문에 할당된 지면을 늘려 달라는 기술사 연구자들의 요구가 받아들여지지 않게 되자, 별도로 기술사학회(SHOT, Society for the History of Technology)가 설립되고 학술지 「기술과 문화」(*Technology and Culture*)가 창간되었다. 과학철학 분야는 미국 철학회 내에서 1934년부터 학술지 「과학철학」(*Philosophy of Science*)이 발간되고 1948년부터 매년 학술대회가 열리기 시작하였다. 기술철학 분야에서는 1976년에 이르러 철학과기술학회(Society for Philosophy and Technology)가 국제학회로 결성되고 학술지 「테크네」(*Techne: Research in Philosophy and Technology*)가 발간되었다(http://philsci.org).

2 오그번은 기술적 측면 이외의 사회문화적 요인들이 개입하여 기술 발전의 적응 단계가 지체될 수 있다고 보고, 이런 현상을 문화지체(cultural lag)라는 개념으로 제시하였다.

3 근대 이후 기술이 사회 변화를 일으키고 역사를 움직이는 결정적인 동인이라는 인식은 문학, 철학, 사회과학 이론 등 광범위한 분야에서 다양한 형태로 나타나고 있으며, 일반인들의 의식 속에서도 강력한 영향력을 행사하고 있다. 그러나 기술결정론의 의미에 대해서는 다양한 해석과 편차가 존재하는데, 다양한 해석을 포괄하는 하나의 총칭으로 기술결정론의 개념이 사용되고 있어 혼란을 일으키는 경우가 많다고 한다(Mackay 1995; Smith and Marx 1994). 빔버(Bimber 1994)는 기술결정론의 의미를 세 가지로 구분하였다. 첫째, 법칙적(nomological) 해석은 현재까지의 기술 발전 상태와 자연의 법칙에 따라 미래의 사회 변화의 방향이 단선적으로 결정되어 있다는 입장

이다. 달리 표현하면, 기술 자체 또는 기술의 본질적 특성이 바로 사회 변화의 원인이며 그 결과 또한 필연적으로 결정한다는 가장 강경한 입장으로서 진정한 의미의 기술결정론이라고 한다(Smith and Marx 1994: xii). 둘째, 규범적(normative) 해석은 기술 발전이 사회문화적 의미와 정치적·윤리적 논의로부터 유리되는 경우에 기술은 인간의 통제를 벗어나 독자적으로 발전하며 사회 변화에 결정적인 영향을 미치게 된다는 입장으로, 많은 사회이론가들이 취하고 있는 관점이다. 셋째, 의도하지 않은 결과(unintended consequences) 해석은 기술 발전의 사회적 영향력을 예측하기 어렵다는 입장인데, 이것은 기술만의 고유한 특성이 아니기 때문에 기술결정론으로 보기는 어렵다고 한다. 와이엇(Wyatt 2008)은 기술결정론에 반기를 든 STS 연구자들 사이에서도 기술결정론이 계속 영향력을 발휘하고 있다고 보고, 정당화적(justificatory), 서술적(descriptive), 방법론적(methodological), 규범적(normative) 기술결정론의 네 가지 유형으로 분류하였다.

4 『기술의 사회적 형성』은 송성수(1995), 『기술 시스템의 사회적 구성』은 송성수(1999)에 일부 논문들이 번역되어 있다.

5 현대의 자동차나 항공기 산업은 19세기 말 자전거산업에 뿌리를 두고 발전하였다. 간단한 예로 자동차산업에 일대 혁명을 일으킨 포드와 최초의 항공기를 제작한 라이트 형제가 모두 자전거 판매와 수리업에 종사하였으며, 라이트 형제의 비행기 제작에 사용된 대부분의 부품이 자전거용이었다고 한다.

6 이하 자전거 발전의 역사에 대한 서술은 Bijker(1995a), Herlihy(2004), Pinch and Bijker(1987)에 기초하고 있다.

7 라틴어에서 속도를 의미하는 'velox'와 발을 의미하는 'pes'의 복수형 'pedes'가 결합된 것으로, '빠른 발'이라는 뜻.

8 코번트리는 전통적으로 직물산업의 중심지였고 19세기에는 시계 조립이 번성하였지만, 1860년대에 들어 두 산업 모두 쇠퇴하면서 인구도 감소하고 실업과 빈곤 문제가 심각해졌다. 그러나 직물산업의 비숙련 노동자, 시계산업의 숙련 노동자를 이용하여 재봉틀과 자전거 산업이 발전됨으로써 다시 번영을 누리게 되었고, 오늘날에도 코번트리는 영국 자동차산업의 중심지이다.

9 당시 여성들은 안전 문제 이외에도 평상복으로 긴 치마를 입는 복장 때문에 높은 바퀴 자전거를 탈 수 없었다. 이런 복장 문제에 대해 바퀴의 크기를 줄이거나 페달을 한쪽에만 다는 등 자전거 디자인의 변화를 통한 해결책도 있었지만, 다른 한편에서는 블루머(bloomer, 바지통이 불룩하고 발목에서 졸라매는 바지)가 나와 여성도 바지를

입게 되는 복식의 변화도 있었다고 한다.

10 세발자전거는 특히 영국의 귀족층에서 인기가 높았으며, 1881년 빅토리아 여왕도 세발자전거 2대를 구입하였다. 1882년 세발자전거 연합(Tricycle Union)도 결성되었다. 이 협회는 1883년 자전거연합(Bicycle Union)과 통합되어 전국사이클리스트연합(National Cyclist Union)이 출현하였다. 2인승 세발자전거, 세발자전거 방식으로 두 개의 바퀴를 연결한 다이사이클(dicycle) 등 변종들이 개발된 사실도 당시 세발자전거의 인기를 드러낸다. 1886년 영국에서 생산되는 자전거를 모두 망라한 카탈로그에는 두발자전거 89종, 세발자전거 106종이 수록되어 있었다(Bijker 1995a: 57; Herlihy 2004: 206-215).

11 오늘날에도 굴지의 타이어회사로 유명한 미슐랭(Michelin), 굿이어(Goodyear) 등도 당시 자전거 타이어를 생산하였고, 굿이어는 1885년 고무의 약한 재질 상태를 개선하여 단단한 고무를 개발하는 성과를 올렸다.

12 바이커(Bijker 1995a: 79-80)에 의하면, 공기 타이어를 장착하면 속도도 1/3 정도 빨라지는 것으로 나타났지만, 특허 출원에서 던롭은 속도 개선효과에 대해서는 강조하지 않았고, 다른 여러 자료에서도 진동 흡수효과에 대해서만 주목하였다.

13 1890년 말 자전거 타는 사람들의 숫자는 영국 50만 명, 독일 20만 명, 프랑스 10만 명, 미국 15만 명 정도였다고 한다(Herlihy 2004: 250).

14 기술사 분야의 대표적 학술지인 「기술과 문화」 창간 이후 25년간 게재된 모든 논문 중에서 실패한 기술에 대한 분석한 논문은 9편에 불과하다(Bijker 1995a: 7에서 재인용).

15 학술지 「과학의 사회적 연구」(*Social Studies of Science*)에서는 1986년 기술사와 논쟁이 전개되었고(Pinch and Bijker 1986; Russell 1986), 「과학기술과 인간가치」(*Science, Technology and Human Values*)에서는 1990년대 초 과학사회학(Pinch 1993; Woolgar 1991, 1993) 및 기술철학(Winner 1993), 「기술과 문화」에서는 1991년, 2002년 기술사(Bijker and Pinch 2002; Buchanan 1991; Clayton 2002a, 2002b; Epperson 2002; Law 1991)와 논쟁이 진행되었다. 구성주의에 대한 기술사회학과 기술사의 논쟁은 송성수(2011: 63-91)에 상세히 정리되어 있다.

4장

1 앨리스 로시는 1960년대 초부터 성차별에 관한 연구로 주목을 받은 사회학자였지만, 그녀 자신 또한 탁월한 학문적 역량에도 불구하고 정년보장 정규교수직으로 고용되

지 못한 상태였다. 로시는 1966년 미국 여성운동의 구심점이 된 전국여성기구(NOW, National Organization of Women)의 창립 주축 멤버로 활약하였으며, 1983년 미국사회학회장을 역임하였다(http://www.asanet.org, 2014년 3월 19일 검색).

2 과학기술 발전에서 여성들의 기여와 여성의 과학적 능력에 대해 밝히고자 한 노력은 역사가 깊다. 14세기 말부터 18세기 계몽주의 시대까지 중요한 과학적 기여를 한 여성들에 대한 백과사전 편찬 작업이 유럽 여러 나라에서 시도되었고, 1405년 여성 전업 저술가였던 피잔(Christine de Pizan)은 제빵, 직조, 원예 및 곡물경작 기술은 여성의 발명품이라고 밝힌 바 있다. 19세기 말부터 20세기 초까지 여성의 선거권을 중심으로 활발해진 제1차 여성운동의 물결 속에 과학기술 분야의 여성 문제에 대한 관심도 높아졌으며, 역사적으로 여성 과학자들의 업적을 발굴하는 동시에 여성의 진출을 가로막은 장벽을 밝히는 전략을 취하였다(Schiebinger 1999: 21-24).

3 과학사학자 로시터는 여성의 과학적 업적이 평가절하되는 현상에 대해서 '마틸다효과'라는 명칭을 붙였다. 이 용어는 사회학자 머튼이 유명한 과학자들이 누리는 일종의 후광효과(halo effect)에 대해 신약성경 마태복음에 기록된 우화를 들어 '마태효과'라고 명명한 것을 패러디한 것이다. 마틸다는 19세기 말 미국의 페미니스트로, 『여성 발명가』(*Woman as Inventor*)라는 저서를 집필하여 목화씨를 발라내는 기계의 발명자가 남성으로 알려진 것과는 달리 실제로 여성이었음을 설파하고 여성 참정권운동권과 종교계에서 맹렬히 활약했지만, 그 공적이 제대로 인정받지 못하고 역사의 뒤안길로 묻혀 버린 마틸다 게이지의 이름을 딴 것이다(Rossiter 1993).

4 예컨대 유럽에서도 이탈리아에서는 여성의 대학 입학이 허용되고 18세기까지 교수로 임명되었던 반면, 프랑스와 영국에서는 여성의 대학 입학이 허용되지 않았다. 전반적으로 19세기에 들어서 여성의 고등교육 기회가 막힌 것으로 알려져 있다. 또한 프랑스의 여성 과학자들은 대부분 상류계급 출신이었던 것과 대조적으로, 독일에서는 장인계급 출신이었다고 한다(Schiebinger 1999: 24-29).

5 자유주의적 페미니즘은 페미니스트 경험주의(feminist empiricism), 형평성(equity) 또는 평등(equality)의 페미니즘, 과학적 페미니즘(scientific feminism) 등으로 불리기도 한다(Harding 1986: 20-26; Schiebinger 1999: 4).

6 바버라 매클린톡은 20대와 30대에 유전학 분야에서 뛰어난 업적을 발표하고, 이를 기반으로 40대 후반에 자신의 이론을 완성했지만, 주류 과학자들로부터 인정을 받지 못하여 과학자로 활동하는 데 어려움을 겪다가, 1960년대 후반 분자생물학 분야에서 획기적 발견들이 이루어지면서 매클린톡의 이론이 재조명되고, 80세가 넘은 1983년 노

벨상 수상자가 되었다. 켈러는 매클린톡의 일대기를 집필하기 위해 여러 차례 직접 면담을 하는 과정에서, 매클린톡 자신이 사용한 표현인 '생명의 느낌'(feeling for the organism)이 그녀의 과학에 대한 접근방식의 요체라고 보고 책의 제목으로 삼았다(Keller 1983). 이 용어의 번역은 독자들의 편의를 위해서, 한국어 번역서의 제목을 따르기로 하였다.

7 샌드라 하딩에 의하면, 소위 저명한 여성인사(woman worthies) 발굴, 여성의 기여(women's contributions) 재평가, 여성의 피해분석(victimology)이라는 초기 페미니즘적 접근방식이 역사와 문학, 인류학, 사회학 등 인문사회과학 분야에서는 상당히 유효했던 반면 자연과학 분야에서는 이런 프로젝트들의 효과와 설득력이 낮았기 때문에, 젠더 개념의 도입이 절실했으며, 동시에 젠더의 개념을 도입하는 데 훨씬 어려움이 많았다고 한다(1986: 30-35).

8 최근의 생물학 교과서에서는 정자와 난자의 상호작용과 난자의 역할에 대해 훨씬 상세히 기술하고, '뚫고 들어간다'(penetrate)보다 '들어간다'(enter)는 완화된 표현이 주로 사용된다(Campbell et al. 2006: 548-549).

9 젠더분석방법의 적용과 젠더 혁신에 대한 다양한 사례는 Schiebinger(2008), Schiebinger and Schrauner(2014)에 제시되어 있다.

5장

1 영국의 옥스퍼드 대학에서는 19세기 말 여학생을 위한 교실이 마련되고, 1920년 여학생의 입학이 허용되었으며, 1974년에는 일부 칼리지가 남녀공학이 되었다. 케임브리지 대학에는 1871년 여자만 입학하는 칼리지가 세워졌다. 하버드 대학의 시스터 칼리지(sister college)로 알려진 래드클리프, 힐러리 클린턴이 졸업한 웰즐리(Wellesley) 등 소위 7자매(seven sisters)로 불리는 미국 동부 지역의 사립대학 등이 당시 설립된 여자 대학으로 유명한데, 이들은 주로 학부 과정만 설치하였다. 하버드 대학은 1960년대 말 래드클리프와 통합하여, 남녀공학으로 전환하였다. 여성 의사를 양성하기 위해 설립된 볼티모어(Baltimore) 의과대학은 후에 존스 홉킨스 대학으로 통합되었다. 폴란드 출신의 마리 퀴리는 1891년 소르본 대학에 입학하였는데, 당시 폴란드나 독일에서는 여성의 대학 입학이 허용되지 않았기 때문이었다.

2 퀴리 부부의 장녀 이렌느(Irene)는 남편 졸리오-퀴리(Frederic Jolio-Curie)—부인의 성을 따름—와 공동으로 1935년 노벨 화학상을 수상하였고, 차녀인 이브(Eve)의 남편 라뷔세(Henry R. Labuisse)는 1965년 수상단체인 UNICEF(국제연합아동기금)의

대표로 노벨 평화상을 받음으로써, 퀴리 일가는 가장 많은 노벨상 수상자를 배출한 가문이 되었다(Feldman 2000: 405).

3 마리 퀴리는 1903년 남편 피에르 퀴리, 베크렐과 함께 방사능 연구업적으로 노벨 물리학상을 수상하고, 방사성 원소인 폴로늄—조국인 폴란드의 이름을 따서 명명하였음—과 라듐의 발견 및 분리 정제 업적을 인정받아 1911년 단독으로 노벨 화학상을 수상하였다. 프랑스 정부는 1903년 노벨물리학상 수상후보를 추천하면서, 마리 퀴리의 이름은 빼고 남편인 피에르 퀴리와 베크렐만 추천했으나, 스웨덴 학술원의 결정으로 마리 퀴리도 수상자에 포함되게 되었다고 한다(McGrayne 1998: 23-24). 현재까지 노벨상을 두 번 수상한 과학자는 물리학(John Bardeen)과 화학(Frederick Sanger) 분야에서 각각 1명씩 나왔고, 화학상과 평화상을 수상한 사람이 1명(Linus Pauling) 있지만, 과학의 서로 다른 분야에서 2번 수상한 과학자는 마리 퀴리가 유일하다.

4 1911년 마리 퀴리는 사망한 남편의 제자이자 친구인 동료 물리학자와의 염문으로 스캔들에 휩싸이게 되었다. 언론을 통해 떠들썩해진 스캔들로 인하여, 대학 당국에서는 마리 퀴리를 교수직에서 사임시키는 것까지 고려하였다. 당시 그 물리학자는 부인과 별거 상태였다고 한다. 마리 퀴리는 은둔형의 대단히 내성적인 성격이었으며, 아인슈타인의 평에 의하면 자기가 아는 사람들 중에서 "명예로 인하여 순수함이 사라지지 않고 품성이 변하지 않은 거의 유일한 사람"이었다고 한다(McGrayne 1998: 29-32).

5 마리 퀴리 이외에도 오스트리아 출신 물리학자 리제 마이트너, DNA 구조분석에 큰 기여를 한 영국의 로절린드 프랭클린, 1983년 노벨상 생리의학 분야 수상자인 미국의 유전학자 바버라 매클린톡 등 20세기 초에 활동한 여성 과학자들의 생애에는 차별과 배제의 사례가 비일비재하다(Keller 1983; McGrayne 1998; Sayre 1975).

6 한국의 여자 대학은 전국적으로 10개였는데, 1990년대 말 3개 대학이 남녀공학으로 전환되었다.

7 여성 과학기술인력에 대한 통계 자료는 출처에 따라 차이가 난다. 〈표 5-1〉에서 사용된 OECD 통계에 의하면 2008년 우리나라 여성 연구인력의 비율이 15.6%로 나와 있는 반면, 「여성과학기술인력 실태조사 보고서」에는 17.4%로 되어 있다. 2011년도 전자의 OECD 통계는 17.3%, 후자의 한국 통계는 17.4%로 약간의 차이가 있다. 이 글에서는 주로 「과학기술 연구활동 조사보고」와 「여성과학기술인력 실태조사 보고서」의 자료를 활용하였다. 2006년부터 시작된 여성과학기술인력 활용에 관한 실태 조사는 전년도 12월 31일 기준으로 조사하는데, 2013년에 발간된 「2012 여성과학기술인력 활용 실태조사 보고서」는 실제로는 2011년 12월 31일 기준으로 조사한 결과이다.

8 "시대를 대표할 만한 과학과 기술에 관련된 인물"들을 소개한 원로 과학사학자 박성래 교수의 저서(2011)에 수록된 86명 중에도 여성은 김점동이 유일하다. 조선 시대의 여성 과학자에 대해서는 한국 의학사를 전공하는 KAIST의 동료 교수인 신동원 교수의 자문을 받았다.

9 이것은 의학, 약학, 간호학, 가정학 분야 전공자는 제외한 숫자이다. 평양 출신으로 도쿄여자의학전문학교 졸업생인 송복신이 1929년 미국 미시간 대학에서 인종별 성장 차이를 연구한 논문으로 공중보건학 분야에서, 한국 최초의 여성 박사가 되었다. 그러나 송복신은 박사학위 취득 후 미국에서 거주하며 위생국에 근무하였다(김성은 2009). 근래까지 우리나라 최초의 여성 박사는 김활란으로 알려져 왔으나, 최근 연구 결과 송복신으로 밝혀졌다. 김근배(1998: 182)와 필자(2000: 302)는 해방 당시 국내에 거주하는 이공계 여성 학사학위 소지자가 단 1명이라고 기술하였으나, 필자의 추후 연구(2009)를 통해 2명임을 알게 되었으며, 앞으로도 새로운 사실이 더 밝혀질 가능성이 있음을 밝혀 둔다. 해방 당시 일본에서 과학기술 분야의 대학을 졸업한 우리나라 남성은 200여 명 정도로 알려져 있다(박성래 외 1995).

10 김삼순은 해방 후 서울대학교 농과대학 교수로 재직하다가 나중에는 서울여대 식품영양학과 교수로 재직하였으며, 왕성한 연구 활동을 전개한 실질적인 우리나라 최초의 여성 과학자로 평가할 수 있다. 그는 전남 담양의 부유한 명문가에서 출생하여, 경성여고보를 졸업한 후 초등학교 교사로 재직하다가, 일본으로 유학하여 도쿄여자고등사범학교를 졸업하고 모교인 경성여고보에서 교사로 재직하던 중, 1930년대 말 제국대학에 여학생의 입학이 허용되자 다시 대학에 입학하여 학사학위를 받았고, 1966년 일본 규슈 대학에서 농학박사학위를 취득하였다. 1976년 여성 최초로 대한민국 학술원 회원이 되었고, 80세가 넘은 후에도 『한국의 버섯』이라는 버섯 도감의 출판에 심혈을 기울일 정도로 열정적으로 연구에 몰두하였다. 홍임식은 해방 후 서울대학교에서 잠시 가르치다 일본으로 이주했다고 하는데, 그 이후의 활동에 대한 기록은 찾지 못하였다(윤정로 2009).

11 우리나라에서 여성 과학기술자들은 압도적으로 연구직과 교직에 집중되어 있었다. 1990년대까지도 과학기술 분야의 여성 진출 현황을 통계적으로 파악하는 것이 매우 어려운 작업이다. 우리나라 과학기술 관련 통계 자료는 인력의 성별 구분에 비중을 두지 않았기 때문인데, 이것은 여성의 진출이 매우 저조하였음을 드러낸다. 1995년도 여성 교수들에 대한 자료는 한국과학재단의 데이터베이스와 한국여성정보인협회의 회원 자료를 바탕으로, 필자가 수작업으로 확인하여 추출한 자료이다.

12 1995년 기계공학 분야의 여교수는 기계공학 계열로 분류된 자동화 관련 학과의 교수로 재직하고 있었지만, 실제로는 컴퓨터·전산 분야의 전문가였고, 당시 한국기계공학회에는 여성 회원이 없었다.

13 2013년에는 '한국기술사회' 산하에 40명으로 구성된 여성위원회가 설치되어 있다(http://www.kpea.or.kr, 2013년 11월 10일).

6장

1 에디슨 전기회사는 1892년 톰슨-휴스톤 전기회사와 합병하여 GE(General Electric)가 되었고 전기조명뿐만 아니라 가전제품 제조업체로 발전하였으며, 1900년 산하에 연구개발시설을 설립하였다.

2 제1차 세계대전의 종전과 함께 1918년 이후 가정에 대한 전기 보급이 본격적으로 시작되어서, 1921년 한 해에만 추가로 100만 가구에 전기시설이 도입되었으며, 1924년 이후에는 해마다 200만 가구 이상이 추가되었다. 사회학에서 대표적인 지역사회 연구로 꼽히는, 미국 중서부의 전형적인 소도시 '미들타운'(Middletown)—실제 지명은 인디애나 주의 먼시(Muncie)— 연구에 의하면, 1926년에는 99% 이상의 가정에 전기가 공급되고 있다고 서술되어 있다. 이 수치는 과장된 것이지만, 이미 일반 시민들에게 전기 없는 생활은 상상하기 어렵게 되었다는 당시의 상황을 나타내고 있다. 실제로 1930년, 미들타운의 9,200가구 중에서 전기시설이 안 된 가구는 500가구 미만이었다(Nye 1990: 17-28, 239, 265).

3 미국에서는 천식을 앓던 슈펭글러가 1907년 가정용 진공청소기를 특허 등록하였는데, 후버(Hoover)가 이 특허를 구매하여 1908년부터 양산하기 시작해서 대표적인 청소기 브랜드로 지속되었다.

4 가정용 냉장고는 전기시설이 보급된 이후, 전등이나 다른 가전제품들과 달리 24시간 작동하기 때문에 전기회사들에게 매우 매력적인 제품이었다. 20세기 초에 이미 '흡수' 냉각방식에 의한 가스냉장고가 개발되어 있었고 소음 발생 등의 기술적 측면에서 장점이 있었지만, 냉장고의 상품성에 눈독을 들인 전기회사들이 막강한 자금력을 기반으로 기술과 제품 개발, 마케팅에 집중함으로써 '윙윙' 소음을 내는 '압축' 냉각방식의 전기냉장고가 시장을 장악하게 되었고 오늘날까지 보통명사 '냉장고'로 받아들여지도록 '구성'되었다고 한다(Cowan 1985).

5 이 분석에 사용된 자료는 1925년부터 1950년대까지 미국 연방정부의 지원을 받아 실시된 여성의 시간예산(time budget) 조사와 1965, 1966년 미시간 대학 조사연구센터

주관으로 실시된 '미국 시간사용 조사'이다. 여성의 시간예산 조사는 주로 농촌 지역의 지역별 조사이며, 미국 시간사용 조사는 전국에서 추출된 표본을 대상으로, 15분 간격으로 하루 온종일의 시간 사용 내역을 조사하였다.

6 1924년 조사 결과에 의하면, 미국의 농촌 지역에서는 가족이 소비하는 음식의 70% 이상을 자가생산하였지만, 도시에서는 그 비율이 2%에 불과하였다. 또한 도시화에 수반되어, 가족들이 집에서 점심을 먹는 횟수가 점점 줄어들고 외식이 잦아지게 되었다(Vanek 1974).

7 초기의 전기세탁기는 빨래와 탈수 작업이 분리되어서 사람이 젖은 빨래를 번번이 옮겨 주어야만 했다. 빨래와 탈수가 한꺼번에 이루어지는 전자동 전기세탁기가 개발된 것은 1930년대 말이었지만, 제2차 대전 종전 이후인 1940년대 말부터 널리 보급되기 시작하였다(Cowan 1983: 94).

8 세탁에 소요되는 총 시간의 88%를 여성이 담당하며, 정원 관리에 드는 시간은 57%를 남성이 소비한다(Bittman, Rice and Wajcman 2004: 410).

9 1990년대 중반 이후에는 가구 소비실태 조사에서 세탁기, 냉장고 등 가전제품의 보유율이 조사항목에서 빠지게 되었는데, 그 이유는 이런 가전제품이 거의 모든 가정에 보편적으로 보급되었기 때문이라고 볼 수 있다.

10 우리나라는 1990년대 KBS에서 시청률 조사 등을 위해 생활시간을 조사한 자료가 있기는 하지만, 공식적으로는 통계청에서 1999년부터 5년 주기로 생활시간 조사를 실시하고 있다.

11 1980년 어느 미래학자의 예측에 의하면, "소형 컴퓨터와 전기동력의 결합으로 우리(남성과 여성)는 일상적인 가사노동의 고역으로부터 진정으로 해방될 수 있을 것이다. 이렇게 되면, 우리에게 오히려 여가의 '부담'이 더해지게 되며, 우리 중에서 일부는 별로 어렵지 않은 허드렛일을 함으로써 근육운동과 정신적 휴식을 취하는 대안을 선택할지 모른다. … 물론 앞으로 기술적으로 가능하다고 하여 모든 것이 실현되는 것은 아니다. 기업에서는 이러한 기술적 가능성을 최대한으로 활용하고자 하겠지만, 많은 부분이 경제여건, 희귀한 자원을 **'사소한' 용도**에 사용하는 데 대한 사회적 태도, 그리고 개별 고객들의 상식과 구매저항에 따라 달라질 것이다"(윤정로 2000: 332-333에서 재인용). 굵은 글씨는 논점을 강조하기 위해서 필자가 첨가한 것이다.

12 같은 자료에서 취업 여성과 비취업 여성의 가사노동 시간은 평일에 각각 178.6분과 400.8분, 일요일에는 247.5분과 332.0분으로 나타나, 바넥이 미국 여성에 대해 분석한 결과와 마찬가지로 한국에서도 여성의 취업이 가사노동 시간에 중요한 요인으로

작용하고 있다고 볼 수 있다.

13 벨 전화회사는 1885년 장거리 전화 서비스를 제공하는 AT&T(American Telephone and Telegraph Corporation, 미국전신전화회사)를 세웠다. 1900년경 AT&T는 각지의 벨 전화회사를 흡수한 지주회사로 전환하여 미국 전역의 전화 서비스를 독점하고, 연구개발로 유명한 벨 연구소(Bell Laboratories)를 산하에 두었다.

14 다른 한편으로는, 여성들이 사교 활동에 전화를 사용하는 데 대하여, '쓸모없는,' '사소한' 수다에 전화를 붙들고 있다는 부정적인 이미지도 조성되어 있다.

15 덕수궁과 인천 간 전화가 개통된 지 한 달 만에 전화 덕분에, 명성황후 시해사건에 대한 보복으로 일본인을 살해하여 인천형무소에 수감되어 있던 김구(1876-1949)에 대해 사형집행 직전에 중지명령이 전달됨으로써 목숨을 구할 수 있었다고 한다(강준만 2009: 53).

16 2000년대에 들어 한국정보화진흥원에서 작성하여 발표하는 정보격차지수에서는 장애인, 50대 이상의 장노년층, 저소득층, 농어민 집단이 정보취약계층(소외계층)으로 분류되었고, 2013년 이후 북한이탈주민과 결혼이민자가 신소외계층으로 추가되었다(http://www.index.go.kr/, 2015년 12월 6일). 2011년 정보화실태 조사 결과는, 구직 활동에 인터넷을 사용하는 비율이 20대에서는 남녀 각각 30.4%와 26.5%, 30대는 16.7%와 13.0%, 소프트웨어 다운로드나 업그레이드는 20대가 23.3%와 15.1%, 30대 15.3%와 9.0%이다(http://gsis.kwdi.re.kr, 2013년 12월 15일).

7장

1 빌 조이는 대학원생 시절 개발에 참여한 컴퓨터 운영체제 BSD UNIX 시스템부터 시작해서 문서편집용 vi, JAVA 프로그래밍 언어, SPARC 마이크로프로세서, Solaris 운영체제 등을 개발한 천재 프로그래머로, 미국 공학학술원(National Academy of Engineering)과 컴퓨터역사박물관(Computer History Museum) Fellow로 추대되었다. 1997년부터 2001년까지 정보기술에 대한 대통령 자문위원회(President's Information Technology Advisory Committee)의 위원으로 활동하였다.

2 이하 벡의 위험사회에 대한 논의는 Beck(1992)에 주로 의존하고 있으며, 인용 부분에 대한 상세한 주석을 생략하였다.

8장

1 이 장의 내용은 필자가 이전에 발표한 글과 중복되는 부분이 있으며 상세한 인용은

생략하였음을 밝혀 둔다(윤정로 2002; 2011; 2014; 윤정로 외 2012).

2 유전체(genome)란 유전자(gene)와 염색체(chromosome)의 합성어로서, 염색체에 포함되어 있는 유전정보의 집합체를 통틀어 일컫는 용어이다. 모든 생명체는 각각의 세포에 있는 염색체 내의 DNA에 유전자를 가지고 있다.

3 근대 과학에서는 우선권(priority)의 원칙, 즉 최초로 발견한 사람에게만 그 업적을 인정하는 원칙이 통용되고 있다. 양측에서 작성한 초안은 과학 분야의 양대 학술지에 동시에 발표되었다. 인간유전체 프로젝트 측의 성과는 영국에서 발간되는 2001년 2월 15일 자 「네이처」에, 벤처기업인 셀레라 측의 성과는 미국에서 발간되는 2001년 2월 16일 자 「사이언스」에 게재되었다. 초안 발표 후에도 후속 작업이 계속되어, 2003년 4월 14일 인간유전체의 99.9%가 해독된 완성본이 발표되었다. 이는 1953년 DNA 구조 발견 50주년에 맞추어 인간유전체 지도의 완성본을 발표하기 위해서 각별히 노력한 결과였다.

4 성경에 나오는 표현으로, 영생(永生)을 얻을 사람의 명단을 기록해 놓은 것을 의미함.

5 DNA의 이중나선구조는 미국의 제임스 왓슨과 영국의 프랜시스 크릭(Francis Crick)에 의해 발견되어, 1953년 4월 25일 자 「네이처」에 "핵산의 분자구조"(Molecular Structure of Nucleic Acid)라는 제목의 두 쪽짜리 논문으로 출판되었다. 이 논문의 실제 원고 분량은 한 쪽 정도에 불과하다.

6 인간유전체 프로젝트는 익명의 백인 남성 1명의 유전체를 분석해서, 인간의 '표준유전체' 지도를 작성하는 것을 목표로 하였다. 처치의 개인게놈 프로젝트는 본인을 포함하여 10명의 남녀가 분석 대상이었고, 이들의 신원을 인터넷에 공개하였다.

7 2014년 초 미국 회사 일루미나가 1,000달러 이하로 개인별 유전체분석이 가능한 유전체분석기기를 출시하였고, 중국도 유전체분석기기시장에 뛰어들었다고 한다(문세영 외 2015: 48).

8 개구리 복제는 최초로 1952년 미국에서 이루어졌으나, 이것은 수정란 분할방식에 의한 것이었다. 복제양 돌리 이후 돼지, 고양이, 개 등 여러 종류의 포유류 동물에 대한 복제가 이루어졌다.

9 혈우병은 단일한 유전자에 의해서 발병하는 대표적인 질환이다. 임신 중 태아에 대한 산전(産前) 유전자 검사는 유전정보에 따라 태아를 선별하는 소위 '디자이너 베이비'(designer baby) 문제를 초래할 수 있다(Sandel 2007). 영화 〈가타카〉에서는 산전 유전자 검사를 통해서 우수한 형질을 가진 것으로 선별되어 태어난 사람을 '인간의 자식,' 이제까지와 같이 자연스럽게 태어난 사람을 '신(神)의 자식'이라고 부른다. 생명

과학기술의 발전으로 생명의 탄생이 신비로운 신의 영역에서 인간이 통제하는 영역으로 전환되었음을 나타내는 용어 선택으로 이해할 수 있다.

10 우리나라처럼 국가에서 관리하는 전 국민 의료보험제도하에서는 유전정보에 기반한 차별 가능성이 거의 없다. 그러나 의료보험이 사(私)보험 형태로 운영되는 미국에서 보험회사들이 1980년대에 에이즈(AIDS, 후천성면역결핍증) 환자 증가에 대응한 사례는 시사하는 바가 크다. 미국의 사보험체제에서도 피보험자가 가입 당시 앓고 있는 질환, 즉 '현재 진행형'이 아닌 위험 요소는 보험료 산정에 고려되지 않았다. 그런데 불치병으로 알려진 에이즈 환자가 급격히 증가하자, 보험회사들은 에이즈의 주요 원인으로 지목된 HIV바이러스 항체반응 검사를 받도록 요구하고 그 결과, 즉 '장래의 발병 확률'을 보험료 산정에 반영하였다. 이런 조치는 공정성(fairness)의 원리에 위배되었음에도 불구하고, 당시에는 항체 보유 자체가 에이즈에 걸린 것과 동일시되었고, 바이러스 보유자들이 다른 사람들에게 전염시킬 수 있다는 두려움 때문에 이의 제기가 없었다. 그러나 이후 HIV 바이러스 감염이 에이즈 발병의 직접적 원인이 아닐 수도 있다는 연구 결과와 에이즈의 완치 가능성도 보고되었다(조은희 등 2004).

11 최근 대규모 개인정보 유출 사건이 심심치 않게 알려지고 있으며, 1995년부터 시행된 '공공기관의 개인정보보호에 관한 법률'이 2011년 '개인정보보호법'으로 확대 개편되었다.

12 2015년 6월 24일 대법원에서는 황우석 박사가 2003년 만든 줄기세포에 대해서 등록을 허용해야 한다는 확정 판결을 내렸다. 질병관리본부는 2010년 줄기세포 등록제도를 실시했는데, 황 박사의 신청에 대해서 질병관리본부는 난자 수급 과정에서 생명윤리법에 위배되는 비윤리적 행위가 있었다며 등록을 거부하였다. 이에 황 박사는 질병관리본부를 상대로 제소하였고, 1심과 2심에서 황 박사가 승소하였다. 그 이유는 등록 요건에는 과학적 요건만 규정되어 있고, 생명윤리법이 제정되기 전에는 난자수급과 관련된 윤리적 기준이 명확하지 않았기 때문에 윤리적 이유로 등록을 거부할 수 없다는 것이었다. 대법원도 원심대로 판결을 확정한 것이다.

13 오늘날 일반적인 생명윤리의 기본원칙으로는 1970년대 미국의 의료윤리학자 보첨과 차일드리스(Beauchamp and Childress 1979)가 제시한 자율성(autonomy), 선행(善行, beneficence), 악행(惡行) 금지(nonmaleficence), 정의(justice)의 네 가지, 또는 1978년 미국에서 발표되어 전 세계적으로 커다란 영향을 미친 「벨몬트 보고서」(Belmont Report)에서 인간 대상 연구를 위한 윤리적 원칙으로 제시한 인간존중(respect for persons), 선행, 정의 세 가지가 꼽힌다. 인간존중은 기본적으로 자기결정

권(self-determination)을 의미함으로써 자율성과 같은 내용으로 볼 수 있다.

14 인간유전체연구단은 후에 인간유전체연구소로 개편되었다.

9장

1 이런 관점은 1945년 바네바 부시(Vannevar Bush, 1890-1974)가 미국 대통령에게 제출한 유명한 보고서, 「과학, 끝없는 프런티어」(Science: The Endless Frontier)에서 뚜렷이 드러난다. 부시는 MIT 전기공학과 교수 출신으로, 2차 대전 중 미국 '국방연구위원회'(National Defence Research Committee), '과학연구개발국'(Office of Science Research and Development)의 수장으로 재직하면서 맨해튼 프로젝트를 비롯하여 전쟁 수행을 위한 과학자들의 활동을 지휘하였다. 「과학, 끝없는 프런티어」는 루스벨트 대통령의 요청에 의해서 종전 후의 과학기술 발전에 대한 구상을 담은 보고서였으며, 다수의 저명한 엘리트 과학자들이 참여하여 작성되었다. 이 보고서에 의거해서 오늘날까지 기초연구 지원의 주축 기관인 국립과학재단이 설립되었다. 부시는 MIT 교수로 재직하던 1922년 전자제품회사를 공동 설립하였는데, 이 회사가 오늘날 전자와 항공 분야에서 주요한 군수기업으로 성장한 레이시온(Raytheon)의 모태가 되었다. 부시는 산학협동을 바탕으로 실리콘 밸리의 발전을 주도한 프레더릭 터먼(Frederic Terman)의 지도교수였다(Zachary 1999).

2 저명한 경영학자인 피터 드러커(Peter Drucker)는 당시 유행하고 있는 기술영향평가는 불가능할 뿐만 아니라 잘못된 기술을 장려하고 우리가 필요한 기술을 좌절시키는 결과를 가져올 공산이 크다고 비판하면서, 기술영향평가국의 설립이 낭패로 드러날 것이 확실하다고 공언하였다. 드러커에 의하면, 신기술의 충격은 어느 누구의 상상력도 벗어나는 것이며, 종래의 기술에 대한 예측은 거의 모두 빗나갔다. 우리가 경계해야 할 가장 큰 위험은 미래의 충격을 예측할 수 있다는 착각에 빠져서, 진정으로 중요한 임무, 즉 어떤 기술이 실용화되어 미치고 있는 실제의 충격에 대한 감시(monitoring)를 소홀히 하는 것이라고 한다. 드러커는 특히 신생기술(young technology)에 대한 감시의 중요성을 역설하였다(Drucker [1973] 1981).

3 기술영향평가국에는 12명으로 구성된 자문위원회를 두었고, 공공 부문 종사자로 각 분야의 저명한 기술 전문가 10명을 포함하도록 되어 있었다. 이런 입장과는 달리, 기술영향평가국이 의회 산하 기관이고, 그 이사회가 정치적 지향이 서로 다른 의원들로 구성되어 있어서, 정치적 압력으로부터 자유로울 수가 없었기 때문에 기술영향평가의 효력과 효율성이 떨어질 수밖에 없었다는 견해도 있다(Volti 1992: 265).

4 한국에서 1973년 중화학공업화 선언과 동시에 추진된 '전 국민의 과학화 운동'은 이런 결핍 모델의 대표적인 사례로 들 수 있다. 초등학생부터 성인까지 남녀노소 가리지 않고 전 국민이 모두 과학기술을 배우고 익힘으로써 조국 근대화, 농어촌 개발, 국민 생활의 합리화와 사회개혁을 이루어야 한다는 것이었다(과학기술부 2008: 82-85).

5 이러한 흐름은 이미 언급한 바와 같이, 과학기술이 내포하고 있는 위험과 불확실성, 그리고 위험의 예방과 대비, 관리와 통제의 필요성에 대한 사회적 인식이 높아진 맥락과 깊은 관련이 있다. 벡과 기든스가 현대 위험사회의 해법으로 제시한 '성찰적 근대성'에 입각한 '차별화된 정치,' 혹은 '정치의 해방'과도 궤를 같이하고 있다.

6 과학기술 관련 이슈에 대한 여론 조사와 공론 조사 및 한계를 보완할 수 있는 방안과 한국에서의 적용 사례에 대한 상세한 논의는 윤정로 · 정규원 · 조성겸(2012: 109-184)을 참조.

7 기술영향평가 대상으로 선정된 기술은 NBIT융합기술(2003년), RFID(2004년), 나노(2005년), 줄기세포(2006년), 유비쿼터스 컴퓨팅(2006년), 나노 소재(2006년) 기후변화 대응(2007년), 국가재난질환 대응(2008년), 뇌기계 인터페이스(2011년), 빅데이터 분석(2012년), 3D프린팅(2013년), 스마트 네트워크(2013년), 무인이동체(2014년), 초고층 건축물(2014년), 유전자 가위기술(2015년), 인공지능기술(2015년) 등이다.

_참고문헌

강준만(2009),『전화의 역사: 전화로 읽는 한국문화사』, 인물과사상사.

과학기술부(2008),「과학기술 40년사」.

과학기술처(1971),「과학기술계인력자원조사」.

__________(1987),「과학기술행정 20년사」.

__________ · 과학기술정책관리연구소(1996),「1996 과학기술연구활동조사보고」.

(교육)과학기술부/미래창조과학부 · 전국(한국)여성과학기술인지원센터(2006-2013),「여성과학기술인력(활용)실태조사 보고서」.

글래드웰, 말콤([2008] 2009), 노정태 역,『아웃라이어』(*Outliers: The Story of Success*), 김영사.

기든스, 앤서니(1998), 김미숙 외 역,『현대 사회학』 제3판, 을유문화사.

김경만(2004),『과학지식과 사회이론』, 한길사.

김기흥(2009),『광우병 논쟁』, 해나무.

김근배(1998), "식민지시기 과학기술자의 성장과 제약,"『한국근현대사연구』 제8집: 160-194.

김명자 외(1995),「여성 인력의 첨단 과학기술 분야 진출 활성화 방안」, 정무장관(제2)실 정책자료 95-4-1.

김병수(2011), "생명 공학 감시 운동의 전개 과정과 특징," 시민과학센터,『시민의 과학』(사이언스북스): 161-191.

김선미 · 이기영(1989), "가계의 세탁기 사용방식과 사용정도에 관한 연구,"「한국가정관리학회지」 7(2): 95-107.

김성은(2009), "1920~30년대 여자 미국 유학생의 실태와 인식,"「역사와 경계」 제72집: 183-238.

김성희(1996), "가정기기 도입에 따른 가사노동의 변화," 서울대학교 소비자아동학과 박사학위 논문.

김소영(2006), “공공정책 갈등과 민주주의: 울산광역시 북구 음식물자원화시설 ‘시민배심원제’ 사례를 중심으로,” 경희대학교 NGO대학원 석사학위 논문.
김승권 외(2013), 「전국 출산력 및 가족보건복지 실태조사」, 한국보건사회연구원.
김애실(1995), “정보기술의 발전과 성별 분업,” 한국여성학회 제11차 춘계학술대회 발표논문.
김정자 외(1998), 「여성과학기술인력 개발을 위한 정책과제」, 한국과학재단 연구보고서.
김환석(2006), 『과학사회학의 쟁점들』, 문학과지성사.
노정혜 외(2000), 「여성과학자 활용활성화를 위한 신규프로그램 기획에 관한 연구」, 한국과학재단 연구보고서.
리프킨, 제레미([1998] 1999), 전영택 · 전병기 역, 『바이오테크 시대』(*The Biotech Century*), 민음사.
모혜정 외(1995), 「여성 공학 교육 및 인력 활용에 관한 연구」, 과학기술정책관리연구소 조사 자료 95-06.
문세영 · 김은정 · 김선영(2015), “$1,000 Genome 시대 국가 유전체 R&D 사업의 성공 조건,” 한국과학기술기획평가원, 「KISTEP InI」 7: 48-62.
박성래(2011), 『인물과학사: 한국의 과학자들』, 책과함께.
______ 외(1995), 「한국 과학기술자의 형성 연구」, 한국과학재단 연구보고서.
박영자(1983), “기초과학에서의 우리나라 여성과학자의 지위와 역할에 관한 연구,” 「아세아여성연구」 22: 195-223.
______ 외(1991), 「여성과학인력의 활용 방안」, 한국과학재단 연구보고서.
박종서(2012), “남녀의 경제활동 특성별 가사노동시간의 차이,” 한국보건사회연구원, 「보건복지현안분석과 정책과제 2012」: 336-343.
박진희 · 김명진 · 조아라(2011), “한국의 과학기술 시민 참여,” 시민과학센터, 『시민의 과학』, 사이언스북스: 123-160.
박혜경(2010), “가사기술의 사회적 선택과 젠더: 가정용 청소기 신기술 사례를 중심으로,” 충남대학교 사회학과 박사학위 논문.
베르크하우스, 마르고트([2011] 2012), 이철 역, 『쉽게 읽는 루만』, 한울.

서이종(2005),『과학사회논쟁과 한국사회』, 집문당.

성지은·정병걸·송위진(2007),「탈추격형 기술 혁신의 기술위험 관리」, 과학기술정책연구원 정책연구 2007-12-2.

송성수 편역(1995),『우리에게 기술이란 무엇인가』, 녹두.

______ 편저(1999),『과학기술은 사회적으로 어떻게 구성되는가』, 새물결.

______ (2011),『과학기술과 사회의 접점을 찾아서』, 한울.

송위진(1999), "기술의 사회적 구성과 기술학습의 상호작용에 관한 시론적 고찰,"「기술 혁신학회지」2(1): 1-15.

싱어, 피터([2009] 2011), 권영근 역,『하이테크 전쟁: 로봇 혁명과 21세기 전투』(*Wired for War*), 지안.

어윈, 앨런([1995] 2011), 김명진·김명수·김병윤 역,『시민과학: 과학은 시민에게 복무하고 있는가?』(*Citizen Science: A Study of People, Expertise and Sustainable Development*), 당대.

오세정(2011), "과학 지식은 항상 객관적인 진리인가?" 석학과 함께하는 인문강좌「과학과 사회, 그리고 한국」강연원고, 한국연구재단.

윤복자(1975), "가사노동 및 작업시간,"「대한가정학회지」13(2): 59-77.

윤정로(2000),『과학기술과 한국사회』, 문학과지성사.

______(2002), "ELSI(인간유전체 연구의 윤리적, 법적, 사회적 함의) 연구 동향,"「과학사상」제41호: 224-236.

______(2009), "졸업생 사회활동 100년(1908-2008)," 경기여고·경기여고 동창회『경기여고 100년사』: 252-302.

______(2011), "인간유전체 연구와 유전정보의 보호," 서정선 외,『바이오정보학』(한국방송통신대학교출판부): 329-348.

______(2014), "과학기술의 공적 의의: 위험, 윤리, 거버넌스," 윤정로·김대식·장대익·김경렬·김상환,『과학적 사유와 인간 이해』, 민음사: 11-37.

______·조성겸·정규원(2012),『생명과학기술의 이해, 그리고 인간의 삶』, 궁미디어(충남대학교 출판문화원).

와이즈먼, 주디([2004] 2009), 박진희·이현숙 역,『테크노페미니즘: 여성, 과학 기술과 새롭게 만나다』, 궁리.
이상욱 외(2009), 『욕망하는 테크놀로지: 과학기술학자들 '기술'을 성찰하다』, 동아시아.
이영희(2000), 『과학기술의 사회학』, 한울.
이은경(2006), "이공계 기피 논의를 통해 본 한국 과학기술자 사회의 특성," 「과학기술학 연구」 6(2): 77-102.
이재열(2010), "이론적 배경: 위험사회와 위험의 사회적 구성," 정진성 외, 『위험사회, 위험정치』, 서울대학교출판문화원: 1-38.
______·정진성(2010), "결론: 위험의 사회적 구성과 사회의 질," 정진성 외, 『위험사회, 위험정치』, 서울대학교출판문화원: 253-275.
정근모·이공래(2001), 『과학기술 위험과 통제시스템』, 과학기술정책연구원.
정복철(2007), 「과학기술거버넌스와 시민사회 정치패러다임 모색」, 과학기술정책연구원 정책자료 2007-32.
정철(1962), 『韓國博士錄』, 새벽출판사(한국박사록편찬회).
정철현·김종업(2010), "지방공무원의 성별 정보격차와 자기효능감," 「현대사회와 문화」 30: 3-24.
조은희·황수연·강경미·홍욱희·김희백(2004), "보험에서 인간유전정보의 오남용 가능성," 「ELSI연구」 2(1): 77-97.
켈러, 에블린 팍스(1999), "과학과 성 연구," 오조영란·홍성욱 엮음, 『남성의 과학을 넘어서: 페미니즘의 시각으로 본 과학·기술·의료』, 창작과비평사: 49-68.
쿡디간, 로버트(1994), 황현숙·과학세대 역, 『인간 게놈 프로젝트』(*The Gene Wars: Science, Politics and the Human Genome*), 민음사.
통계청(1993), 「1991 가구 소비 실태조사 보고서」.
______(1994), 「한국의 사회지표」.
하버마스, 위르겐(2002), 장은주 역, 『인간이라는 자연의 미래: 자유주의적 우생학 비판』, 나남.
한국여성개발원(2002), 「공학분야 여성고급인적자원 개발 지원방안」, 한국여성개발원 연구보고서 220-214.

홍성욱(1999), 『생산력과 문화로서의 과학기술』, 문학과지성사.

_____(2004), 『과학은 얼마나』, 서울대학교 출판부.

황혜란 · 윤정로(2000), "지식기반 확대를 위한 대학연구활동 지원정책의 진화과정: 우수연구센터 제도의 토착화 특성을 중심으로," 「과학기술정책」 10(4): 104-118.

Alison, Paul D. and John A. Stewart(1974), "Productivity Differences among Scientists: Evidence for Accumulative Advantage," *American Sociological Review* 39: 596-606.

Barben, Fisher, Selin and Guston(2008), "Anticipatory Governance of Nanotechnology: Foresight, Engagement, and Integration" in Hackett, Edward J., O. Amsterdamska, M. Lynch and J. Wajcman(eds.), *The Handbook of Science and Technology Studies*, third edition(Cambridge, MA: MIT Press): 979-1000.

Barker, Jane and Hazel Downing(1985), "Word Processing and the Transformation of Patriarchal Relations of Control in the Office" in MacKenzie, Donald and Judy Wajcman(eds.), *The Social Shaping of Technology: How the Refrigerator Got Its Hum*(Milton Keynes: Open University Press): 147-164.

Barnes, Barry(1974), *Scientific Knowledge and Sociological Theory*, London: Routledge and Kegan Paul.

___________(1977), *Interests and Growth of Knowledge*, London: Routledge and Kegan Paul.

Beck, Ulrich([1986] 1992), *Risk Society: Towards a New Modernity*, translated by Mark Ritter, London: Sage(홍성태 역, 『위험사회: 새로운 근대(성)를 향하여』, 새물결, 1997).

Beauchamp, Tom L. and James F. Childress(1979), *Principles of Biomedical Ethics*, New York: Oxford University Press.

Ben-David, Joseph(1971), *The Scientist's Role in Society: A Comparative Study*, Englewood-Cliffs, NJ: Prentice-Hall.

_______________(1981), "Sociology of Scientific Knowledge" in James A.

Short(ed.), *The State of Sociology*(Beverly Hills, CA: Sage): 40-59.

Bijker, Wiebe E.(1995a), *Of Bicycles, Bakelites, and Bulbs: Toward a Theory of Sociotechnical Change*, Cambridge, MA: MIT Press.

____________(1995b), "Sociohistorical Technology Studies" in Sheila Jasanoff, G. E. Markle, J. C. Petersen and T. Pinch, eds., *Handbook of Science and Technology Studies*(Thousand Oaks, CA: Sage): 229-256.

____________, Thomas P. Hughes and Trevor Pinch eds.(1987), *The Social Construction of Technological Systems: New Directions in the Sociology and History of Technology*, Cambridge, MA: MIT Press.

____________ and John Law, eds.(1992), *Shaping Technology/Building Society: Studies in Sociotechnical Change*, Cambridege, MA: MIT Press.

____________ and Trevor Pinch(2002), "SCOT Answers, Other Questions: A Reply to Nick Clayton," *Technology and Culture* 43: 361-369.

Bimber, Bruce(1994), "Three Faces of Technological Determinism" in Merritt R. Smith and Leo Marx(eds.), *Does Technology Drive History?: The Dilemma of Technological Determinism*(Cambridge, MA: MIT Press): 79-100.

Bittman, Michael, James Mahmud and Judy Wajcman(2004), "Appliances and Their Impact: The Ownership of Dosmestic Technology and Time Spent on Household Work," *British Journal of Sociology* 55(3): 401-423.

Bloor, David([1976] 1991), *Knowledge and Social Imagery*, Chicago: University of Chicago Press(김경만 역,『지식과 사회의 상』, 한길사, 2000).

Bowler, Peter J. and I. R. Morus(2005), *Making Modern Science: A Historical Survey*, Chicago: University of Chicago Press(김봉국·홍성욱 책임번역,『현대 과학의 풍경』1·2, 궁리, 2008).

Bryson, Bill(2010), *Seeing Further: The Story of Science and the Royal Society*, London: The Royal Society(이덕환 역,『거인들의 생각과 힘』, 까치, 2010).

Bucci, Massimiano and Federico Neresini(2008), "Science and Public Participation" in Hackett, Edward J., O. Amsterdamska, M. Lynch and J. Wajcman(eds.), *The*

Handbook of Science and Technology Studies, third edition(Cambridge, MA: MIT Press): 449–472.

Buchanan, R. A.(1991), "Theory and Narrative in the History of Technology," *Technology and Culture* 32: 365–376.

Bug, Amy(2003), "Has Feminism Changed Physics?," *Signs: Journal of Women in Culture and Society* 28: 881–900.

Campbell, Neil A., Jane B. Reece, Martha R. Taylor, Eric J. Simon(2006), *Biology: Concepts and Connections*, international edition, fifth edition, San Francisco: Benjamin Cummings.

Chakravarthy, R., A. Chawala and G. Mehta(1988), "Women Scientists in Academic and Government Institutions—A Cross National Comparative Study of Six Countries," Akhtar M. Faruqui et al.(eds.), *The Role of Women in the Development of Science and Technology in the Third World*(Teaneck, NJ: World Scientific Publishing): 81–107.

Chamberlain, Mariam K., ed.(1988), *Women in Academe: Progress and Prospects*, New York: Russell Sage Foundation.

Chodorow, Nancy(1978), *The Reproduction of Mothering: Psychoanalysis and the Sociology of Gender*, Berkeley: University of California Press.

Chubin, Daryl E., Alan L. Porter and Margaret E. Boeckmann(1981), "Career Patterns of Scientists: A Case for Contemporary Data," *American Sociological Review* 46: 488–496.

Clayton, Nick(2002a), "SCOT: Does It Answer?," *Technology and Culture* 43: 351–360.

__________(2002b), "Rejoinder by Nick Clayton," *Technology and Culture* 43: 369–370.

Coates, Joseph F.([1974] 1981), "Technology Assessment" in Albert E. Teich(ed.), *Technology and Man's Future*, third edition(New York: St. Martin's): 229–250. Reprinted from *McGraw-Hill Yearbook of Science and Technology*.

Cockburn, Cynthia(1983), *Brothers: Male Dominance and Technological Change*, London: Pluto Press.

_______________ and Susan Ormrod(1993), *Gender and Technology in the Making*, London: Sage.

Cohen, I. Bernard, ed.(1989), *Puritanism and the Rise of Modern Science: The Mertonian Thesis*, New Brunswick, NJ: Rutgers University Press.

Cole, Jonathan and Stephen Cole(1973), *Social Stratification in Science*, Chicago: University of Chicago Press.

Cole, Stephen(1992), *Making Science: Between Nature and Society*, Cambridge, MA: Harvard University Press.

____________ and Jonathan Cole(1967), "Scientific Output and Recognition: A Study in the Operation of Reward System in Science," *American Sociological Review* 32: 377-390.

Collins, Harry(1975), "The Seven Sexes: A Study in the Sociology of a Phenomenon, or the Replication of Experiments in Physics," *Sociology* 9: 205-224.

___________(1981), "Introduction: Stages in the Empirical Programme of Relativism," *Social Studies of Science* 11: 3-10.

___________(1983), "An Empirical Relativist Programme in the Sociology of Scientific Knowledge" in Karin Knorr-Cetina and Michael Mulkay(eds.), *Science Observed: Perspectives on the Social Study of Science*(Newbury Park, CA: Sage): 85-113.

___________([1985] 1992), *Changing Order: Replication and Induction in Scientific Practice*, second edition, Chicago: University of Chicago Press.

___________ and Trevor Pinch([1993] 1998), *The Golem: What You Should Know about Science*, second edition, Cambridge: Cambridge University Press(이충형 역,『골렘: 과학의 뒷골목』, 새물결, 2005).

Conkey, Margaret W.(2003), "Has Feminism Changed Archaeology?," *Signs: Journal of Women in Culture and Society* 28: 867-880.

Cowan, Ruth Schwarz(1976), "The Industrial Revolution in the Home," *Technology and Culture* 17: 1-23.

__________________(1979), "From Virginia Dare to Virginia Slims: Women and Technology in American Life," *Technology and Culture* 20: 51-63.

__________________(1983), *More Work for Mother: The Ironies of Household Technology from the Open Hearth to the Microwave*, New York: Basic Books(김성희 역,『과학기술과 가사노동』, 신정, 1997).

__________________(1985), "How the Refrigerator Got Its Hum" in Donald MacKenzie and Judy Wajcman(eds.), *The Social Shaping of Technology: How the Refrigerator Got Its Hum*(Milton Keynes: Open University Press): 202-218.

Crane, Diane(1965), "Scientists at Major and Minor Universities: A Study of Productivity and Recognition," *American Sociological Review* 30: 699-714.

Davies, Margery W.(1988), "Women Clerical Workers and the Typewriter: The Writing Machine" in Cheris Kramarae(ed.), *Technology and Women's Voices*(London: Routledge and Kegan Paul): 29-40.

Doing, Park(2008), "Give Me a Laboratory and I Will Raise a Discipline: The Past, Present, and Future Politics of Laboratory Studies in STS" in Edward J. Hackett, Olga Amsterdamska, Michael Lynch, and Judy Wajcman(eds.), *The Handbook of Science and Technology Studies*, third Edition(Cambridge, MA: MIT Press): 279-295.

Drell, Daniel W.(2000), "Informing Federal Policy on Biotechnology: Executive Branch, Department of Energy," Murray, Thomas H. and M. J. Mehlman(eds.), *Encyclopedia of Ethical, Legal, and Policy Issues in Biotechnology*(New York: John Wiley and Sons): 697-703.

Drucker, Peter F.([1973] 1981), "New Technology: Predicting Its Impact" in Albert E. Teich(ed.), *Technology and Man's Future*, third edition(New York: St. Martin's): 251-255. Reprinted from Peter F. Drucker(1973), *Management: Tasks, Responsibilities, Practices*(New York: Harper and Row): 330-332.

Elzinga, Aant(1988), "From Criticism to Evaluation" in Jamison, Andrew(ed.), *Keeping Science Straight*(Gothenburg: Department of Theory of Science): 29-58. Reprinted in Nowotny, Helga and Klaus Taschwer, eds.(1996), *The Sociology of Sciences*, vol. II(Brookfield, VT): 213-242.

__________ and A. Jamison(1995), "Changing Policy Agendas in Science and Technology" in Jasanoff, Sheila, G.E. Markle, and T. Pinch(eds.), *Handbook of Science and Technology Studies*(London: Sage): 572-597.

Epperson, B.(2002), "Does SCOT Answer? A Comment," *Technology and Culture* 43: 371-373.

European Commission(2009), *Women in Science and Technology: Creating Sustainable Careers*.

Evans, Sara(1980), *Personal Politics: The Roots of Women's Liberation in the Civil Rights Movement and the New Left*, New York: Vintage.

Faruqui, Akhtar M., Mohamed H. A. Hassan, Gabriella Sandri, eds.(1988), *The Role of Women in the Development of Science and Technology in the Third World*, Teaneck, NJ: World Scientific Publishing Co.

Faulkner, Wendy and Erik Arnold, eds.(1985), *Smothered by Invention: Technology in Women's Lives*, London: Pluto.

Feldberg, Roslyn L. and Evelyn Nakano Glenn(1983), "Technology and Work Degradation: Effects of Office Automation on Women Clerical Workers" in Rothschild, Joan(ed.), *Machina Ex Dea: Feminist Perspectives on Technology*(New York: Pergamon): 59-78.

Feldman, Burton(2000), *The Nobel Prize: A History of Genius, Controversy, and Prestige*, New York: Arcade(전제아 역, 『노벨상의 교양을 읽는다』, 한국경제신문, 2008).

Fischer, Claude S.(1988), "The Telephone Industry Discovers Sociability," *Technology and Culture* 29: 32-61.

Forester, Tom(1989), "The Myth of the Electronic Cottage" in Tom Forester(ed.),

Computers in Human Context(Cambridge: MIT Press): 213-227.

Friedan, Betty(1963), *The Feminine Mystique*, New York: Norton.

Fukuyama, Francis(2002), *Our Posthuman Future: Consequences of the Biotechnology Revolution*, New York: Farber, Straus and Giroux.

Funtowicz, Silvio O. and Jerome R. Ravetz(1990), *Uncertainty and Quality in Science for Policy*, Dordrecht, the Netherlands: Kluwer Academic Publishers.

__________________(1991), "A New Scientific Methodology for Global Environmental Issues" in Constanza, Robert(ed.), *Ecological Economics: The Science and Management of Sustainability*(New York: Columbia University Press): 137-152.

GABe, Frances(1983), "The GABe Self-Cleaning House" in Jan Zimmernan(ed.), *The Technological Woman: Interfacing with Tomorrow*(New York: Praeger): 74-81.

Galison, Peter and Bruce Hevly, eds.(1992), *Big Science: The Growth of Large-Scale Research*, Stanford, CA: Stanford University Press.

Gaston, Jerry(1970), "The Reward System in British Science," *American Sociological Review* 35: 718-732.

___________(1978), *The Reward System in British and American Science*, New York: John Wiley and Sons.

Gavron, Hannah(1966), *The Captive Wife: Conflicts of Housebound Mothers*, London: Routledge and Kegan Paul.

Gershuny, Jonathan and J. Robinson(1988), "Historical Changes in the Household Division of Labor," *Demography* 25(4): 537-552.

Giddens, Anthony(1990), *The Consequences of Modernity*, Cambridge: Polity Press.

Gieryn, Thomas(1982), "Relativist/constructivist Programme in the Sociology of Science: Redundance and Retreat," *Social Studies of Science* 12: 279-297.

_____________(1995), "Boundaries of Science" in Sheila Jasanoff, G. E. Markle, J. C. Petersen and T. Pinch(eds.), *Handbook of Science and Technology Stud-*

ies(Thousand Oaks, CA: Sage): 393-443.

Gilbert G. Nigel and Michael Mulkay(1984), *Opening Pandora's Box: A Sociological Analysis of Scientists' Discourse*, Cambridge: Cambridge University Press.

Gilligan, Carol(1982), *In a Different Voice: Psychological Theory and Women's Development*, Cambridge, MA: Harvard University Press.

Gowaty, Patricia A.(2003), "Sexual Natures: How Feminism Changed Evolutionary Biology," *Signs: Journal of Women in Culture and Society* 28: 901-921.

Hamilton, Roberta(2007), "Feminist Theories" in Bryant, Clifton D. and Dennis L. Peck(eds.), *21st Century Sociology: A Reference Handbook*, Volume 1(Thousand Oaks, CA: Sage): 43-53.

Hanmer, Jalna(1983), "Reproductive Technology: The Future for Women?" in Rothschild, Joan(ed.), *Machina Ex Dea: Feminist Perspectives on Technology*(New York: Pergamon): 183-197.

Haraway, Donna J.(1991), "A Manifesto for Cyborgs: Science, Technology, and Socialist Feminism in the Late Twentieth Century" in Haraway, Donna, *Simians, Cyborgs, and Women: The Reinvention of Nature*(New York, Routledge): 149-181.

______________([1988] 1995), "Situated Knowledges: The Science Question in Feminism and the Privilege of Partial Perspective" in Keller, Everlyn F. and H. E. Longino(eds.), *Feminism and Science*(Oxford: Oxford University Press): 249-263.

Harding, Sandra(1986), *The Science Question in Feminism*, Ithaca, New York: Cornell University Press(이재경 · 박혜경 역, 『페미니즘과 과학』, 이화여자대학교 출판부, 2002)

______________(1991), *Whose Science? Whose Knowledge?: Thinking from Women's Lives*, Ithaca, New York: Cornell University Press(조주현 역, 『누구의 과학이며 누구의 지식인가』, 나남, 2009).

______________([1993] 1995), "Rethinking Standpoint Epistemology: What Is 'Strong

Objectivity'?" in Keller, Everlyn F.and H. E. Longino(eds.), *Feminism and Science*(Oxford: Oxford University Press): 235-248.

______________(2014), "Beyond Postcolonial Theory: Two Undertheorized Perspectives on Science and Technology" in Wyer, Mary et al.(eds.), *Women, Science, and Technology: A Reader in Feminist Science Studies*, third edition(New York: Routledge): 431-452.

Hargens, Lowell L. and Warren O. Hagstrom(1967), "Sponsored and Contest Mobility of American Academic Scientists," *Sociology of Education* 40: 24-38.

Herlihy, David V.(2004), *Bicycle: The History*, New Haven, CT: Yale University Press(김인혜 역, 『세상에서 가장 우아한 두 바퀴 탈것』, 알마, 2008).

Hughes, Thomas P.(1985), "Edison and Electric Light" in Donald MacKenzie and Judy Wajcman(eds.), *The Social Shaping of Technology: How the Refrigerator Got Its Hum*(Milton Keynes: Open University Press): 39-52.

_________________(1987), "The Evolution of Large Technological Systems" in Wiebe E. Bijker et al.(eds.), *The Social Construction of Technological Systems: New Directions in the Sociology and History of Technology*(Cambridge, MA: MIT Press): 51-82.

Jasanoff, Sheila(2005), *Designs on Nature: Science and Democracy in Europe and the United States*, Princeton, NJ: Princeton University Press.

Joy, Bill(2000), "Why the Future Doesn't Need Us," *Wired*(이인식 편, 『나노기술이 미래를 바꾼다』, 김영사, 2002, pp.288-329). http://www.wired.com/

Kash, Don E, Irvin L. White, John W. Reuss and Joseph Leo(1972), "University Affiliation and Recognition: National Academy of Science," *Science* 175: 1076-1084.

Kaye, Jane et al.(2012), "ELSI 2.0 for Genomics and Society," *Science* 336: 673-674.

Keller, Evelyn Fox(1983), *A Feeling for Organism*, New York: Freeman(김재희 역, 『생명의 느낌: 유전학자 바바라 매클린톡의 전기』, 양문, 2001).

_______________(1985), *Reflections on Gender and Science*, New Haven: Yale

University Press(민경숙 · 이현주 역, 『과학과 젠더』, 동문선, 1996).

Knorr-Cetina, Karin D.(1981), *The Manufacture of Knowledge: An Essay on the Constructivist and Contextual Knowledge of Science*, Oxford: Pergamon Press.

Kramarae, Cheris, ed.(1988), *Technology and Women's Voices*, London: Routledge and Kegan Paul.

Kuhn, Thomas S.([1962] 1970), *The Structure of Scientific Revolutions*, Second Edition, Enlarged, Chicago: University of Chicago Press(김명자 · 홍성욱 역, 『과학혁명의 구조』, 까치글방, 2013).

Lamont, Michelle(2009), *How Professors Think: Inside the Curious World of Academic Judgement*, Cambridge, MA: Harvard University Press(정준영 역, 『교수는 무엇으로 판단하는가』, 지식의 날개, 2011).

Latour, Bruno(1992), "Where Are the Missing Masses? The Sociology of a Few Mundane Artifacts" in Wiebe Bijker and John Law(eds.), *Shaping Technology/Building Society: Studies in Sociotechnical Change*(Cambridege, MA: MIT Press): 225-258.

___________ and Steve Woolgar([1979] 1986), *Laboratory Life: The Construction of Scientific Facts*, Princeton, NJ: Princeton University Press.

Law, John(1987), "Technology and Heterogeneous Engineering: The Case of Portuguese Expansion" in Wiebe E. Bijker et al.(eds.), *The Social Construction of Technological Systems: New Directions in the Sociology and History of Technology*(Cambridge, MA: MIT Press): 111-134.

________(1991), "Theory and Narrativ in the History of Technology: Response," *Technology and Culture* 32: 377-384.

Lloyd, Anne and Liz Newell(1985), "Women and Computers" in Faulkner, Wendy and E. Arnold(eds.), *Smothered by Invention: Technology in Women's Lives*(London: Pluto): 238-251.

Long, J. Scott(1978), "Productivity and Academic Position in the Scientific Career," *American Sociological Review* 43: 889-908.

__________, Paul D. Alison and Robert McGinnis(1979), "Entrance into the Academic Career," *American Sociological Review* 44: 816-830.

Longino, Helen(2001), "Can There Be a Feminist Science?" in Wyer, Mary et al.(eds.), *Women, Science, and Technology: A Reader in Feminist Science Studies*(New York: Routledge): 216-222.

Mackay, Hughie(1995), "Theorising the IT/Society Relationship" in N. Heap et al.(eds.), *Information Technology and Society*(Thousand Oaks, CA: Sage): 41-53.

MacKenzie, Donald and Judy Wajcman, eds.(1985), *The Social Shaping of Technology: How the Refrigerator Got Its Hum*, Milton Keynes: Open University Press.

Martin, Emily([1991] 1996), "The Egg and the Sperm: How Science Has Constructed a Romance Based on Stereotypical Male-Female Roles" in Laslett, Barbara et al.(eds.), *Gender and Scientific Authority* (Chicago: Chicago University Press): 323-339.

McGrayne, Sharon B.(1998), *Nobel Prize Women in Science*, second edition, Washington D.C.: Joseph Henry Press.

Merton, Robert K.([1938] 1970), *Science, Technology and Society in Seventeenth Century England*, New York: Harper and Row.

__________(1973), *The Sociology of Science: Theoretical and Empirical Investigations*, Chicago: University of Chicago Press(석현호, 양종회, 정창수 역, 『과학사회학 I·II』, 민음사, 1998).

Miner, Horace(1956), "Body Ritual among the Nacirema," *American Anthropologist* 58.

Mulkay, Michael(1977), "Sociology of the Scientific Research Community" in Ina Spiegel-Rősing and Derek de Solla Price(eds.), *Science, Technology and Society: A Cross-Disciplinary Perspective*(Beverly Hills, CA: Sage): 93-148.

National Research Council(1991), *Women in Science and Engineering: Increasing Their Numbers in the 1990s*, Washington D.C.: National Academy Press.

Nelkin, Dorothy(1977a), *Technological Decisions and Democracy*, Beverly Hills, CA: Sage.

____________(1977b), "Technology and Public Policy" in Spiegel-Rősing, Ina and Derek de Solla Price(eds.), *Science, Technology and Society: A Cross-Disciplinary Perspective*(Beverly Hills, CA): 393-441.

____________([1980] 1981), "Science and Technology Policy and the Democratic Processes" in Albert E. Teich(ed.), *Technology and Man's Future*, third edition(New York: St. Martin's): 270-293. Reprinted from D. Nelkin(1980), *The Five Year Outlook: Problems, Opportunities, and Constraints in Science and Technology*, vol. II, National Science Foundation(Washington D.C.: Government Printing Office): 483-492.

____________ ed.(1984), *Controversy: Politics of Technical Decisions*, second edition, Beverly Hills, CA: Sage.

Newman, Elkie(1985), "Who Controls Birth Control?" in Faulkner, Wendy and E. Arnold(eds.), *Smothered by Invention: Technology in Women's Lives*(London: Pluto): 128-143.

Nye, David E.(1990), *Electrifying America: Social Meanings of a New Technology*, Cambridge, MA: MIT Press.

Oakley, Ann(1974), *The Sociology of Housework*, New York: Pantheon.

Ono, Hiroshi and M. Zavodny(2005), "Gender Differences in Information Technology Usage: A U.S.-Japan Comparison," *Sociological Perspectives* 48(1): 105-133.

Opfell, Olga(1978), *The Lady Laureates: Women Who Have Won the Nobel Prize*, Metuchen, NJ: Scarecrow.

Petroski, Henry([1982] 1992), *To Engineer is Human: The Role of Failure in Successful Design*, New York: Vintage.

Pinch, Trevor J.(1987), "The Social Construction of Facts and Artefacts: Or How the Sociology of Science and the Sociology of Technology Might Benefit Each

Other" in Wiebe E. Bijker, Thomas Hughes and Trevor Pinch(eds.), *The Social Construction of Technological Systems: New Directions in the Sociology and History of Technology*(Cambridge, MA: MIT Press): 17-50.

__________(1993), "Turn, Turn, and Turn Again: The Woolgar Formula," *Science, Technology, and Human Values* 18(4): 511–522.

__________ and Wiebe E. Bijker(1986), "Science, Relativism and the New Sociology of Technology: Reply to Russell," *Social Studies of Science* 16: 347-360.

Polanyi, Michael(1962), "The Republic of Science: Its Political and Economic Theory," *Minerva* 1: 54-74.

Price, Derek J. de Solla([1963] 1986), *Little Science, Big Science...and Beyond*, New York: Columbia University Press.

Pytlik, Edward C., Donald P. Lauda, and David L. Johnson(1985), *Technology, Change, and Society*, Worcester, MA: Davis Publications.

Rakow, Lana F.(1988), "Women and the Telephone: The Gendering of a Communications Technology" in Cheris Kramarae(ed.), *Technology and Women's Voices*(London: Routledge and Kegan Paul): 207-228.

Reiger, Kerreen M.(1985), *The Disenchantment of the Home: Modernizing the Australian Family, 1880-1940*, Melbourne: Oxford University Press.

Reskin, Barbara F.(1977), "Scientific Productivity and the Reward Structure of Science," *American Sociological Review* 42: 491-504.

__________(1979), "Academic Sponsorship and Scientists' Careers," *Sociology of Education* 52: 129-146.

Rossi, Alice(1965), "Women in Science: Why So Few?," *Science* 148: 1196-1202.

Rossiter, Margaret W.(1982), *Women Scientists in America: Struggles and Strategies to 1940*, Baltimore: Johns Hopkins University Press.

__________(1993), "The ~~Matthew~~ Matilda Effect in Science," *Social Studies of Science* 23: 325-341.

__________(1995), *Women Scientists in America: Before Affirmative Action*

1940-1972, Baltimore: Johns Hopkins University Press.

Rothschild, Joan, ed.(1983), *Machina Ex Dea: Feminist Perspectives on Technology*, New York: Pergamon.

Russell, Stewart(1986), "The Social Construction of Artefacts: Response to Pinch and Bijker," *Social Studies of Science* 16: 331-346.

Salomon, Jean-Jacques(1977), "Science Policy Studies and the Development of Science Policy" in Spiegel-Rősing, Ina and Derek de Solla Price(eds.), *Science, Technology and Society: A Cross-Disciplinary Perspective*(Beverly Hills, CA): 43-70.

Salter, Brian and Charlotte Salter(2007), "Bioethics and the Global Moral Economy: the Cultural Politics of Human Embryonic Stem Cell Science," *Science, Technology, and Human Values* 32(5): 554-581.

Sandel, Michael J.(2007), *The Case against Perfection: Ethics in the Age of Genetic Engineering*, Cambridge: Belknap(Harvard University Press).

Sayre, Anne(1975), *Rosalind Fanklin and DNA*, New York: Norton(나도선 · 전우기 역, 『로잘린드 프랭클린과 DNA』, 양문, 2004).

Schiebinger, Londa(1989), *The Mind Has No Sex?: Women in the Origins of Modern Science*, Cambridge, MA: Harvard University Press.

________________(1995), "Why Mammals are Called Mammals: Gender Politics in Eighteenth-Century Natural History" in Keller, Everlyn F. and H. E. Longino(eds.), *Feminism and Science*(Oxford: Oxford University Press): 137-153.

________________(1997), "Creating Sustainable Science," *Osiris* 12: 201-216.

________________(1999), *Has Feminism Changed Science?*, Cambridge, MA: Harvard University Press.

________________(2003), "Introduction: Feminism Inside the Sciences," *Signs: Journal of Women in Culture and Society* 28: 858-866.

________________(2008), *Gendered Innovations in Science and Engineering*, Stanford, CA: Stanford University Press(김혜련 역, 『젠더 분석: 과학과 기술을 바꾼

다』, 연세대학교 출판부, 2010).

________________ and Martina Schraudner(2014), "Interdisciplinary Approaches to Achieving Gendered Innovations in Science, Medicine, and Engineering" in Wyer, Mary et al.(eds.), *Women, Science, and Technology: A Reader in Feminist Science Studies*, third edition(New York: Routledge): 100-110.

Shapin, Steven(1979), "The Politics of Observation: Cerebral Anatomy and Social Interests in the Edinburgh Phrenology Disputes" in *On the Margins of Science: The Social Construction of the Rejected Knowledge, Sociological Review Monograph* 27(Keele: University of Keele): 139-178.

____________(1982), "History of Science and Its Sociological Reconstructions," *History of Science* 20: 157-211.

Smith, Merritt R. and Leo Marx, eds.(1994), *Does Technology Drive History?: The Dilemma of Technological Determinism*, Cambridge, MA: MIT Press.

Softley, Elena(1985), "Word Processing: New Opportunities for Women Office Workers?" in Faulkner, Wendy and E. Arnold(eds.), *Smothered by Invention: Technology in Women's Lives*(London: Pluto): 222-237.

Spiegel-Rösing, Ina(1977), "The Study of Science, Technology and Society(SSTS): Recent Trends and Future Challenges" in Ina Spiegel-Rösing and Derek de Solla Price(eds.), *Science, Technology and Society: A Cross-Disciplinary Perspective*(Beverly Hills, CA: Sage): 7-42.

SPRU Women and Technology Studies(1985), "Microelectronics and the Jobs Women Do" in Faulkner, Wendy and E. Arnold(eds.), *Smothered by Invention: Technology in Women's Lives*(London: Pluto): 200-221.

Stolte-Heiskanen, Veronica, ed.(1991), *Women in Science: Token Women or Gender Equality*, Oxford: Berg.

Temm, Tatiana B.(2008), "If You Meet the Expectations of Women, You Exceed the Expectations of Men: How Volvo Designed a Car for Women Customers and Made World Headlines" in Schiebinger, Londa(ed.), *Gendered Innovations in*

Science and Engineering(Stanford, CA: Stanford University Press): 131-149.

Toffler, Alvin(1980), *The Third Wave, New York: Bantam Books*(이규행 감역, 『제3의 물결』, 한국경제신문사, 1989).

Traweek, Sharon(1988), *Beamtimes and Lifetimes: The World of High Energy Physics*, Cambridge, MA: Harvard University Press.

Vanek, Joann(1974), "Time Spent in Housework," *Scientific American* 231(5): 116-120.

__________(1978), "Household Technology and Social Status: Rising Living Standards and Status and Residence Differences in Housework," *Technology and Culture* 19: 361-375.

Volti, Rudi(1992), *Society and Technological Change*, second edition, New York: St. Martin's.

Wajcman, Judy(1991), *Feminism Confronts Technology*, University Park, Pennsylvania: Pennsylvania State University Press(조주현 역, 『페미니즘과 기술』, 당대, 2001).

__________(1994), "Feminist Theories of Technology" in Sheila Jasanoff, G. E. Markle, J. C. Petersen and T. Pinch(eds.), *Handbook of Science and Technology Studies*(Thousand Oaks, CA: Sage): 189-204.

__________(2000), "Reflections on Gender and Technology Studies: In What State is the Art?," *Social Studies of Science* 30: 447-464.

Winner, Langdon([1980] 1986), "Do Artifacts Have Politics?" in Langdon Winner, *The Whale and the Reactor: A Search for Limits in an Age of High Technology*(Chicago: University of Chicago Press): 19-39.

__________(1993), "Upon Opening the Black Box and Finding it Empty: Social Constructivism and the Philosophy of Technology," *Science, Technology and Human Values* 18: 362-378.

Wolfe, Audra(2000), "Federal Policy Making for Biotechnology, Executive Branch, ELSI" in Murray, Thomas H. and M. J. Mehlman(eds.), *Encyclopedia of Eth-*

ical, Legal, and Policy Issues in Biotechnology(New York: John Wiley and Sons): 234-240.

Woolgar, Steve(1982), "Laboratory Studies: A Comment on the State of the Art," *Social Studies of Science* 12: 481-498.

____________(1991), "The Turn to Technology in Social Studies of Science," *Science, Technology and Human Values* 16: 20-50.

____________(1993), "What's at Stake in the Sociology of Technology? A Reply to Pinch and to Winner," *Science, Technology and Human Values* 18: 523-529.

Wyatt, Sally(2008), "Technological Determinism Is Dead; Long Live Technological Determinism" in Edward J. Hackett et al.(eds.), *The Handbook of Science and Technology Studies*, third Edition(Cambridge, MA: MIT Press): 165-180.

Yan, Ming(1991), "An Interview with Robert K. Merton: Knowledge Transcends National Boundaries," *Footnotes* 19(8): 4.

Yoon, Jeong-Ro, S. K. Cho, and K. W. Jung(2010), "The Challenges of Governing Biotechnology in Korea," *East Asian Science, Technology and Society: an International Journal* 4: 335-348.

Zachary, G. Pascal(1999), *Endless Frontier: Vannebar Bush, Engineer of the American Century*, Cambridge, MA: MIT Press.

Ziman, John(1968), *Public Knowledge: An Essay Concerning the Social Dimension of Science*, Cambridge: Cambridge University Press.

Zuckerman, Harriet(1977), *Scientific Elite: Nobel Laureates in the United States*, New York: Free Press(송인명 역, 『과학 엘리트』, 교학사, 1988).

________________(1988), "The Sociology of Science" in Neil J. Smelser(ed.), *Handbook of Sociology*(Newbury Park, CA: Sage): 511-574.

「조선일보」, 2000년 1월 1일; 2012년 10월 6일

「중앙일보」, 2013년 6월 11일

http://cesi.kedi.re.kr(2013년 10월 27일)

http://gsis.kwdi.re.kr(2013년 12월 15일)

http://kpea.or.kr(2013년 11월 10일)

http://nas.go.kr/member(2013년 11월 10일, 2015년 12월 6일)

http://philsci.org(2015년 12월 6일)

http://stats.oecd.org(2013년 10월 27일)

http://sts.ntis.go.kr(2013년 11월 10일)

http://www.asanet.org(2014년 3월 19일)

https://www.congress.gov/bill/108th-congress/senate-bill/189(2015년 11월 30일)

http://www.dunlop.eu(2015년 12월 6일)

http://www.genome.gov/sequencingcosts/(2015년 6월 25일)

http://www.index.go.kr/potal/main/EachDtlPageDetail.do?idx_cd=1367(2015년 12월 6일)

http://www.letour.fr/le-tour/2013/us/history/(2013년 7월 25일)

http://www.nano.gov/you/ethical-legal-issues#content#content(2015년 11월 30일)

http://www.ukbiobank.ac.uk/ethics/(2015년 12월 6일)

_찾아보기

· 개념색인

ㄴ

ㄷ

ㅇ

· 인명색인

석학人文강좌 47